국제화 시대

신의진의 복지와 건강

복지의 패러다임을 바꾸자_ 자기 주도적 복지론

국제화 시대
신의진의 복지와 건강

초판 1쇄 인쇄 2012년 08월 14일
초판 1쇄 발행 2012년 08월 21일

지은이 | 신 의 진, 김 영 수
펴낸이 | 손 형 국
펴낸곳 | (주)에세이퍼블리싱
출판등록 | 2004. 12. 1(제2011-77호)
주소 | 153-786 서울시 금천구 가산동 371-28 우림라이온스밸리 C동 101호
홈페이지 | www.book.co.kr
전화번호 | (02)2026-5777
팩스 | (02)2026-5747

ISBN 978-89-6023-961-6 13330

국제화 시대 신의진의 복지와 건강

복지의 패러다임을 바꾸자_ 자기 주도적 복지론

신의진 김영수 지음

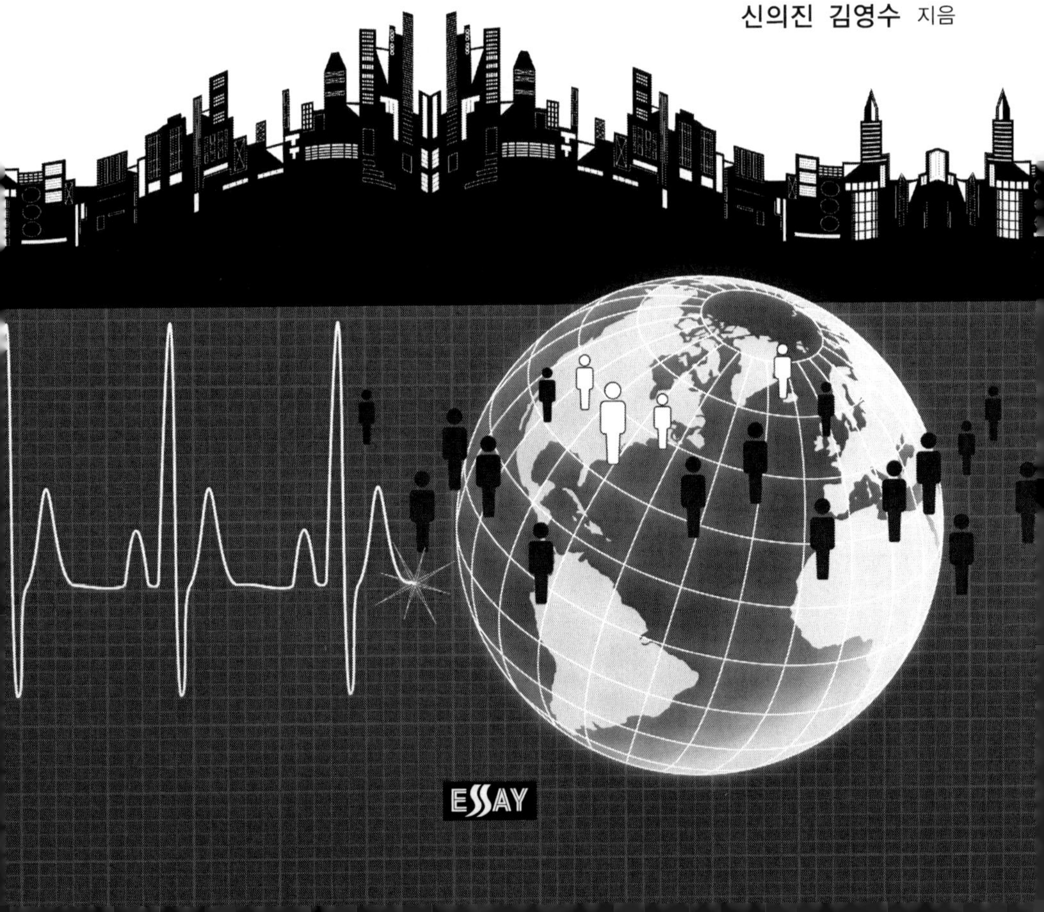

ESSAY

서문

국민이 행복한 나라를 만드는 것이 복지 정책의 목표일 것이다. 하지만 무엇이 '행복'이고 어떻게 해야 '행복'하게 될 수 있는지 의아해하는 사람이 많다. 많은 사람들은 국가 재원을 털어서 돈으로 하는 공짜 복지를 늘리려고만 한다. 이들에게 행복한 복지사회는 돈에 의한 돈의 복지로 귀결되는 듯하다. 하지만 정신과학 전문의로서 필자는 행복은 궁극적으로 '마음의 복지'에 달려 있다고 본다. 국가 전체가 보편적 복지, 공짜 복지의 논쟁에 빠지면, 서로가 앞 다투어 공짜 복지의 양을 늘리고자 경쟁하기 마련이다. 이것은 공짜 복지가 갖고 있는 자기 영속적인(self perpetual) 막장 드라마이며, 결국 국가의 복지 재원을 고갈시켜 복지의 희망마저 사라지게 만든다.

복지 정책도 양과 질을 따져야 한다. 공짜 복지의 늪에서 국가를 살리려면 돈으로 하는 양(quantity)의 복지에서 사람들의 마음을 행복하게 하는 질(quality)의 복지로 패러다임을 전환해야 한다. 양에서 질로 복지를 한 차원 업그레이드해야 한다. 돈의 액수로 따지는 양의 복지는 반찬 없는 밥과 같다. 밥을 아무리 많이 주어도 반찬이 없으면 식사는 맛이 없다. 공짜 복지와 보편적 복지를 늘리고 있는 우리나라에서 복지 체감도가 낮은 것은 이렇게 무작정 돈의 액수로

만 복지를 따지기 때문이다. 국민들이 복지 서비스에 만족을 느끼게 하려면, 복지 서비스의 양보다 질을 먼저 따져야 한다. 밥만 주는 것이 아니라, 사람마다 좋아하는 반찬을 선택하여 먹게 하는 맞춤형 식단을 제공하면, 많이 먹지 않아도 식사의 즐거움과 행복감을 느낄 수 있다. 그와 마찬가지로 복지 서비스도 국민이 '자기 주도적'으로 선택하는 맞춤형 서비스가 되어야 한다. 국민이 자기 주도적으로 복지 서비스를 선택할 수 있게 하는 것을 '복지 민주화'라고 이름 붙여 본다.

복지는 '웰빙(well-being)'이다. 다시 말해서 복지 정책의 최고 목표는 행복이다. 배만 채우고 등만 따뜻하게 하면 되었던 시절은 이제 과거가 되었다. 배만 채워 주는 양의 복지, 돈의 액수로만 따지는 복지는 더 이상 국민소득 3만 달러 시대의 국민들을 만족시키지 못한다. 이제 국민들은 행복을 원한다. 행복은 마음속에서 일어나는 현상이다. 그래서 복지는 '마음의 복지'가 되어야 한다. 마음의 복지는 돈으로만 찾을 수 없다. 마음의 복지는 복지 서비스의 질을 따진다.

이 책의 '신의진 편'에서는 복지의 새로운 패러다임을 유엔기구의 신설이라는 맥락에서 제시해 보고자 한다. 국제사회에서 복지는 20세기에 본격적으로 태동, 발전했지만, 유엔기구에서 복지를 다루는 것은 21세기의 과제로 남았다. 노인복지, 장애인 권리, 다문화 복지, 아동권리에 관한 국제법은 아주 최근에 제정되고 있고, 이러한 사회적 약자들을 위한 인권과 복지 증진을 전담해야 할 유엔기구의 신설은 국제사회가 당면한 현안이 되었다. 이런 시점에서 저자는 21세기 국제사회가 추구하고 있는 복지의 보편적 가치관을 알아보고, 우리나라의 미래 복지의 모습을 자기 주도적 복지, 마음의 복지의 관점에서 그려 보고자 한다. 또한 이 책의 '김영수 편'에서는 유엔기구 유치 방법을 논하고, 대한민국이 동북아 지역뿐만 아니라 세계 평화의 구심이 되고 인류 공영에 기여할 수 있는 국가 전략을 논하기로 한다.

마지막으로 필자는 '행복'은 마음의 선물이라는 점에 공감한다. '행복'이라는 단어는 필자에게 큰 영감을 주고 가장 큰 화두가 되어 복지 탐구의 방향타가 되었다. 이제 부족하나마 졸작을 통해 '마음의 복지'를 논할 수 있게 됨에 감사한다. 우리나라 모든 국민들이 행복할 수 있게 되기를 기도한다.

2012년 8월 여의도 국회에서 신의진

차례

국제기구 유치 - 김영수 편

자기 주도적 복지

- 신의진 편

I.

자기 주도적 복지로의 **패러다임** 전환

전 세계 인권의 패러다임(paradigm)이 바뀌고 있다. 첫째, 자유와 평등의 가치를 실현하기 위한 정치적 참여 권리 보장을 주장하던 과거의 전통적인 인권 운동이 이제는 도움이 가장 절실한 사회적 약자와 취약 계층의 선택적 복지 증진을 위한 인권 운동으로 전환되었다. 둘째, 21세기에 들어 선택적 복지에서 자기 주도적 복지로 패러다임이 전환하고 있다. 복지 정책의 결정과 복지 제공의 전 과정에 국민의 민주적 참여가 보장되면서 자기 주도적 복지로 발전하게 된다. 이것은 복지권에 참정권이 융합된 이상적인 미래 복지의 형태이다. 또한 개인적 차원에서의 행복추구권이 복지의 중요한 요소로 간주되고 있다.

1 인권의 패러다임 전환

◆ 인권의 축

인권(Human Rights)은 '인간이 당연히 누려야 하는 권리'라고 정의할 수 있다. 인권에는 2가지 축이 있는데, (1) 정치적 인권(참정권)과 (2) 경제·사회적 인권(복지권)이 그것이다. 그러나 많은 사람들은 인권을 자유와 평등 보장에 관한 정치적 인권으로만 좁게 해석한다. 그 까닭은 전통적으로 인권 운동이 정치참여의 권리 확대 중심으로 발전되어 왔기 때문이다. 그러나 향후 반세기를 주도할 인권의 방향타는 경제·사회적 권리 증진에 초점이 맞추어질 전망이다. 이러한 인권 운동의 축 이동으로 말미암아, 가까운 장래에 여러 가지 새로운 국제기구가 탄생하게 될 것으로 본다.

(표 1) 시기별 인권 개념의 발전

시기	성 격	보장권리	형 태	결과물
제1기	정치적	참정권	민주주의	자유·평등
제2기	경제·사회적	복지권	선택적 복지	획일적 복지 서비스
제3기	복지 민주화	행복권	자기 주도적 복지	다양한 맞춤형 복지 서비스

역사적으로 살펴보면, 인권의 개념은 정치적 권리가 먼저 나타나고, 경제·사회적 권리는 나중에 발전하게 된다. 정치적 권리란 시민

들의 정치참여 권리이다. 이는 중세 유럽의 절대 왕정에서 중상주의 시대로 넘어가면서, 정치적 참여 권리가 없었던 상공업자들이 중심이 되어 시민의 자유·평등을 외치며 참정권(參政權)을 요구한 것에서 비롯되었다. 1776년 미국의 「독립선언」, 1789년 프랑스의 「인권선언」에서는, 자유와 평등은 인간이 태어나면서 당연히 가지는 천부인권이며, 누구나 불가침의 권리와 참정권(자유권)을 갖고 있다는 것을 명시하고 있다. 이러한 인권의 정치참여 권리 개념을 도입한 것을 통상적으로 '제1기 인권'이라고 일컫는다.

반면에 19세기 산업혁명으로 인해 산업화가 진행되면서 경제적 불평등과 빈부 격차를 비롯한 많은 사회문제가 발생하게 되는데, 이에 대한 해결의 목소리가 커지면서 인권의 경제·사회적 권리 개념이 발전된다. 이러한 인권의 경제·사회적 권리는 '제2기 인권'이며, 복지권(福祉權)이라고 정의하기도 한다. 그 이유는 최초로 인권의 복지권을 규정한 것은 1919년 독일 「바이마르 헌법」에 그 기원이 있다고 보기 때문이다. 「바이마르 헌법」 제151조는 '인간다운 생활 보장'을, 제163조는 '노동의 기회 보장과 가난한 사람을 위한 정부의 생계비 지원' 원칙을 포함하면서, 인간다운 삶을 보장하기 위한 복지(Welfare)를 인간이 누려야 할 당연한 권리로 규정하고 있다. 제1차 세계대전 중에 만들어진 「바이마르 헌법」은 이후 나치 정권의 등장과 세계 대공황으로 인해 현실적으로는 유명무실해졌지만, 시대를 초월한 인권의 복지적 측면을 언급했다는 점에서 21세기에도 그 가치가 높다.

복지권은 제2차 세계대전이 끝날 무렵 영국에서 꽃 피우게 되었다. 영국 정부는 제1차 대전 승리 이후 국민에게 더 살기 좋은 사회 건설을 약속했다. 하지만 그 약속이 지켜지지 않자 국민들의 비난은 거셌다. 이러한 상황에서 베버리지(William H. Beveridge)는 제2차 대전 중 '요람에서 무덤까지'라는 주제의 보고서를 작성했다. 「베버리지 보고서」는 국민 보건 서비스와 아동 수당 및 고용 확대에 대한 복지정책 등을 포괄하고 있으며, 사회보험, 국민부조, 실업급여, 장애급여 및 산업재해 연금, 직업훈련 급여, 퇴직 연금, 기혼여성 지원급여, 장제지원, 가족수당, 질병·장애 치료와 재활 제공 등을 제안했다. 1945년 7월 26일 총선거에서는 「베버리지 보고서」를 받아들이겠다는 노동당이 압도적으로 승리했다. 제2차 대전 중 전쟁과 불합리한 사회제도로 고통 받은 영국 국민들은 「베버리지 보고서」가 입법화됨으로써 사회보장 제도의 혜택을 입기 시작했다.

인권의 양대 축인 참정권(參政權)과 복지권(福祉權)은 1948년 제3차 유엔총회에서 채택된 「세계인권선언(Universal Declaration of Human Rights)」의 중심 철학이 된다. 「세계인권선언」은 전문과 30개의 조항으로 구성되어 있는데, 그 핵심 내용은 제3조에서 제21조에 걸쳐 나열된 참정권과 제22조부터 제27조까지의 복지권으로 구분할 수 있다. 「세계인권선언」은 참정권과 복지권 간에 어느 것이 더 중요하다고 우열을 매기지 않고 동일한 권리로 병렬시켜 놓고 있다.

참정권과 복지권이라는 두 인권의 축은 다시 1976년에 발효한 「시민의 권리와 정치적 권리에 관한 국제규약(International Covenant on Civil and Political Rights)」(국제인권 A규약)과 「경제·사회·문화적 권리에 관한 국제규약(International Covenant on Economic, Social, and

Cultural Rights)」(국제인권 B규약)이라는 2대 국제 인권규약으로 탄생하게 된다. 이 국제 규약들은 거의 모든 유엔 회원국이 서명하고 비준한, 법적 구속력이 있는 최상위 인권 국제 규범이 되었다.

현대 사회에서는 정치적 참정권뿐만 아니라 복지에 대한 요구가 크다. 인간으로서 존엄성(human dignity)을 유지하기 위해서 자유·평등의 가치뿐만이 아니라, 경제적·사회적·문화적 권리도 보장받는 복지권을 바탕으로 인권의 개념을 확대해 나가려는 움직임이 일어나고 있는 것이다(Shah, Sheetal B. 1999). 인권의 복지권(福祉權)은 빈곤·질병·사고로부터 보호받을 사회복지에 대한 권리로서, 생존을 위한 의식주의 권리, 고용의 권리, 의료 서비스와 교육을 받을 권리 등을 포함한다.

「세계인권선언」은 복지권에 대하여 제22조에서 사회보장(social security)의 권리를, 제25조에서는 '건강과 복지 유지에 필요한 적당한 생활수준에 관한 권리'를 강조하고 있다. 이외에도 직업의 권리(제23조), 휴식과 여가의 권리(제24조), 교육의 권리(제26조), 문화생활 향유의 권리(제27조)에 대한 내용을 구체적으로 명시하고 있다.

이러한 「세계인권선언」의 복지권은 1976년 「경제·사회·문화적 권리에 관한 국제규약」(국제인권 B규약)에서 더욱 자세히 정의되었다. 노동의 권리는 '공정하고 적절한 환경에서 일할 수 있는 권리'(제6조, 제7조)로 진화되었고, 사회보장(social security)의 권리는 '사회보장의 권리'(제9조), '가족 구성원으로서 어머니와 어린이, 청소년이 보호받아야 할 권리'(제10조)로 발전되었다. 건강과 복지 유지에 필요한 적당한 생활수준에 관한 권리는 '신체적·정신적 건강 유지의 권리'(제12조), '의식주와 적정 수준의 생활여건의 권리'(제11조), '문화생활 향유의 권리'(제15조) 등으로 진화·발전되었다. 그러므로 이러한 「경제·사회·문화적 권리에 관한 국제규약」은 일자리와 보건을 포함한 전반적인 사회복지에 대한 권리를 정의한 것이다.

◆ 선택적 복지

복지 실천에 있어서 문제가 되는 것은 국제인권규약 B규약 제2조에서 유엔 회원국들이 복지 정책의 실행 속도를 '단계적으로 천천히(progressively)' 할 것을 규정한 점이다. 이것은 지금 당장 시급히 보호받아야 할 인권 사안이 있음에도 불구하고, 위정자들의 주관적 결정에 따라서 나중에 천천히 처리해도 된다는 것을 의미한다. 국제인권 A규약의 조항들은 '보장해야(ensured)', '책임을 져야(undertake)', '당연히 실천해야 한다(shall be)' 등의 강제적 의무로 규정하고 있는 반면, 복지 정책 시행에 관한 국제인권 B규약의 조항 대부분은 단순히 '인정해야 한다(recognized)'라는 권고 형식의 단어를 쓰고 있다(박래군, 2000). 다시 말해 복지에 대한 권리는 '즉시 보장해 줄 필요가 없다'는 오해를 남긴다.

또 다른 국제인권규약 B규약 제2조의 문제는 유엔 회원국들이 복지 실천의 범위를 모든 사람을 위한 최대한으로 확대하지 않고, 최소한의 '동원 가능한 재원(available resources)'으로 정한 것이다. 1991년 유엔 경제·사회·문화적 권리위원회(Committee on Economic, Social and Cultural Rights)가 「일반의견 제3호(General Comment No.3)」를 통하여 유엔 회원국가 정부들이 복지권을 '최소한 기본적인 수준(at least the minimum level of each right)으로 보장할 의무'만을 지침 사항으로 내놓은 점도 같은 맥락에서 이해할 수 있다.

그러면 인간이 누려야 할 '최소한'의 복지 권리는 어느 정도를 말하는 것인가? 유엔 회원국들이 보장해야 할 복지의 '최소한의 수준(at least the minimum level)'은 각국의 경제적 상황에 따라 천차만별일 수밖에 없다. 국가마다 처한 상황이 다르니, 국민에게 제공해야 할 최소한의 복지 제공도 제각각일 수밖에 없다. 예를 들어 어떤 빈국에서는 아동들의 생존에 필수적인 최소한의 음식과 주거 공간 제공, 예방접종 등의 기초 의료 서비스 제공도 힘겨운 국가적 과제일 수 있으나, 우리나라 같은 경제 수준에서는 어렵지 않은 사업일 것이다. 따라서 최소한의 복지권 보장에 대한 기준은 다분히 회원국가의 주관적 해석에 의존할 수밖에 없어서 국제적인 공통 기준을 설정하기 어렵다.

복지의 '최소한의 수준(at least the minimum level)'이란 가장 우선적으로 복지 혜택을 보장해 주어야 할 사람들의 부류로 해석할 수 있다. 다시 말해서 모든 일반인들에 대한 보편적(普遍的) 복지 제공이 아니라, 복지 제공이 가장 시급히 필요한 취약 계층, 사회적 약자들을 위한 선택적(選擇的) 복지를 의미하는 것이다. 보편적 복지는 빈부의 경제적 기준으로 복지 대상자를 구별하지 않지만, 선택적 복지는 (가난한 정도를 보는) 소득, (노인이나 아동을 대상으로 하는) 연령, (장애 정도를 보는) 신체적 조건 등의 인구학적 조건으로 복지 혜택이 가장 시급한 대상자를 선별하는 것을 말한다. 그러므로 인권 관련 국제규범이 요구하는 복지의 '최소한의 수준'이란 최소한의 도움이 절실한 사람들을 선별하여 복지 혜택을 제공하는 선택적 복지를 의미하는 것이다. 복지 혜택을 최우선적으로 제공받아야 할 대상은 인권침해에 가장 취약한(the most vulnerable) 상황에 놓인 사람들로서, 강제노동이나 성매매로 착취당하는 아동, 가난한 여성들, 특히 미혼모, 생계가 곤란하거나 중병을 앓고 있는 가난한 노인들이다. 이러한 취약 계층과 사회적 약자, 도움이 절실한 이들을 선별하여 보건·복지적인 '기초적 욕구(basic needs, basic social conditions)'를 충족시켜 주고 이들의 복지권을 보장하는 것을 선택적 복지라고 한다.

국제인권 B규약이 노동, 사회보장, 여성과 아동의 보호, 기초적 건강 유지, 의식주, 문화생활 등에 관한 복지의 포괄적인 내용을 담고 있는 것과는 달리, 선택적 복지 실천으로 패러다임이 바뀌는 최근에는 특정한 인권침해 사안, 또는 취약 집단(group)에 초점을 맞추어 새로운 국제인권협약이 제정되고 있다. 복지의 개념이 (의식주, 보건, 고용 등 사회보장 중심의) 가난한 사람들에게 정부가 돈을 주는 소극적 구빈정책(救貧政策)에서, 세상에서 가장 고통 받고 가장 어려운 환경에서 가장 슬픈 삶을 강요당하는 부류의 사람들을 선택하여, 그들의 눈물을 닦아 주고 그들에게 행복하고 인간다운 삶을 찾아 주기 위한 적극적인 복지 실천으로 패러다임이 바뀌고 있는 것이다.

선택적 복지 실천으로의 패러다임 전환은 1965년 채택되어 1969년 발효된 「인종차별철폐협약(CERD)」, 1981년 발효된 「여성차별철폐협약(CEDAW)」, 1984년 채택되어 1987년 발효된 「고문방지협약

(CAT)」, 1989년 채택되어 1990년 발효된 「아동권리협약(CRC)」으로 시작되었다. 이들 4개 협약은 국제인권 A·B 규약과 함께 일반적으로 주요(core) 인권 협약으로 지칭되고 있는데, 이는 사회적 약자로서 소수 인종, 여성, 아동, 고문당할 우려가 있는 사람들에 대한 우선적 배려를 요구하고 있다. 특히 2000년에는 가장 취약한 상황에 놓인 두 부류의 아동들을 선택하여 구제하기 위한 두 가지의 「유엔아동권리협약 선택의정서」를 제정했다. 그들은 바로 (1) 전쟁에서 총알받이로 이용되고 있는 소년병, (2) 인신매매되어 성 착취에 이용되고 있는 아동들이다. 이들을 위하여 새로운 국제법인 「아동의 무력충돌 참여 선택의정서」와 「아동매매·성매매·음란물 선택의정서」가 제정되었다.

아울러 기존의 주요 인권협약 이외에, 1990년 채택되어 2003년에 발효된 「이주노동자권리협약」(ICRMW), 2008년 발효된「장애인권리협약」(CRPD), 2006년 채택되어 2010년에 발효된「강제실종협약」은 여성과 아동 이외에도 다문화 가족(이주노동자), 강제 실종자, 장애인과 같은 사회적 약자들의 권리 보호를 위해 새로 마련된 국제 규범이다. 이러한 새로운 국제법의 제정은 국제사회가 선택적 복지로 인권 패러다임을 전환하고 있음을 반증하는 것이라 하겠다.

선택적 복지로의 패러다임 변화로 말미암아 제정된 여러 가지 국제법은 관련 인권 국제기구들의 신설을 요구하고 있다. (1) 2000년 제정하고 2002년에 발효된 「유엔아동권리협약 아동매매·성매매·음란물 선택의정서」는 '아동의 성 착취 근절'에 관한 국제기구의 신설을 필요로 하고 있다. (2) 1990년 채택되어 2003년에 발효된

「이주노동자권리협약」(ICRMW)은 '다문화' 관련 국제기구의 설립을 요구하고 있다. (3) 2008년 제정된 「장애인권리협약」(CRPD)으로 '장애인 복지'를 위한 국제기구의 신설이 확실시되고 있다. (4) 2006년 채택되어 2010년 발효된「강제실종협약」으로 인하여 강제 실종자 처리를 위한 국제기구의 신설이 예상된다. (5) 또한 의료 기술의 발전과 더불어 전 세계적 고령화 문제에 대한 대책과 '노인 복지' 증진을 위한 국제 인권 규범인 「유엔노인인권협약(UN Convention on the Rights of Older Persons)」의 제정과 노인 인권 국제기구의 신설을 위한 논의가 한창 진행 중이다.

국제사회에서 인권 보장의 방향은 유엔 회원국가 정부의 선택적 복지 정책의 시행을 유도하고 모니터링 하는 다양한 국제기구 설립에 그 초점이 맞추어질 전망이다. 「유엔헌장」 제56조는 복지권인 경제·사회·문화적 권리의 이행을 위하여 모든 유엔 회원국이 유엔과 협력하여 국가의 개별적 조치와 함께 국제적 공동협력 조치를 취할 것을 명시하고 있다. 여기서 국제적 공동협력에 대한 의무는 각 회원국가 정부의 실천 노력을 지원하기 위한 국제기구를 설립하고 국제기구의 운영에 참여하는 것이다(마영삼, 2002). 이제 대한민국은 새로 신설되는 인권 관련 국제기구들을 유치하도록 노력해야 한다. 인권 관련 국제기구들이 유치된다면 대한민국은 인권 선진국으로서 세계 인권운동의 구심이 될 것이다.

2 자기 주도적 복지

◆ 자기 주도적 복지

자기 주도적(self motivated) 복지란 복지 서비스를 받는 소비자가 주체적으로 자신의 복지를 선택할 수 있는 민주적 복지 정책이다. 다시 말해 국민을 위한, 국민에 의한, 국민의 복지가 바로 자기 주도적 복지이다. 복지의 민주주의인 것이다.

인권의 패러다임은 제1기 참정권에서 제2기 복지권으로 전환된 이후, 복지가 '최소한'의 제공을 요구하는 선택적 복지로 전환을 마쳤다. 선택적 복지는 정부가 복지 혜택을 받을 대상을 선택하는 비민주적인 복지 체계이다. 이러한 비민주적인 복지 관행에 국민의 참정권을 부여한 '자기 주도적 복지'체제로 전환하는 것을 제3기 인권으로의 패러다임 전환이라고 본다.

자기 주도적 복지는 '스스로 돕는다'는 의미의 자조(自助)와는 다른 용어이다. 국민이 주인이라는 민주주의 의식이 태동한 미국과 영국에서는 국민 스스로 삶을 개척해 간다는 자조의 정신을 민주적 정신과 비슷한 것으로 보기도 한다. 자기 일은 자신의 힘으로 한다는 의미에서는 자조를 역량 강화(empowerment)의 한 형태로 보기도 한다. 그러나 자조는 국민 스스로 해결할 수 있는 문제에 한정한 것이고, 자기 주도적 복지는 정부의 복지 혜택을 꼭 받아야 하는 계층이 자신들이 원하는 복지를 선택·주문할 수 있도록 한다는 점에서 차이가 있다. 다시 말해 자조는 스스로의 생활 능력, 즉 자활(自活) 능력이 있는 국민들에 관한 것이고, 자기 주도적 복지는 도움이 필요한 국민들에 관한 것이다.

또한 자기 주도적 복지는 자활(自活)과는 다르다. 복지에서 자활(自活)이 강조된 것은 영국의 '제3의 길(the Third Way)' 정책으로부터 비롯된다. 제2차 세계대전 직후 영국에서는 '요람에서 무덤까지'로 잘 알려진 「베버리지 보고서」에 기초한 완전 고용과 함께 사회보장 제도를 완비하여 복지국가의 기초를 다졌다. 그러나 1970년대의 계속적인 경제 위기는 1980년대 '신자유주의'를 기반으로 하는 대처 정부의 사회복지 지출 삭감, 보편적 서비스의 축소와 민영화 등 복지제도의 구조 개혁을 단행하게 만들었다. 이어서 1997년 토니 블레어 정부의 앤서니 기든스(Anthony Giddens)는 '제3의 길'로 알려진 사회적 투자(social investment) 전략을 수립하게 되는데, 이는 '복지로부터 노동(from welfare to work)'을 강조한다. 즉 요 보호자들에게 단순한 복지 서비스를 제공하기보다는 일할 수 있는 자활력(自活力)을 갖게 하는 데에 복지 자원이 활용되어야 한다는 정책이다.

자활을 강조하는 '제3의 길'에서 부각하고자 하는 것은 '인간은 일하는 존재'라는 점이다. 또한 자조의 가치를 강조하는 것은 '인간은 스스로의 힘으로 살아가는 존재'라는 점이다. 그러나 자기 주도적 복지는 '국민이 주인'이라는 민주주의적 가치와 복지에 있어서 개인의 선택과 행복 추구권을 강조한다.

이제까지의 복지 정책은 정부가 모든 것을 결정했다. 정부가 복지 서비스를 받을 대상의 범위를 정하고, 서비스의 종류도 일방적으로 정부가 결정하고, 서비스의 질과 양도 정부가 결정하며, 국민들은 수동적으로 따라야 했다. 복지 실천에 정부가 주인 행세를 하기 때문에 국민의 요구와 목소리는 반영되기 힘들었다. 국민의 복지 욕구는 다양한데, 이제까지 정부의 복지 서비스는 획일적이었다. 그만큼 정부 주도로 제공되는 복지 서비스는 다양한 국민의 요구와는 거리가 멀었고, 따라서 국민의 복지 체감도는 항상 낮을 수밖에 없었다.

그러나 자기 주도적 복지는 복지 혜택을 받을 국민 스스로가 원하는 복지 서비스를 개발·창조하는 과정에 주도적으로 참여한다. 정부가 일방적으로 만들어 놓은 복지 서비스의 문제점을 해결하고, 개개인의 복지 욕구에 꼭 맞는 주문자 방식의 맞춤형 복지 서비스를 시행하는 시스템인 것이다. 21세기는 제3기 인권의 시대이다. 복지 서비스가 민주적으로 제공되는 자기 주도적 복지의 시대이다. 자기 주도적 복지는 자신에게 가장 필요한 것을 선택할 수 있는 권리를 보장하는 맞춤형 복지 시스템을 기본으로 한다. 그러므로 자기 주도적 복지는 복지권에 행복 추구권이 융합된 이상적인 복지 실천이다. 복지의 참정권인 것이다. 자기 주도적 복지는 복지 정책의 국제적 기준이 될 것이며, 복지 사회를 선도할 방향타가 될 것이다. 자기 주도적 복지는 복지의 미래이다.

◆ 마음의 복지

(표 2) 국민소득별 복지 변화

시대	목표	보장분야	내역	복지혜택
소득 1만 달러	생존	의·식·주·보건	사회보장, 생계비	저소득층 무상급식, 고아원
소득 2만 달러	자아실현	교육, 스포츠, 예술	교육의 기회, 다함께	문화예술체육 바우처
소득 3만 달러	행복	마음의 복지	다양성, 개별화, 주관적 행복	정신건강

복지는 나쁜 사회를 좋은 사회로 바꾸는 촉매이다. 나쁜 사회는 (1) 가난으로 굶주리게 하는 사회, (2) 교육의 기회가 없어 자아실현이 불가능한 사회, (3) 개인의 독창성을 인정하지 않는 불행한 사회이다. 국민소득 1만 달러 시대에는 생존을 위한 의·식·주를 중심으로 가난한 사람들에게 생계비를 지원하고, 무상급식 제공과 고아원을 운영하는 등의 사회보장 제도가 가장 급한 것이었다. 국민소득 2만 달러 시대에는 문화, 예술, 체육 분야가 발전하고 교육의 기회를 넓혀 자아실현의 폭을 넓히는 것에 치중하게 된다. 국민소득 3만 달러 시대에는 행복 추구가 가장 중요한 복지의 목표가 된다. 행복은 마음에서 비롯되는 것이라서 이것을 '마음의 복지'라고 이름 붙여 본다. 좋은 복지사회는 다양성을 존중하고 개인의 주관적 행복을 추구할 수 있는 곳이다.

개인의 행복이 무참히 짓밟히는 나쁜 사회의 모습은 어떠할까? 또한 좋은 사회는 어떤 모습일까? 필자는 두 권의 책에서 좋은 사회와 나쁜 사회의 단적인 모습을 찾고자 한다. 나쁜 사회는 와리스 디리의 『사막의 꽃』에서 찾아볼 수 있다. 좋은 사회는 칙센트 미하이의 『몰입』에서 힌트를 얻고자 한다. 『사막의 꽃』과 『몰입』 두 권의 책을 읽어가는 과정에서 '마음의 복지', '자기 주도적 복지'의 모습을 그려 보고자 한다.

필자가 가장 감명 깊게 읽은 책 중의 하나가 『사막의 꽃(Desert Flower)』이다. 이 책은 전체로서의 사회가 개인의 행복을 무참히 짓밟는 나쁜 사회의 전형을 보여주고 있다. 저자 와리스 디리(Waris Dirie)는 아프리카 소말리아의 유목민 가정에서 태어나 사막과 초원을 유랑하며 양과 낙타를 방목하며 산다. 그러다가 전통의 굴레로부터 탈출하여 어린 나이에 가족 곁을 떠나, 좌절하지 않는 용기로 세계적인 슈퍼모델로서의 새로운 삶을 개척하고 유엔 특별 인권대사도 역임하게 된다.

저자의 이름 '와리스'는 소말리아 방언으로서 '사막의 꽃'을 의미한다. 열세 살에 부족의 노인과 강제 결혼해야 할 상황에서 와리스는 가출하여 친척집을 전전하며 고생하다가 천우신조로 런던의 어느 사진작가의 눈에 띄어 모델로 발탁된다. 모델로 성공한 와리스는 어느 날 잡지 인터뷰에서 자신의 오랜 비밀을 털어놓는다. 인터뷰 중간에 기자는 녹음기를 끄고 "너무해요, 끔찍해요. 요즘에도 그런 일이 있을 줄은 몰랐어요."라며 눈물을 흘린다. 와리스의 끔찍한 비밀은 바로 '여성 할례'였다. 『사막의 꽃』에는 와리스의 언니와 와리스가 '할례' 받는 모습이 자세히 묘사되어 있다. 마취 없이 성기를 절제당하는 '할례'를 받을 때 와리스의 나이는 다섯 살이었다.

다섯 살짜리 어린아이가 경험한 잔인한 '할례'와 그 후 그 아이가 성장하며 겪은 일상의 불편과 고통은 우리의 상상을 초월한다. 성기의 돌출 부위를 절제하고 소변과 생리를 위한 최소한의 구멍만을 남기고 다 꿰매 버렸다. 와리스는 "남겨 놓은 구멍이 너무 작아서 소변이 방울방울 떨어졌기 때문"에 소변보는 데에만 10분가량이 걸리고, 생리가 시작되면 작은 구멍으로 생리혈이 잘 나오지 못한 채 자궁 안에 고여 심한 통증으로 고통 받아야 했다.

다행히 와리스는 성인이 되어 런던에서 회복 수술을 받아 정상적으로 소변을 볼 수 있게 되고 생리통도 감소했다. 그러나 와리스는 "할례의 경험은 아직도 나를 못 견디게 괴롭힌다. (중략) 나는 내가 몸이 온전치 못한 불구자라는 생각이 든다. 그러나 무얼 해도 원래대로 돌아갈 수 없다는 사실이 가장 절망적이다."라고 고백한다. 그녀는 '할례'가 자신에게 지울 수 없는 상처를 남긴 것을 깨닫고, 자신이 '할례' 받았다는 사실을 언론을 통해 세상에 공개하면서 '여성 할례'에 반대하는 활동에 앞장서게 된다. 와리스는 말한다. "나는 '피해자'라는 말을 싫어한다. 너무 무력한 느낌이 들기 때문이다. 그러나 그 집시 여인이 날 난도질했을 때 나는 바로 피해자였다. 그러나 성인이 된 지금, 나는 더 이상 피해자가 아니다. 그리고 반대 운동에 앞장설 수도 있다."

세계보건기구(WHO), 유엔아동기금(UNICEF), 유엔인구기금(UNFPA)을 포함한 10개의 관련 국제기구가 함께 모여 2008년 '여성 성기 절제 근절(Eliminating Female Genital Mutilation)'에 관한 성명서를 발표했다. 이 성명서는 여성 성기 절제가 관습적으로 이뤄지는 사회에서 여성 성기 절제는 여성이 사회 구성원이 되는 데에 필요한 '통과 의례'이자 성인이 되는 '성인식'의 의미를 가지고 있기 때문에, 여성들은 관습을 따르지 않으면 불명예가 되고 배척당할까봐 순응하게 된다는 점을 유감으로 표명했다. 세계보건기구의 최근 조사에 따르면, 아프리카 지역에서 1억 명에 가까운 9세 이상의 소녀와 여성이 성기 절제를 당한 상태로 살아가고 있고, 여전히 매년 3백만 명의 소녀가 성기 절제를 강요당하고 있다고 한다. 또한 최근에는 미국과 유럽의 이민자 집단들이 민족적 정체성을 강화하고 전통을 부활시킨다는 명분으로 딸들에게 여성 할례를 강요하고 있어 사회 문제가 되고 있다.

할례와 같이 전통과 관습이라는 이름으로 행사되는 잔인한 아동학대가 전 세계에 만연해 있다. 나쁜 사회이다. 그러면 좋은 사회는 어떤 모습일까? 시카고 대학의 교육심리학 교수 칙센트 미하이(Mihaly Csikszentmihalyi, 1997)의 『몰입(Finding Flow)』에서 좋은 사회로의 이정표를 찾을 수 있다. 자기 계발서로 널리 읽히고 있는 이 책은 몰입(flow)이 삶의 질에 미치는 영향을 분석했다. 몰입은 성취의 원천이며, 자기 목적성(自己目的性)에 충만한 사람에게서 발견되는 특징으로, 사람에게 열정과 행복감을 주는 원인이라고 강조하고 있다.

특히 칙센트 미하이는 성취하는 사람의 특징은 '자기 목적적 자아'라고 주장한다. '자기 목적적 자아'란 "스스로 만들어 낸 목적을 가지고 있는 자아"를 의미한다. 이는 주류 사회의 전통이나 관습, 사회적 통념이 강요하는 학력, 출신, 신분, 지위, 재산 등의 피상적인 자기 정체성이 아니다. 자기 목적적 자아를 가진 사람의 목표는 부모나 가족, 사회로부터 수동적으로 주어진 것이 아닌, 바로 자기 자신이 능동적으로 선택한 것이다. 자기 스스로 내린 결정이기 때문에 목표 성취를 위해 더욱 열정적이고, 성취 과정에 있어서 발생하는 모든 상황을 스스로 통제한다. 또한 잘못된 결정이라는 것을 깨달으면 주위 눈치를 보지 않고 목적을 수정하는 융통성도 갖고 있다.

자기 목적적 자아를 가진 사람은 자신의 운명이 자신의 노력에 달려 있다는 신념을 갖고 있다. 그래서 자신의 능력으로 자신의 운명을 개척한다. 자기 목적적 자아를 가진 사람은 무리하게 자신의 환경을 정복하려 하지 않고, 그 환경에 적응하여 조화롭게 자신의 역할을 수행하는 방법을 찾는 일에 전념한다. 어떠한 상황에서도 자신의 일에 최선을 다하며, 더 큰 체계를 위해 자신의 목표를 희생시켜야 할 때도 있으며, 성공을 위해 자신의 일시적 감정을 통제하며 규칙을 겸손하게 따르는 적응 능력도 갖고 있다. 운명 개척과 환경 적응의 노력은 자신에게 주어진 상황을 '자신의 선택'과 '자신의 통제'아래 두기 위한 전략적 태도이다.

자기 목적적 자아를 가진 사람은 위기 상황을 자신에게 유리한 기회로 이용할 수 있는 능력을 갖고 있다. 이것이 바로 성공의 비결이다. 희망이 없어 보이는 비극적 상황을 스스로 통제 가능하게 만드는 것은 몰입에 달려 있고, 고난은 스스로를 더욱 강하게 만들고 내공을 채우는 긍정적 경험이 되게 한다. '무슨 일을 하는 것이 중요한 것이 아니라, 어떻게 일을 하는가?' 하는 것이 삶을 행복하게 만들어 준다. 그래서 몰입은 스트레스를 쌓이게 하는 노동을 놀이처럼 즐겁고 행복한 것으로 탈바꿈시킨다.

칙센트 미하이는 플로우(flow), 즉 몰입이란 단순한 기쁨이나 열중

할 때의 느낌이라기보다는, 어떤 행위에 깊게 몰두하여 시간의 흐름이나 공간, 더 나아가서는 자신에 대한 생각까지도 망각하게 만드는 순간의 '심리적 상태'라고 설명한다. 몰입의 상태에서 인간은 "물 흐르는 것처럼 편안한 느낌" 혹은 "하늘을 자유롭게 날아가는 느낌"을 갖는데, 그 순간 인간의 집중력은 완전해진다. 이러한 몰입의 상태는 즐거움 또는 행복과 같은 개념으로 여겨지기도 한다. 즉 인간은 이 몰입의 상태를 경험할 때 진정한 행복감을 느끼고 계속 그 상태로 남아 있기를 원한다는 것이다.

이렇듯 자아는 인간의 삶을 지배한다. 사람들이 자신의 자아를 어떤 존재로 만드느냐에 따라 자신의 운명도 바뀐다. 인간은 부모나 사회가 강요하는 역할이 아니라, 무한한 잠재력과 가능성으로 자신이 원하면 무엇이라도 될 수 있다는 가능성을 갖고자 한다. 야스퍼스(Jaspers, 1923)는 강조한다. "인간은 하나의 열린 가능성이요, 미완성이고, 완성할 수도 없다. 그러므로 언제나 스스로 깨닫게 된 바로 그 존재가 아니라, 그 이상이다."

칙센트 미하이의 『몰입』에서 깨달았던 것은 바로 좋은 사회의 모습이다. 좋은 사회란 개개인의 잠재력을 최대한 개발할 수 있도록 이끄는 열린사회(open society)이다. 좋은 사회에서는 모든 사람이 도전할 기회를 갖는다. 좋은 사회는 개인이 가진 재능과 독창성을 억압하지 않고, 자신의 재능을 발견하고 재량을 충분히 발휘할 수 있도록 용인한다. 좋은 사회는 개인의 자아 성취를 위해 필요한 교육과 기술을 습득할 수 있게 지원해 준다.

『사막의 꽃』의 주인공 와리스는 소말리아에서 '할례'를 통해 여성으로서의 소중함을 정신적으로 학살당했다. '할례'는 아프리카 여성들에게 행해지는 가장 잔인한 문화적·정신적 학살이다. 한 명의 고귀한 인격으로서, 아름다운 여성으로서 존귀함을 인정받지 못하는 고통을 겪는 아프리카 여성들은 소위 나쁜 사회에 살고 있는 것이다. 우리나라에서도 아프리카 여성들의 '할례'와 같은 문화적 학살이 아이들에게 행해지고 있다. 조기 영어교육 열풍으로 혀 자르는 수술을 받는 아이, 조기 인지교육을 강요당해 원형 탈모가 진행되고 있는 어린아이들은 엄마 아빠와 친밀감을 느끼며 마음껏 놀면서 행복해지고 싶은 정서적인 욕구를 외면당하고 있다. 그러한 아이들이 겪는 고통은 다시금 공격성으로 나타난다.

인간은 개개인 그 자체로서 존귀하고 고귀한 존재이다. 사회가 인간의 개성을 인정하지 않고 전체 톱니바퀴의 부속품처럼 여긴다면, 개인들은 불만과 반감만을 증폭시킬 것이다. 자신의 독창성과 개성을 인정받지 못하는 것보다 더 기분 나쁜 것이 별로 없기 때문이다. 좋은 사회는 타인의 다양성을 인정하는 사회이다. 그래서 다양성을 존중하는 행복한 사회 만들기 운동이 필요하다.

마음의 복지는 행복 추구이다. 너와 나가 다른 것을 인정하고, 개인의 욕구가 다른 것을 인정하는 것이다. 사람은 다른 사람들로부터 자신이 인정받고, 더 나아가 사랑받고 존중받고 싶다는 욕구를 지니고 있다. 그런 이유로 사람은 당장 자신에게 이익이 되지 않더라도 공동체의 규칙을 따르고 책임감 있는 인격이 되고자 노력한다.

복지(wellbeing)는 행복(happiness)이다. 행복을 추구하는 복지는 마음의 복지이다. 우리의 마음이 행복을 느끼기 위해서는 남에 의해 강요당하지 않고 자기 주도적(self motivated)이 되어야 한다. 칙센트 미하이가 설명한 것처럼, 모든 사람은 주어진 상황을 '자신의 선택'과 '자신의 통제' 아래 두고 '자기 주도적'이 되었을 때 진정한 행복을 느낀다. 이를 위해서는 인간의 가장 기본적 인격, 즉 자기 조절력, 정서 조절력, 충동 억제력, 공감 능력, 도덕성, 자아 개념 등이 형성되는 유아기의 정신 건강이 필수적이다. 이를 제대로 보존하도록 양육 환경의 개선, 부모교육, 산모 케어 시스템, 올바른 육아문화 정착, 아동보육 시스템 개선 등이 복지 시스템에서 중요하게 다루어져야 한다. 즉 영유아기 정신 건강을 보장하는 복지 시스템이 마련되어야 한다.

이제 미래의 복지는 자기 주도적인 마음의 복지로 발전할 것이다. 개인의 욕구는 다양하기 때문에 정부가 일방적으로 제공하는 획일적 복지 체계는 과거의 유물로 남을 것이다. 개인이 스스로 다양한 복지 서비스를 선택할 수 있게 하는 민주적인 복지 시스템이 자기 주도적 복지이다. 사회복지사가 아닌, 개인이 스스로 자신을 위한 복지를 '코디네이트(coordinate)' 할 수 있게 한 것이 자기 주도적 복지이다.

◆ 2040 세대는 자기 주도적 존재!

우리나라는 국민소득 2만 달러 시대에서 이제 3만 달러 시대로 넘어가는 선진국의 문턱에 있다. 국민 모두가 잘사는 선진 복지국가의 건설은 모두가 열심히 일하고 일 속에서 만족과 행복을 찾을 수 있도록 고용과 복지가 선진화되는 것에서 출발한다. '고용 없는 성장'의 시대에 돌파구를 찾아야 3만 달러의 시대로 넘어갈 수 있다. 단순한 저임금, 비숙련, 비정규직의 불완전 취업이 아니라, 안정되고 좋은 일자리를 많이 만들 수 있어야 소득 3만 달러의 선진국 대열에 합류할 수 있다. 우리나라 고학력자 중 무직자가 300만 명이 넘어섰다. 2000년 청년 백수 160만 명에서 두 배 가까이 늘어난 것이다. 대졸 이상의 경제활동 참가율이 사상 최저 수준인 76.8%로 떨어졌다. 국민의 교육 수준은 높아지고 있지만, 우리 사회의 일자리 창출 능력은 퇴보하고 있는 것이다.

국내총생산(GDP) 10억 원 당 취업자 수를 나타내는 취업계수는 2001년 28.4명에서 2010년 21.4명으로 떨어졌다. 대기업의 수출 호조와 경제 성장률이 크게 성장하고 있는 것과는 반대로 고용 창출 효과는 점점 더 나빠지고 있는 것이다. 해마다 50만 명 이상 배출되는 대학 졸업자들을 위한 30대 대기업 일자리는 10만 개도 안 된다.

고학력 청년 구직대란의 상황에서 거론되고 있는 것이 사회투자론이다. 1990년대 이후 서구 복지 선진국들에서 '사람에 대한 투자' 또는 '미래를 위한 투자'를 뜻하는 사회투자론(social investment)을 고용복지 대안 모델로 채택하기 시작했다. 에스핑 앤더슨(Esping-Andersen, 1993)은 생산적이고 예방적인 정책을 통해 경제활동 참여를 극대화하기 위한 사회투자 정책을 제안했다. 이를 위해 교육 훈련, 고용, 가족 서비스 영역에 대한 사회투자가 필요하다고 보는 것이다.

사회투자론의 주요 목적은 경제정책과 사회정책을 통합시키는 데 있으며, 전통적인 소득 재분배보다 사회적 위험에 적응할 수 있는 능력을 배양하는 교육과 기회의 재분배에 대한 투자를 강조한다. 국가는 경제와 복지 제공의 책임을 지는 반면, 국민 역시 일을 통해 스스로의 삶을 개척해 나가도록 하는 특징이 있다. 그러나 이러한 서구의 고용 복지정책은 우리나라 상황에 맞지 않는다. 사회투자론의 핵심은 일할 수 있도록 교육과 직업 훈련의 기회를 제공하는 데 역점을 두는 것이다. 반면에 우리나라의 대학 진학률은 80%인데, 이것은 세계 최고 수준이다. 우리나라는 교육과 직업 훈련의 기회가 지나치게 많은 것이 문제가 된다. 그래서 우리의 화두는 고학력 2040 세대뿐만 아니라 노인들까지 행복하게 해줄 수 있는 좋은 직장을 많이 만드는 것이다. 어떤 일(work)에서 사람들은 행복(happiness)을 찾을 수 있는가?

'오페라'라는 단어를 응용하여 일의 종류를 분류해 보자. 멜로드라마 혹은 가극으로 통상 쓰이고 있는 '오페라(Opera)'라는 이탈리아어는 사전을 펼쳐 보면 노동, 성과, 작품, 단체 등의 많은 뜻을 지니고 있다. 어느 음악 관련 서적을 읽었던 기억을 더듬어 보면 본래 '오페라'에는 '음악'은 포함되어 있지 않았다고 한다. 처음에는 문자 상으로 '음악에 대한 극(dramma in musica)'이라고 불리다가, 나중에 '음악에 의한 작품(opera in musica)'이라고 지칭되었다가, 그것이 다시 생략되어 가극(歌劇)을 뜻하는 오페라(opera)로 널리 쓰이게 되었다고 한다. 어원상 오페라는 '작품'을 뜻하는 프랑스어 '오푸스(Opus)'의 복수형 단어에서 비롯되었다. 그래서 현재 이탈리아어에서도 오페라는 가극이라는 의미 이외에 '작품' 또는 '일'이라는 뜻으로 널리 쓰이고 있다.

이탈리아어에 오페라가 있다면, 영어에는 '워크(work)'가 있다. '워크'는 일, 노동, 작품 등의 의미를 갖고 있다. 오페라와 워크를 이용한 언어학적 해석을 하면, 일의 특성을 세 가지로 분류할 수 있다. 첫 번째로 경제활동(經濟活動)에 직접적으로 참여하여 돈을 벌기 위해 하는 노동(labor)을 꼽을 수 있다. 둘째로 문학, 예술 분야의 작가 혹은 예술가들이 작품(work)을 만들기 위해 하는 문학 활동 또는 예술 활동을 들 수 있다. 셋째로 오페라(opera)에는 '단체 또는 인간관계'의 뜻이 있다. '단체 또는 인간관계'에서 유추할 수 있듯이, 사람의 '일'이란 무리를 짓고 인간관계 속에서 이루어지는 활동을 뜻한다. '인간관계'를 의미하는 영어단어의 어미는 '-ship'이다. Ship은 '배'를 의미한다. 한 배를 타고 있다는 뜻이 내포된 것이다. 그래서 인간의 세 번째 일이란 '타인으로부터 자신의 독창성을 인정받는 일'이라고 말할 수 있다.

사람의 일을 노동, 작품 활동, 타인으로부터 인정받는 일로 분류해 볼 때, 3가지 일의 특성상 나름대로 그 즐거움의 종류나 강도에 차이가 있다. 우선 노동(labor)을 뜻하는 일은 1차원적이다. '1차원적'이라는 말은 생존(survival)과 직결된다는 말이다. 사람이 먹고살기 위해 어떤 일을 할 때 '그 일이 얼마나 재미있는가?' 하는 문제는 부수적인 것이 되고 만다. 생존이라는 말은 '환경에 대한 적응'이다. 그래서 생존 능력이란 사회에 대한 적응 능력과 같은 말로 쓰인다. 그러므로 생존에 필요한 기술(技術)은 주위 환경에 튀지 않으려는 모방이고, 관행이고, 답습이며, 상사가 시키는 대로 복종하는 것이다. 반면에 자신이 하는 일을 통해 성공한 사람들은 삶 속에서 순간순간의 기쁨과

만족을 끌어내는 법을 터득한 사람들이다. 부나 명예를 얻는 것에서가 아니라 살아가는 과정 자체에서 자신만의 독특한 기술을 개발하고, 고통스러운 고난에 도전하여 이겨 낸 사람들이다.

자본주의 사회에서 일거리가 많은 사람들은 그만큼 열심히 일하면 그것이 돈으로 환산되어 돌아온다. 일을 많이 해야 돈을 많이 벌 수 있기 때문이다. 그래서 흔히들 '일 복이 돈 복이다.'라고 말한다. 윗사람이 시키니까 마지못해 일하는 경우와 내 일이니까 하는 경우, 그리고 일이 좋아서 자신의 일을 다 하고 남의 일까지 거들어 주는 경우는 그 결과가 너무도 크게 차이난다. '일'이란 돈을 만들 수 있는 자원이기 때문에 일거리가 많아 열심히 일하는 사람은 그만큼 남보다 돈을 많이 벌게 된다. 다시 말해 남보다 일을 두 배로 즐기면 돈도 그만큼 배로 들어오게 되는 것이다. 일하는 방식도 문제가 된다. 자기 주도적이지 못하고 시키는 일만 하는 사람은 성공할 수 없다. 생존의 색깔은 카멜레온(chameleon)이라고 한다. 카멜레온은 주위 환경의 색깔에 따라 몸의 빛깔을 바꿀 수 있다. 그래서 카멜레온 같은 사람은 자신의 독특한 색깔이 없다. 카멜레온 같은 사람은 지조 없는 사람 또는 기회주의자로 여겨지곤 한다.

국민소득 1만 달러 시대는 굶주림을 해결하고 생존을 위해 위험한 3D 노동을 감수하는 시절이었다. 우리 부모 세대는 모두가 열심히 일하며 고통스럽게 돈을 모으고 검소한 생활을 일상으로 여겼다. 기성세대는 자신의 생각과 의견이 있어도 다수의 의견 앞에 침묵하고 전체의 결정에 복종하며 살아왔다. 카멜레온과 같이 자신의 색깔을 숨기고 생존만을 추구했다.

2040 세대들은 여가생활 없는 고통스런 노동에서 탈피하여 자신만의 삶의 즐거움을 추구하는 태도를 갖게 되었다. 2040 세대는 단순히 순간순간에 충실하면 된다는 생각보다, 더 확실한 자신만의 독창적인 삶의 길을 찾고 싶어 한다. 남이 볼 때 비이성적으로 보일지라도 자신의 감성에 충실하려 한다. 그래서 어떤 이들은 로또 복권의 하룻밤 인생대박을 꿈꾸기도 한다. 단순히 카르페 디엠(carpe diem, 이 순간을 즐겨라!)을 따르기만 해서는 인생을 망치기 쉽다는 것을 잘 알고 있다. 그러나 약물, 알코올, 도박 중독 등의 유흥과 환락만을 즐기다 인생을 종치는 사례를 주위에서 너무나 흔하게 본다. 그렇다고 미래만 바라보며 오늘의 즐거움을 포기하고 산다는 것도 어리석게만 여겨진다. 2040 세대는 취미와 적성을 고려하지 않은 일방적이고 획일적인 노동을 거부한다. 2040 세대의 젊은이들은 타고난 재주와 끼를 마음껏 발산할 수 있는 자신만의 천직을 찾고자 한다. 그리고 그들은 모든 정열을 다하여 창조적인 자신의 일에 몰입하고자 한다. 2040 세대는 자신의 일에서 창조를 경험한다. 창조적인 청년 세대는 일하는 자체를 시간 가는 줄 모르고 즐긴다. 자기 주도적인 사람들은 신체적·정신적 한계에 도전하는 어려운 작업에 몰입하면서 가장 큰 즐거움을 느낀다.

성공한 2040 젊은이들은 자기 주도적으로 열심히 일하는 사람들이다. 그들이 일을 열심히 하는 이유는 일 자체가 즐겁기 때문이다. 어려운 기술이 요구되는 일, 도전할 만한 목표가 있는 일에 뛰어든 청년들은 흥분과 열정으로 자신의 일에 집중하게 된다. 그 순간 그 사람은 어쩔 수 없이 그 일을 하는 것이 아니라, 자신의 일 속에서 자신의 삶을 창조해 나가는 것이다. '자기 주도적이 된다'는 것은 일에 끌려가는 노예가 아니라 일의 주인이 되는 것이다. 2040 세대는 철저한 주인의식으로 무장하고 성공한 자기 주도적인 존재가 되기를 희망한다. 자기 주도적 존재의 색깔은 우주에서 단 하나뿐인 자신의 독창적 색깔이다.

자신만의 창조적인 일에 몰두하기 위해서 청년 세대는 모든 것을 건다. 집중은 몰입이며, 내면의 세계로 깊이 빠져드는 정신 현상이다. 그러한 작업은 철저하게 외로운 작업이다. 새로운 작품을 만들어 내는 창조의 과정은 분명 즐거운 일이기는 하지만, 혼자만의 고독을 감수하고 새로운 것에 도전해야 하는 일이다. 2040 세대는 새로운 목표를 갖고 도전하며 자신을 한계상황으로 내몰아, 최선을 다하여 자신이 하는 일을 온전히 자신의 것으로 만들어 일의 노예가 되지 않고, 자기 주도적으로 일의 주인이 되고자 한다. 그리고 자신만의 일의 즐거움을 만끽하고자 한다. 생존을 위한 노동(labor)이 획일적이고 '모던(modern)한' 특징을 갖는 반면, 새로운 작품(work)을 만들어 내는 창조 활동은 다양성을 추구하는 '포스트모던(postmodern)한' 일이라고 볼 수 있다. 포스트모던의 존재들은 모두 각자가 자신의 세계를 만들고, 그 세계에서 스스로 창조하는 신(gods)이 된다.

열심히 즐거운 마음으로 일하는 2040 세대의 젊은이들은 꿈이 있다. 성취해야 할 꿈이 있는 사람은 과감하게 밀어붙인다. 사람들은 성공의 비결을 흔히 '목숨을 거는 데 있다.'라고 말한다. 우리말에 '목숨'이란 '목'의 '숨 쉼'을 뜻한다. '목숨'이라는 단어는 활쏘기를 좋아하는 우리 동이민족(東夷民族)의 습관에서 나온 말이다. 과녁을 향해 활을 쏘는 순간 '목의 숨을 멈춘다'는 뜻으로 '목숨을 건다'고 한다. 목숨을 걸어야 활이 흔들리지 않고 화살이 정확하게 목표물을 명중시킬 수 있는 것이다. 그만큼 열심히 그리고 집중해야 성공할 수 있다는 말이다.

자기 주도적인 2040 세대는 독창적이고 창조적인 자신만의 모습을 다른 사람들에게 인정받고 싶어 한다. 세상에 둘도 없는 자신만의 세계를 인정받고자 하는 2040 세대의 욕구는 사랑받고 존중받고 싶은 마음과 같은 것이다. 2040 세대에게 복지사회란 개개인의 독창성과 잠재력을 최대한 인정받는 곳이다. 그런 사회에서 2040 세대는 행복한 자기 주도적 존재가 되기를 소망한다. 그러므로 2040 세대의 자기 주도적 감성을 정부 관료들이 일방적으로 정한 복지정책이 충족시켜 줄 수는 없다.

반대로 젊은이들은 아무런 일도 하지 않거나, 일을 하더라도 열정을 쏟아 일에 몰두하지 않으면 쉽게 지루함이나 짜증을 느낀다. 이러한 것을 일로 인한 스트레스라고 부른다. 지루하다는 느낌이 꼭 나쁜 것만은 아니다. 젊은이들은 지루하다고 느끼는 순간 생활의 활력을 찾기 위해 무언가 새로운 것에 도전하고 싶은 충동을 갖게 된다. '지루함'은 범죄를 충동질하는 원인이 되기도 한다. 특히 많은 청소년 범죄의 원인은 10대들이 흔히 느끼는 '지루함' 탓이라고 범죄학자들은 지적한다. 아이들은 자기가 사는 동네가 너무 밋밋하고 할 일이 아무것도 없으며, 너무 지루하고 따분하다고 느낄 때 쉽게 범죄의 충동을 느낀다고 한다. 아니면 알코올, 본드 흡입과 같은 마약에 중독되거나 집단 성폭행을 저지르기도 한다.

이러한 청소년 범죄를 예방하기 위해 10대 아이들에게 새로운 도전을 권장하는 어른들의 노력이 중요하다. 축구팀을 만들거나 독서를 하게 하는 것도 좋고, 자원봉사에 지원하거나 음악 동아리에 가입하게 하는 것도 좋은 방안이다. 예를 들면, 가난과 굶주림으로 허덕이던 남미 베네수엘라의 길거리에서 10대 청소년들이 할 수 있는 일이란 아무것도 없었다. 그렇게 지루한 동네에 마약, 폭력 갱단, 성폭행이 만연했다. 하지만 그러한 청소년들의 생활문화를 바꾸어 버린 사건이 바로 엘시스테마(El Sistema)였다. 오케스트라 연주 활동이 가난한 아이들의 생활에 새로운 도전과 활력을 불어넣게 되면서 청소년 범죄가 급격히 줄어들었다. 그러므로 일을 즐거운 것으로 만드는 비법은 바로 새로운 것에 대한 도전(challenge)에 있다.

훌륭한 운동선수, 음악가, 예술가들은 보통 자신의 일에서 몰입과 집중을 쉽게 이끌어 낸다. 그도 아니면 자신을 의도적으로 한계상황까지 몰아붙이는 시도를 한다. 목표가 확실하고 목표 성취를 위한 능력과 기술이 있을 때 우리는 자신감을 갖고 완전히 집중할 수 있다. 골프 선수는 퍼팅을 하면서 공이 움직이는 곳으로 온몸과 온마음이 움직인다. 피아노 연주자는 열 손가락으로 건반을 칠 때마다 자신이 원하는 정확한 음을 내고 있는지 몰입하여 살핀다. 자신의 일에 집중하면서 우리는 일상의 사소한 문제들을 그 순간만큼은 모두 망각하게 된다. 자신을 잊어버리고 지금 이 순간 몰입해 있는 일에 푹 빠져 버리는 것을 무아(無我)의 경지라고 한다.

자신만의 독창적 세계를 추구할 기회를 갖게 하고, 자신만의 꿈을 향해 도전할 수 있는 창조적 일자리를 많이 만드는 것이 21세기를 살아가는 젊은이들을 위한 최고의 복지이다. 단순히 빈곤과 굶주림에서의 구휼이 아니라, 자신만의 창조적인 일을 계속 할 수 있도록 용기를 주고 지원하는 복지 체계가 형성되어야 한다.

◆ 자기 주도적 복지의 사례 : 바우처

사회복지 현장의 불평등은 국민의 참여를 통해서 해결할 수 있다. 복지 서비스 이용자의 선택권을 보장하는 장치가 있어야 한다. 모든 사회복지 활동 과정은 정부, 공무원, 혹은 사회복지사에 의해서가 아니라, 국민(서비스 이용자나 보호자)에 의해 결정될 수 있도록 노력해야 한다. 그것이 자기 주도적 복지이다.

사회복지 서비스 이용자들의 선택권을 보장하기 위해 제도화한 것이 바우처 제도이다. 바우처 제도는 관(官) 주도의 사회복지 체계를 수요자 중심으로 바꾼 것이다. 바우처(Voucher)란 원래 정부 또는 어떤 기관이 제공하는 지불 보증 전표이다. 사회복지 바우처를 제공 받는 사람들은 소득 수준이나 특정 자격 면에서 그 조건을 갖춘 계층으로서, 정부로부터 제공받은 바우처로 규정된 복지 서비스를 구입할 수 있게 된다. 그러므로 바우처는 특정 저소득 계층의 구매력을 높여 주는 소득지원의 한 형태로 해석되기도 한다.

바우처 제도의 장점은 첫째, 복지 서비스 이용자가 원하는 서비스를 주도적으로 선택할 수 있게 한다는 점이다. 이러한 복지 서비스 소비자의 선택권 강화를 통해 국민들의 복지 체감도를 높일 수 있다. 둘째, 현금으로 저소득층의 소득지원을 할 경우 발생할 수 있는 소비 형태에 대한 도덕적 해이를 통제할 수 있다는 점이다. 정부가 무작정 현금으로 저소득층의 소득을 지원할 경우, 현금을 받은 가장이 생활에 필요한 식품을 구매하지 않고 도박이나 마약을 구매한다면, 복지의 본래 취지는 사라지고 범죄만 조장하는 역효과를 초래할 수 있다. 그러므로 현금 대신에 저소득 가정에 식료품 교환권(바우처)을 제공하면, 식료품 이외의 다른 곳에 낭비할 수 없게 된다. 이러한 특성이 공공부조 프로그램에서 현금지원 혹은 현물지원 방식의 대안으로 바우처 제도를 선호하게 한다.

역사적으로 살펴보면, 바우처 제도는 노인 승차권 지급 제도(1990-1995년)로 시작되어 생활보호 대상자를 중심으로 하는 의료보호 서비스로 확대 적용되었다. 현재 우리나라에서는 장애인, 산모, 아동, 직업훈련 대상자 등에게 현금카드 형태의 바우처를 발급하고 있으며, 바우처 서비스의 신청과 이용의 모든 과정이 전자 시스템으로 처리되는 전자 바우처로 발전되었다. 바우처 수요가 꼭 필요하다고 인정된 10대 유망 서비스(아동발달 지원, 아동 정서발달 지원, 문제행동 아동 조기개입, 인터넷 게임 중독아동 치료, 맞춤형 운동처방 서비스, 돌봄여행 서비스, 장애인 보조기구 렌털 서비스, 시각 장애인 안마 서비스, 방과 후 돌봄 서비스, 정신건강 케어 서비스)에 대해서도 지자체 별로 지원을 확대한다. 정부 주도의 바우처 시장 규모만 2011년 4조 원, 2013년에는 6조 원 수준으로 증가할 것으로 예상된다.

외국에서는 다양한 바우처 서비스를 제공하고 있다. 프랑스와 벨기에는 장보기, 함께 산책하기, 목욕시키기, 물건 배달하기 같은 서비스도 바우처로 결제할 수 있다. 영국의 경우 1990년부터 청소년 훈련 신용제도를 도입하여 실시하고 있고, 일본의 경우도 고용대책으로 실업수당을 늘리는 대신 개인의 재교육에 역점을 두고, 그 비용을 보조하는 능력개발 바우처 지급 제도를 모색 중에 있다. 일본 도쿄도 북구청은 '양육 도우미 바우처'를 운영한다. 아이를 낳은 여성이 지역 보육원에 아이를 잠시 맡길 수 있는 프로그램이다. 생후 58일 이후부터 2살 이전까지 유아를 한 번에 4시간씩 맡길 수 있다. 저소득층 산모와 영유아만을 대상으로 월 238달러(2인 가족 기준) 내에서 우유·치즈·버터 같은 유제품과 분유를 구입하도록 지원하는 WIC(Women Infants Children Program) 제도가 있다. 충분한 영양을 섭취해야 하는 산모와 영유아들의 건강을 위해 '추가'로 영양을 공급하기 위한 취지에서 만든 바우처 프로그램이다.

또한 미국에서는 주택 임대료 보조 프로그램이 있다. 일정 수준 이하의 무주택 저소득층에게 아파트 임대료 중 일부를 정부가 보조하는 '주택 바우처(Housing Choice Vouchers)' 제도이다. 가구 소득이 월 100만 원이고 월 임대료가 50만 원일 경우, 저소득층 임차인이 월 소득의 30%(30만 원)만큼만 임대료를 내면 정부가 나머지 20만 원에 대한 바우처를 제공한다. 미국의 주택 바우처 제도는 연방 차원에서는 주택/지방 개발부(HUD)에서 주관하고, 2,600여 개의 주/지역/지방 공공주택 사무소들(PHAs)을 통해 운영되고 있다. 현재 약 210만 개의 바우처가 발급되고 있다.

뉴질랜드의 주거 보조비(Accommodation Supplement) 제도, 영국의 임대료 보조제도(Housing Benefit)는 가구주의 소득이 일정 소득 이하인 저소득 임차인에게 주거비를 보조해 주기 위한 바우처 제도이다. 이러한 저소득층 지원이 시사해 주는 점은 주택 정책의 기조가 공공/민영 주택 건설 지원을 통한 공급 확대 위주에서 거주자들에게 직접 임대료의 일부를 바우처 형태로 지원해 줌으로써 소비자가 직접 거주지를 선택하게 하는 자기 주도적 복지 정책으로 옮겨가고 있다는 사실이다. 소비자의 선택권을 최대한 보장하는 주택 바우처는 다른 분야의 바우처들보다 시장 친화도가 매우 높고, 이용자의 복지 체감도 역시 매우 높은 편이다.

우리나라 바우처 제도는 개선해야 할 여러 가지 단점을 갖고 있다. 첫째, 사회 서비스를 제공받는 일차적 집단은 사회 소외계층인데, 이들은 정보력이 제한되어 있다. 다양한 상품과 선택 기준에 대한 정보가 부족한 이용자들의 선택권은 제한적일 수밖에 없다. 둘째, 바우처 서비스를 제공하는 기관들이 다양하지 않은 경우 이용자의 선택권은 유명무실하다. 서비스 공급자가 많이 있어야 서비스 경쟁이 생긴다. 현실적으로 사회복지 서비스 영역에 있어서, 한 지역 공동체에서 동일한 서비스를 제공할 수 있는 기관은 한정되어 있다. 소비자 선택권이 사라지는 것이다. 셋째, 바우처 서비스를 제공하는 기관을 선정하는 일은 여전히 전문성이 떨어지는 관료들에 의해 좌지우지되고 있다. 관료들의 몰아주기 방식으로 특정 복지기관의 시장 독점 우려가 상존한다. 이러한 경우 이용자의 선택권은 없다. 넷째, 바우처를 사용할 수 있는 기관들이 많은 지역과 바우처를 받아도 사용할 수 있는 기관이 적은 지역 간에 접근성과 서비스의 질과 내용에 있어 형평성이 맞지 않는 것이 문제점으로 나타난다(김성이, 2011).

◆ 자기 주도적 육아복지

우리나라의 아동 및 보육 지원율은 70.8%로 OECD 회원국 30개 국가의 중간치인 15위를 차지하고 있다. 하지만 이는 복지국가로 잘 알려진 스위스(35%), 네덜란드(49.7%), 영국(61.6%), 핀란드(63.7%)보다 높은 수치다(김용하 외, 2011). 그러나 이러한 높은 보육 지원율에도 불구하고 국민들이 느끼는 복지 체감도는 낮다. 무엇이 문제이며, 대책은 무엇인가?

(표 3) 연령별, 연도별 보육료 및 양육수당 지원 내용

만 0-2세 보육료	만 3-4세 보육료	만 5세 보육료	만 0-2세 양육수당
2012년(전 계층) -만 0세 : 39만 4천 원 -만 1세 : 34만 7천 원 -만 2세 : 28만 6천 원	2012년(소득 하위 70%) -만 3세 : 19만 7천 원 -만 4세 : 17만 7천 원	2012년(전 계층) -만 5세 : 20만 원	2012년(차상위) -12개월 미만 : 20만 원 -24개월 미만 : 15만 원 -36개월 미만 : 10만 원
2013년(전 계층) -만 0세 : 39만 4천 원 -만 1세 : 34만 7천 원 -만 2세 : 28만 6천 원	2013년(전 계층) -만 3세 : 22만 원 -만 4세 : 22만 원	2013년(전 계층) -만 5세 : 20만 원	2013년(소득 하위 70%) -차상위 계층 이하 : 2012년과 동일 차상위 계층-소득 하위 70% -연령 구분 없이 10만 원

불만의 목소리가 큰 영유아 보육료 및 양육수당 지원 정책이 2012

년 그 윤곽을 드러냈다. 정리하면, 2013년부터는 만 0-5세 아이(미취학 아동)를 키우는 부모들이 아이를 보육시설에 보내면 (부자들도) 소득과 상관없이 모두 보육료를 지원받을 수 있다. 또한 36개월 미만 아이를 가정에서 키우는 경우 소득 하위 70%(4인 가구 기준 월평균 소득 인정액 480만 원)까지 10-20만 원의 양육수당을 받을 수 있게 된다.

정부는 누리과정을 2013년부터 만 3-4세로 확대하기로 하고, 양육수당 지원 대상도 현재 차상위 계층(소득 하위 15%)에서 소득 하위 70%로 대폭 확대한다. 이것은 정부가 0-2세까지 보육기관에 맡기면 보육비를 지원하는 정책이라는 비판에 대한 대응책이라고 한다. 가정에서 아이를 돌보거나 보육시설에 주로 아이를 맡기는 3-4세 부모들에 대한 지원이 제외돼 형평성에 문제가 있다는 점과, 아이의 엄마에 대한 애착 형성에 가장 중요한 시기인 만 0-2세 아이를 보육시설에 맡기도록 유도하는 정책이라는 비판이 있다.

보육비 지원 단가도 연차적으로 인상할 계획이다. 2012년 현재 만 3세는 19만 7천 원, 만 4세는 17만 7천 원, 만 5세는 20만 원이 지원된다. 이를 2013년에는 22만 원, 2014년에는 27만 원, 2016년에는 30만 원으로 확대한다. 정부는 재정을 고려해 2014년까지는 만 3~4세 보육료·유아 학비를 국고, 지방비, 지방교육 재정 교부금을 모두 동원해 지원하고, 2015년부터는 지방교육 재정 교부금으로 일원화한다는 방침이다. 그러나 이러한 정부의 보육료 지원 정책이 오히려 부모들의 책임감을 약화시키고, 아동 발달에 부정적인 영향을 끼칠 수 있다. 2012년 6월 3일 국회 예산정책처가 발간한 「영유아 보육 및 유아교육 사업 평가」 보고서에 따르면, 2009년 기준 우리나라의 0-2세 영아의 보육시설 이용률은 50.5%로 나타났다. 이는 경제협력개발기구(OECD) 국가 중 덴마크(83%·2005년 기준), 스웨덴(66%)에 이어 세 번째로 높다. OECD 평균(28.7%)보다도 두 배 가까이 많다. OECD는 0-2세 영아의 경우 아동발달 측면에서 볼 때 시설 보육보다는 가정 내 돌봄과 양육이 바람직하며, 가정 밖의 양육 비율은 30% 미만으로 해야 한다고 권고하고 있다.

덴마크와 스웨덴은 우리보다 보육시설 이용도가 높지만, 3세 미만 영아를 둔 어머니의 취업률이 각각 76.5%, 72%에 달한다. 3세 미만 영아 어머니의 취업률이 29.9%에 불과한 우리나라의 현실을 고려하면, 특별한 이유 없이 20.6%의 엄마들은 영아들을 장시간 보육시설에서 위탁 양육하고 있는 것이다. 보고서는 "정부가 양육수당 확대, 아동수당 도입, 육아휴직 활성화 등 가정 내 양육에 대한 지원은 선행하지 않은 채 시설을 이용할 때만 보육료를 지원해, 부모들의 양육 방식 선택을 왜곡하는 동시에 부모들의 책임감을 저하시키고 도덕적 해이를 발생시켰다."고 비판하고 있다. 영아들을 보육시설에 위탁 양육하는 엄마들은 과연 아이와 떨어져 생활하는 것이 행복할까? 또한 보육시설에 맡기지 않기 때문에 정부의 지원을 전혀 받지 못하는 엄마들의 형평성에 대한 불만도 크다. 갓 태어난 아이를 보육시설에 맡기면 정부가 지원하는 금액이 40만 원에 가깝다. 차라리 그 돈을 현금으로 원하는 엄마들은 없을까? 엄마들은 자녀 1인당 고정 액수의 현금 지원(19.9%)이 가장 필요하며, 저렴한 보육시설 서비스의 확대(15.7%), 육아휴직 같은 기업의 협조(14.3%) 등의 순으로 정부 지원을 희망하는 것으로 조사되었다(신의진 외, 2009).

0-5세 영유아들의 장시간 보육시설 의존 현상은 소득 계층에 상관없이 보육료가 전면 지원되는 '만 5세 누리과정'이 전면 시행되면서 더욱 심해질 것으로 예상된다. 이에 대한 해법은 보육 시설을 이용하지 않아도 자녀 양육비를 경감할 수 있도록 정부 지원을 확대하는 방향으로 제도가 발전되어야 한다는 것이다. 다시 말해, (1) 보육시설 이용 가구와 가정에서 보육하는 가구에 대한 이중적 차등 지원을 폐지하고, (2) 모두 똑같은 금액을 '현금'으로 지원하는 정책을 수립하는 것이다. 정부의 현금 지원을 받은 부모는 (1) 보육 시설을 이용할 것인지, (2) 가정에서 보육할 것인지 '자기 주도적'으로 선택할 수 있게 된다. 이때 발생하는 정책적 효과는 첫째, 무작정 정부 지원을 받으려고 0-2세의 영아를 보육시설에 맡기는 비율(2001년 현재 50.5%)을 맞벌이 부부의 비율(29.9%)로까지 낮출 수 있다. 둘째, 전업주부이면서 0-2세의 영아를 (정부 보조금을 타기 위해) 무작정 보육시설에 맡기는 엄마들(20.6%)의 도덕적 해이를 방지할 수 있으며, 아이와 함께 가정에서 지낼 수 있게 되어 엄마들의 만족감도 커진다. 셋째, 엄마가 전업주부인데도 보육시설에 맡겨진 0-2세의 영아들이 다시 가정으로 돌아가 엄마의 품에서 보다 안전하고 건강하고 행복하게 성장할 수 있게 된다.

영유아 가구에 현금으로 지원할 경우 아이 한 명당 지원받을 수 있는 금액은 얼마나 될까? 2012년 복지부, 교육부, 고용부, 여성가족부 등 4개 부처에 편성된 관련 사업 예산이 약 5조 1500억 원에 달한다. 이는 지난 2008년의 2조 4300억 원과 비교해 2배 이상 늘어난 액수이다. 향후 지원 대상 확대에 따라 재원이 계속 증가될 전망이다.

2011년 12월 통계청 자료에 근거하여 0-5세 인구를 1,762,426명(0-4세 장래인구추계 중위 값 1,463,949명, 5세 298,477)이라고 볼 경우, 아이 한 명당 현금으로 지원 받을 수 있는 금액은 일 년에 약 300만 원, 한 달에 약 24만여 원이다. 2010년 인구통계 조사를 근거로 할 경우 0-5세 인구는 약 2,858,000명인데, 이것은 아이 한 명 당 일 년에 약 180여 만 원, 한 달에 약 15만 원을 지원 받을 수 있는 금액이다. 그런데 이 계산은 최소값이며, 정부의 보육예산이 향후 5년 안에 두 배로 늘어나고 출생하는 영유아 인구도 줄어든다는 점을 감안하면, 일 년에 약 400만 원(한 달 33만 원)까지 모든 아이에게 현금으로 지원될 수 있을 것이다. 0-5세까지 아이 한 명당 총 2천만 원을 받는 셈이다.

반면에 비 취업 여성(전업주부)과 중상위 소득 계층의 여성에게 보육료와 양육수당을 획일적으로 지원하는 것은 문제가 있다는 지적도 있다. 김인경 한국개발연구원(KDI) 연구위원은 YTN 인터뷰를 통하여 "영아와 시간을 함께 보내면서 안정적인 애착을 형성할 수 있는 미취업이거나 휴직 중인 여성에게 12시간의 보육료를 정부가 전액 지급하는 것은 아동발달에 필수적이지 않다."라고 주장했다(YTN. 2012. 6. 9). 또한 특히 양육수당의 인상과 수혜층 확대는 여성들의 근로 의욕을 떨어뜨릴 것이라는 점도 강조했다.

영유아기에 부모와 떨어진 아이들이 과연 행복할까? '무상'이라는 타이틀만으로는 아이들이 행복해지지 않는다. 0-2세 아이에게는 부모 곁을 떠나는 것 자체로도 스트레스가 되는데, 아이를 시설에 보내면 공짜이고 엄마가 직접 키우면 아무런 혜택이 없으므로 엄마들은 선택의 여지가 없이 시설로 보낸다. 그러므로 0-2세 영유아의 경우 부모들이 직접 기를 수 있는 환경을 조성하는 것으로 정책 방향이 바뀌어야 한다. 현재 시설에 주는 보육비를 부모에게 직접 지급해 부모가 시설보육과 가정보육을 선택할 수 있도록 해야 한다. 맞벌이 부부처럼 어쩔 수 없는 경우에는 보육기관에서 아이가 잘 양육되고 있는지에 대한 철저한 점검 시스템이 필요하다. 선진국에서는 이를 위해 조기 중재 프로그램(early intervention program)을 운영하고 있다. 이러한 사회적 노력이 부족한 채 영유아기에 부모와 분리된 아이들은 나중에 성장하여 사회문제가 될 수 있다. 학교폭력 문제도 이와 무관하지 않다. IMF 시기에 경제가 나빠져 가정이 파괴되고 엄마들이 맞벌이에 나서면서 당시 영유아기에 엄마의 보호 없이 고생한 아이들이 지금 청소년으로 성장하여 사회문제가 되고 있다. 그러므로 보육 정책은 부모가 아이를 직접 기를 수 있는 방향으로 나아가야 한다.

II.

노인 인권기구

1 유엔 노인 인권기구

◆ 고령화와 노인 복지

유엔의 발표에 따르면 세계 전체 인구 중 65세 이상의 노인 인구가 차지하는 비율이 2005년 7.3%로 나타나, 세계 전체가 고령화 사회가 되어가고 있다. 이는 다시 2030년 11.8%, 2050년 15.9%로 각각 늘어날 전망이다. 2005년 유엔의 노령화 지수 추이에 따르면 우리나라 전체 인구 중 노인이 차지하는 비율은 2005년 9.1%에서 2030년에는 24.1%, 2050년에는 37.3%로 급증한다. 같은 기간 미국의 경우 12.3%에서 20.2%, 21.1%, 일본은 19.7%에서 30.4%, 36.5%로, 이탈리아는 19.6%, 28.2%, 34.4%로 각각 늘어날 것으로 추산됐다. 한국의 2010년 현재 노인 인구는 전체 국민의 11%를 차지하고 있다. 세계 최대의 노인 국가는 일본, 독일, 이탈리아, 한국으로 순위가 예상되고 있다. 유엔의 인구 기준에 따르면, 전체 인구에서 65세 이상의 노인 인구 비율이 7% 이상이면 '고령화 진행 사회(ageing society)', 14% 이상이면 '고령 사회(aged society)', 20% 이상이면 '초고령 사회(ultra aged society)'로 구분된다.

최근 선진국뿐만 아니라 개발도상국가에서도 빠른 속도로 고령화가 진행되고 있다. 의학 기술이 발달해 평균 수명은 늘어난 반면, 저출산 현상으로 세계의 65세 이상 노인 인구 비율이 점차 늘고 있다. 노인들의 인구수도 늘고 있지만, 전체 인구 대비 노인 인구 비율도 늘고 있는 것이다. 세계 인구 중 65세 이상 노인 인구는 1960년에는 전체 인구의 5.3%였는데, 1980년에 5.9%, 2000년에 6.9%, 2020년에는 9%가 넘을 것으로 예상된다.

고령화는 전 세계적인 문제가 되고 있다. 문제는 선진국들은 사회보험 제도를 통해 노인 복지제도를 오랜 기간을 두고 정비하고 시설을 확충해 온 반면, 개발도상국들은 아직 사회복지의 제반 인프라가 갖추어져 있지 못한 상황에서 급속도의 고령화를 맞이하고 있다는 점이다. 그런 상황 속에서 대책이 매우 시급한 형편이다. 고령화가 세계적 문제가 된 것은 세계 무역의 증가와 관련이 깊다. 선진국의 고령화는 은퇴 인구의 증가를 야기하고, 노령 인구의 증가는 그만큼의 구매력 하락과 함께 경제를 침체하게 만드는 요인이 된다. 이것은 다시 저임금으로 상품을 만들어 수출하는 개발도상국가의 경제를 악화시키고, 더불어 개발도상국의 평균 임금을 하락시키는 연쇄 작용을 일으킨다.

전 세계적으로 노인 인구가 급증하면서 노인 복지의 질이 하락될 수밖에 없다. 노인 인구의 증가는 복지 수요의 폭발적 증가를 의미하며, 그만큼 노인 복지를 위한 복지 재원이 고갈됨을 의미한다. 노인 복지의 질적 하락은 노인들에게 불행한 노후를 맞이하게 만든다. 이러한 이유로 많은 선진국들은 예방적 차원에서 노인복지 지출을 줄이는 데 정책적 역량을 모으고 있다. 예를 들면, 독일에서는 최근 들어 노인들의 의료보장 혜택을 축소했고, 프랑스에서는 연금 납입기간을 당초 37.5년에서 42년, 오스트리아는 40년에서 45년으로 연장하고 지급액을 최대 10%가량 줄이는 연금 개혁안을 승인했다.

◆ 노인 인권을 위한 유엔기구

1982년 오스트리아 비엔나에서 '고령화 세계 총회'가 열렸는데, 그때 총회는 「고령화 관련 국제행동계획」을 채택했다. 또한 1991년 유엔 총회에서는 「노인을 위한 유엔 원칙」을 설정했다. 여기에는 사회정의의 원칙, 사회통합의 원칙, 자발적 참여의 원칙, 독립성의 원칙, 포괄적 욕구의 원칙, 지속성의 원칙, 사회적 보호의 원칙이 포함되었다.

「노인을 위한 유엔 원칙」 중 첫째, 사회정의의 원칙은 경제발전에 따른 이익의 분배에 있어 나이, 성별, 인종, 민족적인 배경, 장애나 여타 지위에 상관없이 공정하게 대우받아야 하고, 경제개발에 대한 기여와 관계없이 필요에 따라 형평성 있게 분배되어야 하며, 노인들의 존엄과 안전이 보장되어야 하며, 육체적 착취와 정신적 학대로부터 자유로워야 하며, 사회자원, 권리와 의무를 나눔에 있어서 노인 복지가 증진되어야 함을 강조했다.

둘째, 사회통합의 원칙은 전통, 사회구조 및 문화적 가치를 존중하면서 모든 연령 계층이 조화로운 발전을 추구하는 것을 일컫는다. 노인복지는 전통과 혁신의 균형을 유지해야 하며, 국가마다 다양한 형태의 가족 구성은 사회의 기본적인 단위이기 때문에 각 국가의 전통과 관습에 따라 유지·강화·보호되어야 하는 점을 강조한다. 노인들의 연령을 이유로 발생하는 차별에 대해 사회가 적극적으로 대처해야 하며 세대 간 사회통합을 위한 노인 복지정책이 수립되어야 한다.

특히 세 번째 자발적 참여의 원칙은 노인복지 정책에 관해 노인들의 '자기 주도적' 참여를 강조한 것이다. 노인들 자신이 복지 정책의 형성과 실행 과정에 적극적으로 참여할 것과 가족과 지역사회에 기여할 수 있도록 할 것, 노인들이 개인적인 만족과 자아실현을 위하여 가족과 친족 활동에 지속적으로 참여하고, 지역사회에서 노인의 흥미와 능력에 알맞은 자원봉사, 공식·비공식적인 학습을 통한 지속적인 자아 성장, 예술과 공예를 통한 자아 표현, 지역사회 조직 및 노인 단체, 종교 활동, 여가 활동과 여행, 시간제 일, 전문성 있는 시민으로서 노인들을 위한 사회운동 등에 참여할 것을 강조하고 있다.

넷째, 독립성의 원칙은 노인들의 소득 보장에 관한 원칙이다. 즉 가족과 지역사회의 지원 및 자조 활동을 통하여 적절한 의식주 및 건강관리를 받을 수 있도록 하며, 일할 수 있는 기회를 제공받거나 직장에서 언제 어떠한 방식으로 은퇴할 것인지에 대하여 '자기 주도적'으로 결정할 수 있어야 한다는 원칙이다.

다섯째, 포괄적 욕구의 원칙은 노인 복지정책이 노인의 육체적, 심리적, 문화적, 정신적, 경제적 건강 및 기타 요소들을 포괄적으로 충족시킬 수 있는 통합적인 분야가 되어야 함을 강조하고 있다.

여섯째, 지속성의 원칙은 노인의 참여와 동기, 기여를 촉진하기 위한 사회적 지출은 지속적인 투자로 간주되어야 함을 규정한 것이다. 노령기에 접어들면서부터 임종에 이르기까지 노인의 욕구 변화에 지속적으로 대응할 수 있는 사회적 서비스, 정신건강 관련 상담 프로그램의 제공이 정책적으로 마련되어야 함을 강조하고 있다.

마지막으로, 사회적 보호의 원칙은 노인이 각 사회의 문화적 가치

체계에 따른 사회제도 안에서 가족과 지역사회의 보살핌과 보호를 받아야 함을 명시하고 있다. 정부와 민간단체들은 노인을 돌보는 가족들이 부양 의무를 충실히 이행할 수 있도록 필요한 시기, 필요한 장소에서 지역사회로부터 적절한 지원을 제공받을 수 있도록 해야 함을 강조하고 있다. 특히 노인을 가정에서 부양할 때, 저소득 가정을 지원하는 사회복지 서비스 제공을 의무화하고 있다. 전반적으로 볼 때, 노인들이 인간적이고 안전한 환경에서 사회적, 정신적 보살핌을 제공하는 적정 수준의 보호와 재활 시설을 이용할 수 있어야 함을 강조하고 있다.

유엔은 1999년을 '세계 노인의 해(International Year of the Older Persons)'로 정하고 노인 인권과 노인 복지의 중요성을 다시 한 번 강조했다. 그러나 아동 인권, 여성 인권, 장애인 인권에 관한 유엔 국제규범은 제정한 반면, 노인 인권에 관한 국제법 마련에는 실패하고 있다. 현재 노인의 인권에 대한 국제법은 없으며, 「이주노동자권리협약」(ICRMW)에서 '연령차별(age discrimination)' 금지에 관한 조항(제1조 1항)을 두고 있을 뿐이다. 노령화에 대한 마드리드 국제 플랜(MIPAA, the Madrid International Plan of Action on Ageing)이라는 것이 있지만 국제 규범은 아니다. 따라서 현재 국제사회에서는 「유엔노인인권협약(UN Convention on the Rights of Older Persons)」의 제정과 노인 인권 국제기구의 신설이 가장 시의적절한 현안으로 대두되고 있다. 노인 국제규약을 새로이 제정함에 있어서, 우리 정부가 국제사회의 구심이 되기를 희망한다. 또한 노인 인권 국제기구를 신설하여 사무국을 서울에 유치하기를 소망해 본다. 이를 계기로 우리나라의 노인 인권이 폭발적으로 증진되고, 전 세계에서 노인이 가장 살기 좋은 행복한 나라 대한민국이 되기를 기원한다.

2 노인 행복위원회

◆ 자기 주도적 노인 복지

저출산·고령화 현상을 문제로만 인식하는 것은 '노인'의 개념을 무능하고 병약한, 은퇴 후 사회복지의 시혜를 받아야 할 비생산적인 '부양 대상'으로만 보기 때문이다. 청년들이 노인들을 부양해야 한다는 고정관념에서 보면, 부양 의무가 있는 청년 인구가 감소하게 되는 '저출산' 현상과 부양받아야 할 노인 인구가 늘어나는 '고령화' 현상은 큰 문제가 된다.

자기 주도적 복지에서는 '노인'을 은퇴한 비 노동인구라고 보지 않고, 사회 활동에 적극 참여하는 생산적인 연령이라고 본다. 노인 복지를 자기 주도적으로 전환하기 위해 가장 중요한 것은 은퇴 연령을 노인 스스로가 결정하게 하는 정책을 실현하는 것이다. 많은 국가들이 은퇴 연령을 65세라고 정하고 있지만, 이러한 획일적인 은퇴 연령은 노인 연령의 다양한 형태의 신체적·정신적 건강 상태를 무시한 처사이다. 의학 기술이 비약적으로 발전하고, 녹색혁명으로 영양 공급이 그 어느 때보다 좋은 현대에는 80대 노인이 보디빌딩을 하여 30대 청년 못지않은 건강미를 과시하기도 한다. 또 70-80대에 들어서도 왕성하게 활동하는 정치 지도자들이 전 세계에서 폭발적으로 늘어나고 있다. 그동안 만 18세에서 만 64세까지를 청년의 나이로 보았었는데, 앞으로는 이러한 청년의 나이조차 85세까지 늘리게 될 날이 곧 닥칠 것으로 보인다.

선진국들은 고령화에 대한 대책으로 노인들의 지속적인 고용유지 정책에 힘쓰고 있다. 인구 고령화는 일하지 않는 노인의 증가를 의미하며, 이것은 다시 노동공급 감소, 저축률 하락, 투자 위축, 경제성장 둔화, 조세수입 감소 등의 연쇄적인 경제적 타격과 사회적 비용을 증가시킨다. 선진국들은 노인 인구의 취업 기회를 더 확대하고 조기퇴직을 방지하며, 퇴직 연령을 늦추는 방안까지 고려하고 있다.

그동안 여러 유럽 국가들은 높은 청년실업을 줄이기 위해 50대와 60대의 장년층 노동 인력을 조기 퇴직시켜서 발생하는 일자리를 청년들에게 알선한다는 정책을 펼쳐 왔다. 이에 따라 장애수당, 장기병가, 실업수당 등 다양한 복지 혜택들이 장년층 근로자들의 조기퇴직을 보장하는 수단으로 이용되었다. 그리고 정년보다 3~5년 일찍 퇴직하는 것이 일반화되어, 다수의 유럽 국가들의 55~64세 인구의 경제활동 참가율이 50% 미만에 머물게 되었다. 그러나 최근 OECD 보고에 따르면, 노인의 경제활동 참가율과 실업률 사이에는 특별한 상관관계가 없는 것으로 밝혀졌다. 장년기 노동자의 조기 퇴직 제도가 실제 유럽의 청년 실업률을 낮추는 데는 기여하지 못한 것이다. 특히 프랑스, 스페인, 핀란드에서는 55~64세 인구의 경제활동 참가율이 조기 퇴직으로 크게 감소했지만, 청년 실업률은 오히려 크게 상승한 모습을 보였다. 따라서 조기 퇴직 제도는 실업 문제를 해결하지 못하고 연금 재정만 악화시킬 수 있다. 그러므로 장년 인구와 노인 인구의 일자리 창출에 역점을 두고 이들의 경제활동 참가율을 높여 조세 수입을 늘리는 것이 지속 가능한 경제성장에 도움이 된다는 목소리가 커지고 있다.

자기 주도적 노인 복지는 고령화에 대비한 노인 복지정책으로서 노인의 건강 및 장기요양 시설을 늘리고, 개개인의 입장에서는 건강하고 활동적인 노년생활을 극대화할 수 있도록 하는 정책을 추구한다. 노인들은 건강상태, 가족구성, 주거 등의 상황이 개별적으로 천차만별이기 때문에, 개인적으로 노인들이 자신에게 맞는 맞춤형 일자리와 복지 혜택을 받을 수 있도록 노인들의 활동적인 고령화(active ageing)를 위한 정책 방안에 관심을 둔다. 고령화 사회에서는 노인들이 건강한 노동력을 공급할 수 있고 활동적으로 사회참여를 할 수 있도록 제도적 뒷받침이 선행되어야 한다. 자기 주도적인 노인 복지가 실천될 때, 노인들은 가족과 사회에 대한 의존성을 축소시킬 수 있다. 자기 주도적 노인 복지는 고령 인구를 위한 실질적인 취업 기회를 보장하고, 이들이 직장에 오래 머무를 수 있도록 근로 동기를 부여하는 방안을 마련하는 데 초점을 둔다.

◆ 마음의 복지

(표 4) 국민소득 시대별 노인 복지정책

시대	목표	복지 제공	복지 보장	복지 서비스
소득 1만 달러	생계	생계 보장, 보건	건강한 노후	의·식·주·건강
소득 2만 달러	자아실현	자립·자활	생산적 노후	일자리
소득 3만 달러	행복	마음의 복지	행복한 노후	정신건강

국민소득 1만 달러 시대의 노인 복지는 건강한 노후생활 보장에 초점을 맞춘다. 성공적인 노후생활을 위해서는 건강 유지가 필수 조건이다. 과거 선진국들은 노인 복지사업에서 노인성 질병의 치료(cure)에 역점을 두고, 노인병원이나 요양원 입원 위주의 보건 복지사업을 추진했다. 그러나 최근에는 치료 중심에서 예방 중심으로 정책적 역량을 옮겨서 건강 증진 프로그램을 추진하고 있다.

국민소득 2만 달러 시대에는 생산적인 노후생활을 보장하기 위한 노인 복지정책을 시행한다. 노인 인구의 사회보장비용을 축소하고 노인 인구의 빈곤 문제를 근본적으로 해결하면서, 건강한 노후생활을 유지할 수 있도록 취업활동이나 지역사회 봉사활동을 장려·지원한다.

국민소득 3만 달러 시대에는 노인의 사회통합 보장이 이슈가 된다. 현대 산업사회에서 은퇴한 노인들은 가정이나 사회에서 소외되어 고독한 나날을 보내는 경우가 많다. 핵가족화로 인한 자녀와의 별거, 배우자와 친구들의 사망, 은퇴 후 사회적 참여 중단, 수입 감소에서 오는 무기력, 홀로 생활하는 고독감 등의 수많은 사회적·심리적 고립과 소외라는 문제에서 발생하는 정신건강이 가장 큰 사회적 문제가 된다.

국민소득 1만 달러 시대의 노인 복지정책은 소득이 없는 빈곤층 노인들을 위한 기초 수급제도이다. 그러나 자녀와 떨어진 채 외진 농어촌 지역에서 아무 지원 없이 궁핍하게 사는, 기초생활 수급 대상에서 제외된 사각지대에 놓인 노인은 2008년 기준으로 103만여 명으로 추산되고 있다. 이처럼 비 수급 빈곤 가구 중 54.5%가 부양 의무자 기준으로 인해 기초 수급자로 선정되지 못하고 있는 실정이다.

국민소득 2만 달러 시대에는 노인의 일자리 정책에 초점이 맞추어 진다. 2008년 「고령자 고용 촉진법」이 개정되었다. 그러나 정부가 2008년 들어서 치매, 중풍에 걸린 노인들을 국가가 보호하는 「노인 장기요양 보험법」을 제정했으니, 노인 보건에 관한 우리 정부의 대응은 다소 느린 편이라고 할 수 있다. 제도 도입 만 2년이 경과한 2010년 10월 기준으로 요양 인정자는 31만여 명으로서 65세 이상 인구의 5.8%에 이른다. 65세 이상 노인 중 약 10%가 장기요양 욕구를 가지고 있는 것으로 추정되므로 제도의 보장을 위한 예산 확보가 시급하다고 할 수 있다.

보건복지부에 따르면 2012년 현재 65세 이상 독거노인은 119만 명으로 2000년(54만 명)에 비해 2배 이상 늘었고, 2035년에는 3배(343만 명)가 될 것으로 예상된다. 특히 독거노인의 대부분(96.7%)은 평균 3.9명의 생존 자녀가 있음에도 주 1회 이상 자녀들과 접촉하는 비율이 34.9%에 불과하다. 반면에 독거노인에 대한 사회적 지원 시스템은 소득·건강 등 모든 분야에서 취약한 실정이다. 복지부 추산 결과, 최저 생계비 이하의 독거노인은 50만 명인데, 이들 중 기초생활 보장 수급자 등 소득보장 지원을 받는 독거노인은 31만 8000명(63.6%)에 그치고 있다.

국민소득 3만 달러로 성장하고 있는 현재 우리나라에서는 이러한 노인 정신건강이 가장 큰 화두로 떠오르고 있다. 일상생활이 어려운 독거노인 20만 명 중 장기요양 등의 서비스를 받는 노인은 6만 3000명(31.5%)에 불과하고, 노인 10만 명 당 약 81.9명이 자살해 미국(14.2명)과 일본(17.9명)보다 5-6배나 높은 것으로 보고되고 있다. 심지어 응급상황 발생 시 구조를 받거나 생사를 확인받을 수 있는 독거노인이 전체의 17.4%인 20만 7000명에 불과한 것으로 추산되고 있다. 2012년 정부는 이러한 위기 상황의 노인들에 대해 정확한 실태조사를 실시하여, 독거노인을 위기(일상생활 능력이 심하게 제한된 경우), 취약, 관심필요, 자립 가구로 분류해 데이터베이스(DB)를 구축하고 있다. 보건복지부는 이 실태조사를 바탕으로 위기·취약 집단(30만 명으로 추정)은 공공 서비스로, 관심필요 집단(10만 명으로 추정)은 민간 자원을 활용해 응급 상황에 언제든 도움을 줄 수 있는 '독거노인 안전망'을 만들기로 했다.

노인 정신건강을 위해 가장 중요한 것이 가족해체 방지 사업이라고 볼 수 있다. 정부는 이를 위한 캠페인을 전개하는 한편 '사회적 가족'을 구성하는 노인들에게 운영비 등을 지원키로 했다. 사회적 가족이란 예를 들어 농촌의 경우 마을회관이나 노인정 등을 활용하여 노인들이 함께 살면서 냉·난방비를 줄이고 공동체 생활을 하는 것을 말한다. 도시에서는 독거노인들이 서로 돕는 '두레'를 구성해 친목도모를 통한 우울증 예방 등에 나서는 서울 영등포 노인복지관의 '함께살이' 모델이 보건복지부의 수범 사례에 들었다.

특히 노인 정신건강에 유익한 것은 '노노케어'이다. 노노케어(老老Care)는 '노인이 노인을 돌본다'는 뜻이다. 건강한 노인이 노환이나 중풍·중증장애 등으로 거동이 어려운 노인을 돌보는 것이다. 시골의 노인정, 도시의 아파트 경로당은 한 동네에 사는 70-80대 노인들이 말벗을 찾아 모이는 장소이다. 매일 몇 명의 노인들이 당번을 맡아 10-20명분의 점심을 준비를 하거나 청소를 하고, 밑반찬을 나누어 먹거나 간식거리를 장만한다. 또한 또래 노인들이 독거노인들에게 안부전화, 방문 위로활동으로부터 도시락 배달, 목욕, 집안청소와 같은 가사 서비스, 빨래 서비스, 병원·산책 동행, 우애 서비스 등 일상생활에 필요한 각종 복지 서비스를 제공한다.

노인 학대에 대한 정부의 대응 역시 과거엔 주로 폭행과 관련하여 진행되다가, 최근에는 정신건강 증진 차원에서 다루어지고 있다. 미국의 국립노인학대센터(NCEA : National Center on Elder Abuse)는 학대의 유형을 크게 신체적, 정서적, 재정적 학대로 분류하고, 성적 학대와 자기방임까지 포함하여 포괄적으로 정의하고 있다. 미국 국립노인학대센터(1998)의 연구에 의하면, 노인 학대의 48.7%가 방임이었고, 35.4%가 정서적 또는 심리적 학대였다. 그리고 재정적 착취가 30.2%, 신체적 학대가 25.6%를 차지했다.

정부는 2004년에 「노인복지법」을 개정하여 노인 학대와 관련된 업무를 담당하는 노인보호 전문기관과 긴급전화의 설치 근거를 마련하여 노인 학대 행위자에 대한 처벌규정을 신설했다. 또 2012년 서울시는 '노인 학대 가해 처벌강화 계획'을 발표했다. 그 내용은 노인 학대 행위가 적발된 시립시설에 대해선 시설 운영의 재 위탁이 제한되고, 서울시에서 운영하는 모든 노인 복지시설의 위탁 공모 참여도 제한되도록 하는 것이다. 이것은 학대 행위를 한 종사자는 자격을 취소하는 '원스트라이크 아웃제'이다. 또한 노인 상습학대 가해자의 90%가 친족인 만큼 가족 내 학대 행위자에 대한 고소·고발을 추진하고, 재발 방지를 위한 '치료 명령제'도 도입했다. 학대 행위자는 가정법원의 '치료 명령제' 대상에 포함시켜 전문 치료기관에서 치료를 받은 뒤 가정으로 복귀할 수 있도록 하는 계획이다.

국민소득 3만 달러 시대의 대한민국은 노인 복지를 한 차원 업그레이드하여 위기 상황에 놓인 독거노인, 학대받는 노인들을 위한 '마음의 복지'를 실천할 필요가 있다. 이를 위해 대통령 직속 '노인행복위원회'를 설립·운영할 필요가 있다.

자기 주도적 복지 - 신의진 편

III.

장애인 인권기구

1 유엔 장애인 국제기구

2006년 12월 13일, 제61차 유엔총회에서 192개국 만장일치로 「유엔장애인인권협약(The Convention on the Rights of Persons with Disabilities)」이 채택되고, 2008년 5월 발효되었다. 그리고 장애인 인권 협약의 원활한 이행을 위한 모니터링 기구인 장애인 인권위원회(CRPD)가 설립되었다. 그러나 위원회의 기능은 협약 서명 당사국에 대한 인권침해 모니터링, 제안 및 권고 수준으로 제한되어 있다. 때문에 전 세계 장애인의 인권과 복지 증진을 위한 정책과 행정을 담당할 국제기구의 신설이 시급한 사안이 되고 있다.

장애인 국제기구는 최첨단 의료과학 시대에 비약적으로 발전하고 있는 재활과학을 선진국과 개발도상국들이 함께 공유하게 하여, 장애인들이 장애를 극복하고 사회 구성원으로서 살아갈 수 있도록 필요한 재원과 제도를 마련하는 데 역량을 집중할 수 있을 것이다. 장애를 더 이상 장애로 느끼지 못하게 하며, 장애인들이 자아 성취를 하고 자기 주도적인 행복한 삶을 영위할 수 있도록 전 세계의 모든 사람들이 마음을 모아야 할 것이다. 우리나라 서울에 유엔 장애인 국제기구의 본부를 유치하여, 우리나라가 인류의 복지 증진에 구심이 되기를 희망해 본다.

2 장애인 행복위원회

◆ 도가니 사건

필자는 영화 '도가니'의 실제 배경이었던 광주 인화학교 성폭력 피해자들을 치료하는 일과 가해자들과 국가를 상대로 하는 소송에 이명숙 변호사와 함께 참여하고 있다. 광주 인화학교 사건은 2005년도에 문제가 시작됐지만, 실은 그 이전부터도 상당한 성폭력 피해가 있었다. 그러니까 매우 오랜 기간 동안 이루어진 일이다. 그러나 그 사이에 피해자들을 위한 정신과적 상담이나 치료에 대한 노력이 거의 없었다. 정신과 전문의로서 필자는 피해자들을 치료했는데, 피해자들의 상황은 굉장히 심각할 정도였다. 필자가 2011년 말경 만나 본 8명 중 6명은 심각한 병이 아직도 있고, 2명은 좀 나아진 상태이다. 예를 들면 한 피해자는 "병원에서 치료를 하면서 보니까 아, 정말 아주 오랜만에 처음으로 제대로 잠을 잤다."라고 했다. 그동안은 잠도 제대로 못 자고 진료조차 받지 못한 것이다. 그래서 왜 이 피해 아동들이 소송하자는 생각도 못 하고 한 인간으로서 필요한 건강권도 제대로 보호가 안 되어 정신과 치료를 못 받았는지, 필자는 정신과 의사로서 너무 미안했다. 그래서 어떻게 이해해야 하나 고민이 되었다.

피해자들의 정신과 진료를 위한 정밀검사 과정에서 그동안 알려지지 않았던 인화학교 내의 많은 성폭력 사건들을 새로이 알 수 있었다. 전문가 없이 진행된 이전 조사 때 피해자들이 미처 떠올리지 못하거나 제대로 설명하지 못한 내용이 드러난 것이다. 새로 알아낸 사건은 기존에 알려진 것보다 더 참혹하다. 원래의 아동 8명 외에 피해자는 더 추가되고 있다. 피해자는 10여 명을 넘어 최소 30명 수준이고, 그간 드러나지 않았던 가해자에 대한 증언도 나왔다. 새로 밝혀진 사건 내용에 대해 의료진뿐 아니라 검사에 동행한 인화학교 대책위 관계자들까지 크게 놀랐다. 진작 전문적인 진료를 받았다면 얼마나 좋았을까 하고 모두 안타까워했다.

필자가 피해 아이들을 만났을 때 아이들의 상태는 상당한 세월이 흘렀는데도 아직까지 정신적 상처가 치유되지 않고, 상당히 심각한 형태로 그대로 남아 있었다. 오히려 세월이 지나면서 점점 후유증이 심해져, 직업 능력도 더 떨어지고 사회성도 더 떨어지면서 피해자들이 겪는 아픔과 고통이 더욱 가중되어 가고 있었다. 필자가 이들의 진단과 치료를 맡게 된 건 오랫동안 어린이 성폭력 피해자 치료에 애정을 쏟아 왔기 때문이다. 2011년 11월 6일부터 닷새간 인화학교 성폭력 피해자를 대상으로 정밀검사와 상담을 진행한 이후 현재 단계적인 치료를 진행 중이다. 필자는 나영이를 비롯해 수많은 성폭력 피해자들을 만나고 치료해 왔지만, 광주 인화학교 사건처럼 막막하고 가슴 아픈 적은 처음이다.

피해자들의 상태는 매우 심각하다. 고통이 오래 누적됐기 때문에 상황이 정말 좋지 않다. 처음에 15세부터 35세까지의 피해자 8명을 만났는데, 그 중 35세의 피해자는 초등학교 2학년 때 성추행을 당했다. 인화학교 재판 때는 2000년부터 2005년 사이의 피해만 조사했기 때문에 당시 드러나지 않았던 사람인데, 그 사이 결혼해서 아이를 뒀지만 여전히 트라우마(trauma)에 시달리는 것으로 나타났다. 부부관계를 할 때마다 고통스럽다고 해서 마음이 많이 아팠다. 인화학교 성폭력 사건 피해자들은 이제껏 한 번도 정신과 상담 및 치료를 받지 못했기 때문에 심각한 '외상 후 스트레스 장애(트라우마)'에 시달리며 일상생활조차 어려움을 겪고 있는 것으로 나타났다. 우리가 가해자를 처벌하고 학교 법인을 해산하는 데 관심을 쏟는 사이, 피해자들은 남모를 고통에 신음하고 있었다. 피해자 중 상당수가 지금도 사건 당시의 기억 때문에 잠을 설치고, "이런 얘기 하면 선생님(가해자)이 잡으러 올지 모른다."라고 할 정도로 공포를 느낀다. 그들의 머릿속에서 이 사건은 여전히 현재 진행 중이다.

대책위 분들은 그동안 가해자를 처벌하는 데 온 힘을 기울였다. 그것도 굉장히 중요한 일이다. 하지만 정신적인 상처를 치유하려면, 가해자의 처벌 못지않게 사과가 필요하다. 인화학교 피해자들은 그 사이 많이 자랐고 성인이 된 이도 많다. 하지만 성폭력을 당했을 때의 작고 무력한 아이에서 더 성장하지 못하고 있다. 아직도 "밖에 나가서 이런 얘기 하면 가만두지 않겠다고 했는데, 내가 여기서 얘기한 거 알고 선생님이 찾아오면 어떻게 하느냐?"라며 걱정하고, 울고, 몸을 바들바들 떤다. 이런 상처는 가해자가 찾아와 무릎 꿇고 "내가 잘못했다. 다시는 너를 괴롭히지 않겠다."라고 약속만 해도 상당 부분 치유된다. 최소한 가해자가 다시는 나를 찾아오지 못할 것이라는 확신이 생겨야 한다.

필자 역시 피해자들을 통해 들은 인화학교의 실태에 큰 충격을 받았다. 정치권 인사 중 한 명이 "공지영 씨가 사건을 사실보다 과하게 묘사했다."라고 말했다는데, 그가 과연 사실에 대해 알고 있는지 묻고 싶다. 공지영 씨에게 문제가 있다면 오히려 사건을 너무 축소했다는 점이다.

아이들이 겪은 일은 일일이 묘사할 수 없을 정도다. 몇 명이 성폭행당한 수준의 일이 아니다. 그 학교에서는 교사가 체벌 수단으로 아이들 입에 혀를 넣었다고 한다. 이 진술을 한 명이 하는 게 아니다. 가해자도 한 명이 아니다. 교사가 다른 아이들 앞에서 자신에게 구강성교를 시켰다고 증언한 아이도 있었다. 그걸 목격했다는 증언이 또 있다. 세 명을 불러다 놓고 돌아가며 하도록 시켰다고 한다. 온몸이 묶인 채로 성폭행을 당한 뒤 그대로 13시간 동안 방치되었던 피해자도 있다. 이들을 검사한 심리 평가사는 오랜 임상 경험을 거친 잘 훈련된 분인데도, 피해자들의 이야기를 듣다 말고 울어 버렸다. 옆에 있던 남자 레지던트도 눈시울을 붉혔다. 그야말로 기숙학교 하나 차려 놓고 말 못 하는 농아 장애 어린이들을 모아다가 심심풀이 땅콩처럼 성폭행하고 성추행한 것이다. 영화 '도가니'가 과장됐다는 얘기가 어떻게 나올 수 있는지 모르겠다.

가해자가 한두 명이면 가해자에게 정신적인 문제가 있는 게 아닐까 생각해 볼 수 있다. 하지만 이것은 학교 전체적으로 광범위하게 벌어진 성폭력 사건이라 개인적인 문제로 덮어 버릴 수 없다. 2005년 허리케인 카트리나가 미국 뉴올리언스를 덮쳤을 때, 해당 지역에서 아동 대상 성폭력이 급증해 사회 문제가 되었다. 부모를 잃고 보호받지 못하게 된 아이들이 잇따라 피해를 당해, 나중에는 뉴올리언스 지역에 자경단이 꾸려질 정도였다고 한다. 비교하자면, 인화학교는 당시의 뉴올리언스 같은 공간이었다고 생각한다. 광주 인화학교 성폭력 피해로 처음 상담 받으러 온 8명 중에서 부모가 다 있는 정상적인 가정의 아이는 1명뿐이었다. 피해자들은 듣지 못하고 말하지 못할 뿐만 아니라 보호자도 없다. 세상 어디에도 피해를 호소할 수 없는 아이를 보고 인간이 왜 그런 생각을 하게 되는지, 정말 모르겠다. 앞으로 그에 대한 연구가 더 필요하겠지만, 분명한 건 광주 인화학교 사건은 인간이 저지를 수 있는 가장 끔찍한 범죄 중의 하나라는 것이다.

인화학교 성폭력 피해자들은 현재 치료를 진행 중인데, 우선 필요한 약물치료 정도는 하고 있다. 그리고 심리 상담치료를 상당히 해야 되는데, 문제는 수화를 하면서 진행해야 한다는 점이다. 그런데 우리나라에 수화를 할 수 있는 심리 치료사, 정신과 의사, 이런 분들이 거의 없다. 그러니까 통역을 해야 하는데, 수화 통역하는 분들 중에서도 아주 잘하는 분은 매우 드물다. 의사가 치료를 하려고 해도 소통이 어려우니 치료 과정에 이중고가 있다.

인화학교 피해자들을 위해 국가 상대의 소송을 지금 준비하고 있는 과정에서도 소통의 문제는 중요한 장벽으로 다가왔다. 농아 장애를 가진 아이들이 국가나 우리 사회로부터 제대로 보호를 받지 못하고, 더군다나 학교 교사들에 의해 집단 성폭행 사건이 매우 장기간 벌어졌는데도, 모든 수사 과정에서 피해 아이들이 말을 전혀 못하고 의사소통 능력이 없다는 현실이 제대로 반영 안 된 상태에서 다 진행되었다. 그렇기 때문에 이 내용들을 가지고 크게 국가가 책임 질 부분에 대해 소송을 내고 있다.

광주 인화학교 성폭력 대책위원회가 밝힌 바에 따르면, 우리 아동들의 학습권과 건강권 등을 침해한 교육과학기술부와 보건복지부를 상대로 소송을 검토하고 있다고 한다. 그런데 분명한 것은 그런 법리적인 승소와 패소의 차원을 넘어서, 대책위원회의 말대로 건강권과 학습권을 전혀 정말 인정받지 못하고 철저히 유린당한 현실이 더욱 큰 문제다. 소송 문제가 아니라 우리 사회가 이 정도까지 농아들에 대해서 무심했었나? 장애인들이 이렇게 제도적으로 보호도 못 받고 있었나? 하는 죄책감이 든다. 만약에 이런 비참한 현실이 지속되면, 우리나라에서 태어난 농아는 정신적인 문제가 심각해도 정신과 진료조차 받지 못하게 되어 있다. 광주 인화학교 사건을 보면 국가가 해야 할 관리감독, 감시감독의 책임을 소홀히 해서 방치된 것이다. 이것만으로도 크게 책임을 물을 수 있다. 존엄한 인간으로서 건강권, 인권, 학습권 자체가 보장이 안 된다면, 어떤 사람으로 성장할 수 있겠는가?

필자는 농아인에 대해 너무 몰랐다. 듣지 못하고 말하지 못한다는 게 그들을 얼마나 고통스럽게 하는 건지 전혀 몰랐던 게 미안하게 생각된다. 농아인들에게는 일반인과 소통할 방법이 전혀 없다. 처음에 필자는 이들과 필담을 통해 직접 대화할 수 있을 줄 알았다. 그런데 그게 안 되었다. 단어는 알아보는데 문장은 잘 해석을 못 한다. '우울하니?'라고 쓰면 알지만, '어째서 우울하니?' 하면 못 알아듣는 식이다. 진단을 하고 평가를 내리려면 대화를 나눠야 하는데, 소통을 못 하는 큰 벽에 가로막힌 것이다.

그렇다고 농아인들은 언어능력이 떨어진다는 말이 아니다. 수화로는 다 하는 얘기를 일반 언어로는 전혀 표현하지 못한다는 것이다. 글씨를 읽을 수는 있지만 제대로 된 뜻을 모른다. 언뜻 보면 이해하는 것 같은데 실상은 그렇지 않다. 농아인들에게 모국어는 수화이고, 우리말은 외국어를 넘어 거의 외계인의 언어 수준인 것 같았다. 우리 사회가 이들에게 제대로 우리말을 배울 기회를 주지 못하고 있기 때문에 그런 것 같다.

소설 '도가니'에서 청각장애 학생을 성폭행한 교장이 유일하게 구사하는 수화는 "다른 사람한테 말하면 죽는다."였다. 실제 인화학교의 상황이 그랬다. 이 학교에는 사건 당시 수화를 제대로 할 줄 아는 교사가 한 명도 없었다. 국가인권위원회가 2006년 직권 조사한 결과에 따르면, 다른 특수학교 상황도 비슷하다. 당시 전국의 청각장애 특수학교 교사 548명 중 수화 통역사 자격증을 소지한 교사는 21명으로서 3.8%에 불과했다. 수화를 할 줄 모르는 교사와 일반 언어를 이해하지 못하는 학생 사이에서 어떻게 교육이 이루어질 수 있겠는가? 그래서 아이들은 학교에서 사실상 방치돼 있었던 것 같다. 그렇다 보니 수화가 아닐 경우 일상적인 질문조차 제대로 이해하지 못하는 것이다.

상황을 잘 설명할 수 없는 농아인 아이라고 해서 지능이 떨어지는 것은 아니다. 피해자를 대상으로 지능 검사를 한 결과, 3명을 제외하면 모두 정상 범위였다. 언어지능 부분에 핸디캡이 있는 걸 감안하면, 비언어적인 지능은 일반인보다 오히려 높은 셈이다. 성폭력 피해를 가장 많이 당한, 가장 지능이 낮은 아이의 인지능력도 7-8세 수준으로 검사되었다. 아이들이 제대로 된 교육만 받았어도 좀 더 일찍 사건을 외부에 알렸을 것이다. 아니, 아이들이 그럴 수 있었다면, 교사가 아이들을 함부로 성폭행하지도 못했을 것이다.

광주 인화학교 성폭행 사건 피해자들을 치료하면서 필자는 정신과뿐 아니라 모든 병원에서 농아인은 철저하게 소외돼 있다는 걸 알았다. 말이 안 통하는 환자를 진료할 수 있는 시스템이 우리나라 의료계에는 없기 때문이다. 그들을 따라다니며 일일이 통역해 줄 사람이 있다 해도, 개인 병원이 막대한 시간을 들여 그것을 감수할 리 만무하다. 결국 농아인은 아파도 병원에 가지 못한다. 인화학교 피해자의 심리검사와 상담이 세상에 사건이 알려진 뒤 6년이나 지난 후에야 이뤄진 것도 그 때문일 것이다.

피해자들의 정신과 치료 과정에는 인화학교 사건이 알려지던 당시부터 아이들을 도와 온 수화 통역사가 모든 내용을 통역했다. 의료진의 말을 수화로 옮기고, 수화를 다시 일반 언어로 옮기는 동안 모두 그분만 쳐다봤다. 지난한 과정이었다. 심리 평가사 4명과 의사 3명이 투입됐는데, 긴 검사 시간 동안 아이들이 지치지 않도록 계속 다독이고 달래야 했다. 과연 경찰 조사 때도 이렇게 했을까, 아이들이 하고 싶은 말을 충분히 다할 수 있었을까 의문이 들었다.

상담을 받은 뒤 피해자들은 많이 편안해 하는 것 같았다. 그동안엔 자기들끼리도 사건에 대한 얘기를 거의 안 했던 것 같다. 재판 과정에서 자신들이 겪은 아픔을 털어놓았는데, 재판 결과가 흐지부지 넘어간 뒤로는 자신들의 상처가 덧날까 봐 덮어 두기만 했던 것이다. 치료와 함께 병행한 검사 과정에서 피해자들은 "아무도 우리를 안 믿는다." "분하다." 같은 얘기를 하며 많이 울었다. 이것은 사건 자체로 인한 정신적 상처와 구별되는 2차 피해이다. '나영이 사건'도 그랬다. 당시 초등학교 3학년이었던 아이는 참혹한 성폭행을 당한 뒤 수사기관의 실수로 수차 같은 진술을 반복해야 했고, 가해자가 범행을 부인하는 바람에 법정에까지 나가야 했다. 그래서 법원은 나영이가 이 과정에서 추가적인 정신적·육체적 피해를 당한 것을 인정하고 "국가는 나영이와 나영이 어머니에게 1300만 원을 지급하라."고 판결했다.

이번 일을 겪으면서 의료진은 모두 수화를 배워야겠다고 결심하게 됐다. 통역사분은 상담을 배우고 싶다고 했다. 미국·유럽에는 수화를 할 줄 아는 상담 전문가가 많다. 하지만 우리나라에는 전무한 형편이다. 이 아이들을 치료하려면 앞으로 전문적인 상담을 해야 하는데, 그건 또 어떻게 할지 막막한 상황이다. '도가니' 사건으로 알려진 광주 인화학교의 성폭력 사건을 다루면서 우리나라에서 가장 비참하게 고통 받으며 살고 있는 장애인들의 현실을 직시할 수 있었다. 피해 어린이들의 가슴 아픈 이야기를 떠올릴 때마다 필자는 눈물을 멈출 수 없다.

계속 눈물이 나는 건, 내가 이런 상황에 놓였다면 어땠을까 하는 생각이 들기 때문이다. 모든 걸 다 알고 모든 고통을 다 느끼는데, 나를 보호해야 할 사람들이 나를 장난감처럼 갖고 논다면 어떨까 생각하면 마음이 무너진다. 뻔히 눈앞에 있는 사람에게 그 얘기를 할 수도 없이 그저 안으로 고통을 삭여야만 한다면 어떨까. 농아인은 정신지체 장애인이 아니다. 말하지 못할 뿐, 말할 수 없는 건 아니다. 내가 당장 수화를 배워야겠다고 생각한 건 그 때문이다. 앞으로는 의대에서 수화 가능자를 특별전형 등을 통해 선발하고, 일정 규모 이상의 병원에는 반드시 수화 통역자를 배치하도록 제도를 바꾸어야 한다. 특수학교에서는 농아인이 사회에서 소외당하지 않도록, 일반인의 말을 읽고 쓸 수 있도록 가르쳐야 한다. 필자가 국회의원으로 있을 동안 반드시 추진하고 싶은 일이다.

도가니 사건 피해자들을 치료하면서 필자의 삶이 바뀌었다. 뜻을 같이하는 사람들과 함께 농아인의 삶을 개선하기 위해 노력할 것이다. 이번 일에 마음 아파한 많은 국민들이 5년만 함께 뜻을 모으면 세상이 확 바뀔 것이라고 확신한다. 그리고 이 문제가 조용히 끝나지 않고, 사회 변화를 위한 시작이 되면 좋겠다. 또한 나를 찾아온 인화학교 피해자들의 치료와 재활에 필요한 사회 제도를 개선시키는 데도 힘을 쏟을 것이다.

◆ 자기 주도적 장애인 복지

(표 5) 국민소득 시대별 장애인 복지의 변화

시대	장애 인식	장애인 정체성	복지목표	복지형태	복지제공	복지정책
소득 1만 달러	개인의 불행	의존적 존재	시설 수용	의료적	생계보조	장애수당
소득 2만달러	국가의 책임	독립적 존재	자립 자활	사회적	직업훈련	고용촉진
소득 3만달러	장애인 우선권	행복한 존재	자기 주도적	문화적	장애인 편의시설	사회참여 참정권

우리나라에서는 장애인 등록을 해야만 법정 장애인의 지위를 갖

게 되어 있다. 장애의 개념은 지역적, 문화적 환경에 따라 다르다. 따라서 신체적·정신적 장애가 있을지라도 사회생활에 잘 적응한다면 장애인과 비장애인은 아무 차이가 없다. 복지 선진국들은 장애인들이 자유롭게 활동할 수 있는 사회 환경을 잘 꾸며 놓았기 때문에 생활에 큰 불편 없이 생활한다. 이렇듯 장애란 상대적인 것이므로, 우리 사회에서도 장애인들에 대한 개념이 사회발전에 따라 차츰 변하고 있다.

우선 '장애인의 복지'가 개인의 문제에서 국가의 책임으로 바뀌었다. 예전에는 장애인 복지가 가족이나 개인의 문제로 여겨져 장애인들이 경제, 보건·의료, 사회적 측면에서 비장애인들보다 상대적으로 낮은 처우를 받아 왔다. 하지만 이제는 필수적인 국가 및 사회의 지원이 필요한 분야로 인식되고 있으며, 그에 따라 장애인에 대한 관심과 복지 서비스도 하나씩 개선되고 있다. 특히 저소득 장애인 위주로 복지 혜택이 집중 배분되고 있다. 그러므로 장애인 복지는 개인이나 가정의 책임이 아니라, 국가와 국민들의 애정 어린 관심으로 풀어 나가야 할 국가적 과제로 보는 것이 적절하다. 이제 장애인 복지의 선진화는 복지사회를 위한 필수적인 것으로 인식되고 있다.

다음으로, '장애인'의 개념이 의존적 존재에서 자기 주도적 존재로 변했다. 이로 인해 장애인의 복지가 탈 시설화, 자립·자활 생활의 지원, 장애인 인권 증진 등의 이슈 중심으로 논의되는 환경적 변화가 일어나고 있다. 자연히 장애인 복지가 의료적 모델(medical model)에서 사회적 모델(social model)로 바뀌는 추세이다. 그래서 장애인들의 생활환경이 개선되어 비장애인들과 같이 불편 없이 생활할 수 있어야 한다는 정상화 이론이 강조되고 있다. 장애인들 스스로 자신의 삶을 선택하고 자유로운 삶을 누릴 수 있는 자립·자활 생활 지원이 중요시되고 있는 것이다. 이러한 시점에 2006년 「유엔장애인인권협약」이 제정된 일과 우리나라에서 2007년 「장애인차별금지법」이 제정된 일은 매우 고무적인 변화라고 할 수 있다.

역사적으로 보면, 우리나라 장애인 복지는 크게 3단계로 변모했다는 데 학자들은 입을 모은다. 첫째 단계로서 장애인들에 대한 시설수용 중심으로 정책이 추진되었다. 한국전쟁 직후에는 대량으로 발생한 전쟁고아들을 모아서 먹여 주고 키워 주어 성인이 된 후 혼자 힘으로 살아갈 수 있도록 하여 사회에 진출시켰다. 전쟁고아들의 문제가 해결될 즈음에 이르러 사회복지 인사들은 장애인들에게 관심을 갖게 되어, 이들에 대한 처우와 복지에 힘을 모으게 된다. 고아들과 장애인 복지사업은 처음에는 시설 중심의 돌봄 사업으로 시작해, 나중에는 시설에서 독립해서 스스로의 힘으로 일해서 살 수 있도록 자활 능력을 길러 주는 방식으로 변모했다. 전쟁고아들과 마찬가지로 복지 전문가들이 가장 역점을 둔 사업은 장애인들이 스스로의 힘으로 자립해서 살 수 있도록 자활 능력을 길러 주는 것이었다. 그래서 그들이 활동할 수 있는 상황에 맞게 직업훈련을 시키고 일자리도 구해 주었다. 장애인들도 일자리를 통해 자아실현을 할 수 있는 기회를 갖게 된 것이다. 이것이 장애인 복지의 두 번째 단계라고 볼 수 있다.

장애인들이 시설 중심의 복지에서 자활 능력으로 사회화되기 시작할 즈음, 우리가 바보 또는 저능아라 부르는 지적 장애인들에 대한 복지사업이 한국 복지계의 화두가 되었다. 이전에는 정신지체 장애인들은 복지시설에서 평생 수동적으로 의존하며 살아야 할 무능한 사람들로 취급되었다. 이러한 선입견을 깨기 위해 사회복지 지도자들은 정신지체 장애인들이 스스로의 힘으로 일해서 살 수 있는 자활 운동에 정열을 쏟기 시작했다. 처음에 보건복지부 직원들은 정신지체 장애인들은 일을 할 수 없는 사람들로서 반드시 정부의 사회복지 체계 아래 보호 받고 살아야 한다며, 정신지체 장애인들을 위한 자활 복지재단의 설립을 허가하지 않고 반대했다. 그러나 이러한 고정관념을 깨고 정신지체 장애인들은 자활 사업을 성공적으로 수행하고 있다.

현재 정신지체 장애인들은 공동으로 아파트를 구입해서 5명씩 함께 살고 있는 경우가 많다. 자신의 관심과 능력에 맞는 일자리를 구해, 많이 벌지는 못하지만 한 달 평균 80-90여만 원의 월급을 받으며 자립하여 살고 있는 것이다. 이렇듯 우리나라 사회복지 현장을 살펴보면 정부의 복지 예산에만 의존하며 살아야 할 것 같은 장애인이나 정신지체 장애인들까지도 스스로의 힘으로 일해서 살고 있음을 알 수 있다. 스스로 노동해서 번 돈으로 생활함으로써 장애우들은 정상인들과 다름없이 자신의 힘으로 떳떳하게 살고 있다는 자존감(自尊感)을 갖게 되었다. 또한 일을 통한 자아실현(自我實現)은 이들로 하여금 타인에 대한 종속과 의존에서 벗어나 '자기 주도적'으로 개척과 도전을 가능하게 하여 그 삶을 더욱 풍성하고 자유롭게 만들고 있다.

장애인의 권리와 복지 증진을 위한 법률도 다양한 각도에서 제정·

개정되고 있다. 1980년대부터 본격적으로 장애인 복지에 대한 정책을 수립·추진하여, 1981년 한국 최초의 장애인 복지에 대한 종합적 법률인 「심신장애자 복지법」이 제정되고 장애인 직업 재활시설, 이용 시설 등이 생겨났다. 1982년부터는 정부의 적극적 개입에 의해 장애인 취업알선 사업이 진행되기 시작했고, 1986년엔 중증 장애인을 위한 보호 작업장 운영 계획을 수립하여 22개 자립 작업장을 시범 운영함으로써 장애인의 직업훈련을 통한 재활을 도모하게 되었다. 1988년에는 올림픽 및 장애인 올림픽이 개최되어 장애인들을 위한 편의시설이 대대적으로 설치되기 시작했다.

1990년대에는 장애인들이 인간답게 살 수 있는 권리 보장을 위한 노력이 진행되었다. 이 시기에는 저소득 장애인에 대한 생계비 지원, 의료, 직업, 교육, 재활의 기초가 마련되었다. 1989년 12월 「심신장애자 복지법」이 「장애인 복지법」으로 전면 개정되어 장애 발생의 예방, 재활의료, 중증 장애인의 보호, 장애인의 교육 및 직업 지도 등 국가 및 지방자치 단체의 책임과 의무를 규정했다. 1990년에는 「장애인 고용촉진 등에 관한 법률」이 제정되어 장애인 의무고용 제도가 도입되었다. 더불어 장애인 고용촉진 기금 및 공단이 만들어져 장애인 고용 관련 재원과 행정 체계가 갖추어졌다.

1997년 4월에는 「장애인·노인·임산부 등의 편의증진 보장에 관한 법률」을 제정하여 장애인들을 위한 편의시설을 의무적으로 설치하도록 했다. 1998년 12월에는 「한국 장애인 인권헌장」을 제정·선포하여 장애인의 기본적인 권리와 장애인 사회참여, 평등을 통한 사회통합의 원칙 및 일반 시민과 더불어 살아갈 수 있는 사회를 만들기 위한 기본 원리를 제시했다. 1999년 「장애인 복지법」을 전면 개정하여 장애 범주 확대 (5개 유형→10개 유형), 장애인수당 제도 실시, 장애인 복지 조정위원회 설치, 정보 접근권 명시, 장애인 우선 주택분양 및 비용 지원, 장애인 보조견 명시 등의 내용이 신설되었다. 이 시기에 장애인 시설이 대규모 시설 중심에서 지역사회 내의 소규모 시설로 변화되었고, 주간 및 단기 보호시설(1996), 장애인 공동생활 가정(1997)이 설치·운영되기 시작했다.

세 번째 단계인 2000년대에는 장애인 편의시설 설치 확대, 장애수당 도입, '장애인 차별금지 및 권리구제 등에 관한 법률' 제정, 활동보조 지원 사업, 장애인 연금제도 등을 실시하여 장애인의 자립·자활을 위해 생활 영역 전반으로 장애인 복지정책이 발전되었다. 2000년에는 「장애인 고용촉진 및 직업재활법」 개정으로 중증 장애인의 고용촉진과 직업재활을 강조했고, 장애인의 직업재활을 위한 법적인 토대가 마련되었다.

2007년 「장애인 복지법」과 「장애인 차별금지 및 권리구제에 관한 법률」이 제정되어 중증 장애인 자립생활 지원, 활동보조 서비스 지원 및 장애수당, 장애인 보조기구 등의 복지 서비스가 확대되고, 고용, 교육, 재화와 용역, 사법 및 행정 절차와 서비스, 참정권, 복지시설, 건강권, 장애여성 및 아동 영역에 있어서의 차별행위가 금지되었다. 또한 '자립생활(IL) 지원사업'은 중증 장애인을 대상으로 정보제공과 의뢰, 권익옹호, 동료상담, 자립생활 기술훈련, 활동보조 서비스 등 장애인의 자립생활 역량 강화와 지역사회에서의 다양한 사회참여 활동을 지원했다.

2008년에는 '장애인 정책발전 5개년 계획'(2008-2012)이 수립되어 '장애인의 권리에 기초한 참여 확대와 통합사회 구현'을 기본 방향으로 하고 장애인 복지 선진화, 장애인의 경제활동 확대, 교육문화 증진, 사회참여 확대를 주요 추진 과제로 선정했다. 2010년 7월 장애인 연금제도를 도입했고, 2011년 10월 장애인 활동지원 제도를 도입했다.

앞으로 장애인 복지 증진을 위한 정책이 많이 개발되어야 한다. 우선 일할 수 있는 능력이 있는데도 장애인이라는 이유로 노동시장에서 배제되고 있는 장애인들을 위해 새로운 일자리 프로그램을 많이 개발해야 한다. 또한 장애인들은 비장애인들보다 생활비가 더 많이 드는 반면 좋은 직장 구하기는 더욱 힘들기 때문에, 장애인들은 다른 이들보다 가난할 수밖에 없다. 이러한 장애인의 경제적 어려움을 개선하기 위하여 많은 국가에서 장애인 소득보장 프로그램으로 사회보험(social insurance), 사회수당(social allowances), 사회부조(social assistance) 등 장애인의 소득 정책을 운영하고 있다.

우리나라에서는 1990년 중증 중복 장애인 부양수당으로 시작하여 1992년에는 생계 보조수당으로 발전, 생활보호 대상자인 지체 장애인 및 정신지체인 1급에 대하여 수당을 지급하기 시작했다. 2000년 장애수당으로 명칭을 바꾸어 1, 2급 장애인(중복 장애를 가진 3급 정신지체 또는 발달 장애인 포함)을 생활보호 대상자에 포함시켰다. 2005년에는 기존의 중증 장애 기준을 폐지하고 지급 대상을 국민기초생활 보장 수급자인 전체 장애인으로 확대하고, 2007년도에는 차상위 계층 장애인까지 지급 대상을 확대했다. 2010년 7월에 장애인 연금제도를 도입했고, 2011년 10월에는 장애인 활동지원 제도의 도입, 각종 세금의 면제 또는 감면, 철도 요금 감면 등 경제적 부담 경감, 장애아동 재활치료 사업, 편의시설 정비사업 등 다양한 형태의 장애인 복지사업을 실시하고 있다.

중증 장애인의 경우 평균 소득이 매우 낮기 때문에 재정을 더욱 확충해서 지급 규모를 확대해야 한다. 더불어 활동보조 서비스, 장애아동 재활치료 바우처 사업 등 추가비용 지원을 위한 정부의 지속적인 노력이 요구되고 있다. 이렇듯 정부는 장애인의 인간다운 삶과 권리 보장을 위하여 다양한 장애인 복지사업을 실시하고 있으나, 장애인들의 복지 체감도는 단편적이고 분절적이라는 비판이 있다. 그러므로 장애인 복지사업은 장애인 개개인의 상황과 욕구에 따른 맞춤형 복지를 장애인 스스로 선택할 수 있는 '자기 주도적 복지' 제도를 강화할 필요가 있다. 그러므로 정부 산하에 장애인들이 자신들의 복지정책을 직접 설계할 수 있는 '장애인 행복위원회'가 설치되길 바란다.

자기 주도적 복지 - 신의진 편

IV. 다문화 기구

1 다문화 국제기구

◆ 인류가 당면한 다문화 위기

다문화 사회의 위기는 소수 약자에 대한 주류 사회의 차별이 원인이다. 이민자, 외국인 근로자와 결혼 이주여성들, 그리고 그 자녀들은 다양한 차별 대상이 된다. 차별은 인격 무시, 폭언과 폭행, 부당한 대우, 불공평, 물질적 손실, 사회적 주변화, 교육의 기회를 포함한 보다 나은 삶의 기회 박탈 등 여러 가지 형태가 있다. 제도적 불이익과 손해, 정치적 박해의 피해도 볼 수 있다.

다문화의 위기는 개인에 대한 차별을 넘어서 대량학살과 인종청소(ethnic cleansing)라는 인류 역사상 가장 잔인한 만행으로 확대되고 있다. 히틀러의 나치가 200만 명의 유태인을 학살한 지 60여 년이 지난 지금도 대학살은 현재 진행형이다. 1987년과 그 이듬해에 이라크의 사담 후세인은 10만여 명의 쿠르드인을 잔인하게 학살했다. 1992-1995년 보스니아 내전 당시 세르비아 계 주민들은 20여만 명의 보스니아 회교도들을 인종청소라는 명분으로 학살했다. 1994년 르완다에서는 UN 평화 유지군이 현장에서 방관하는 상태에서, 당시 권력을 잡고 있던 후투족이 3개월 만에 어린이와 여성들이 포함된 무고한 시민 100만여 명을 단지 부족이 다르다는 이유만으로 학살했다. 다문화 사회의 차별은 이제 전 세계적인 대응이 가장 시급한 문제가 될 정도로 심각하다.

미국, 유럽과 같은 다문화 사회는 오랜 기간 이주민과 원주민 간의 동화 과정을 거쳐 다문화의 위기가 사라지는 듯 여겨졌지만, 사회갈등의 요인으로서 다문화의 위기는 여전히 활화산이 되어 분출하고 있다. '이민자의 천국'으로 통했던 프랑스는 유럽에서도 가장 오래된 다문화 사회로서 19세기 말에는 외국인이 100만 명이 넘었었다. 그리고 2000년대에 들어 이민자들이 밀집해 살고 있는 대도시의 외곽 지역인 방리유(Banlieue)는 폭동의 진원지가 되고 있다. 2005년 10월 파리의 위성도시 클리쉬 수 부아(Clichy-sous-Bois)에서 이주민 청년들이 차별과 편견에 분노하여 시작한 폭동은 프랑스 전체 274개의 '방리유'로 번져, 전국의 차량 1만여 대가 파괴되고 건물 3백여 채가 불탔으며 3천여 명이 체포됐다. 이후 2007년에는 빌리에르 벨(Villiers-Le-Bel)에서, 2010년에는 프랑스 남동부의 도시 그르노블(Grenoble)에서 인종차별에 항거하는 폭동이 발생했다.

멜팅 폿(melting pot)으로 잘 알려진 이민의 역사 위에 건설된 미국 역시 인종차별로 인한 폭동과 사건이 끊이지 않고 있다. 1991년 LA 폭동이 좋은 사례다. LA 폭동은 '로드니 킹 사건'으로 시작됐다. 즉 1991년 3월 LA에서 백인 교통 경찰관들이 과속으로 잡힌 흑인 로드니 킹(Rodney King)을 무차별 폭행하는 사건이 벌어졌는데, 폭력 경찰관들은 법정에서 가볍게 처리되었다. 이에 백인에 비해 상대적으로 박탈감과 분노를 느낀 빈민층 흑인들이 폭발하여 6일간 대규모 폭동을 일으켰다. LA 시가지는 방화와 약탈로 치안 부재의 무법천지가 되었고, 60여 명이 살해당했으며, 100여 명 이상의 부상자가 발생했다. 특히 코리아타운은 90%가 파괴되었다.

다문화의 위기는 여기서 그치지 않고 인류 멸망의 전주곡이 될 수 있는 9·11 사태로 발전되었다. 2001년 9월 11일 이슬람 알카에다 테러 조직은 4대의 민간 항공기를 납치한 후 뉴욕의 110층짜리 세계무역센터(WTC) 쌍둥이 빌딩과 워싱턴 D.C.의 국방부 펜타곤에 자살 테러를 감행했다. 무역센터 빌딩은 완전히 파괴되고, 90여 개국 2,800~3,500여 명의 무고한 생명이 살해되었으며, 5천여 명의 실종자가 발생했다. 9·11 테러의 보복을 위해, 미국·영국 연합군은 2001년 10월 9일 아프가니스탄 주변에 350여 기의 항공 전력을 배치하여, 아프가니스탄 영토에 전투·폭격기를 이용한 공습을 감행하고, 같은 해 11월 20일 아프가니스탄을 함락시켰다. 그러나 미국은 그들의 전쟁 목적이었던 빈 라덴과 그의 조직 알카에다 소탕에 실패했다. 그러자 미국은 '테러와의 전쟁'을 진행하면서 2003년 3월 20일 이라크전쟁을 일으켜 20일 만에 사담 후세인 정권을 몰아내고 과도정부를 출범시킨 후 테러와의 전쟁을 계속하고 있다. 2011년 5월에는 제로니모 작전에 성공하여 오사마 빈 라덴의 은거지를 습격하여 그를 사살했다.

9·11 사태와 계속되는 테러와의 전쟁으로 말미암아 미국과 유럽 사회에서는 이슬람교도들에 대한 혐오 분위기가 형성되어 인종 갈등이 심화되고 있다. 9·11 사태로 시작된 미국과 유럽 국가들의 '테러와의 전쟁'은 회교도에 대한 기독교인들의 '현대판 십자군 전쟁'이라고 할 수 있다. 이러한 다문화 위기를 해결할 유일한 수단은 전쟁이 아니라 유엔 차원의 적극적인 평화 구현 노력일 것이다. 이제 현대 인류가 당면한 다문화의 위기 대응에 소홀히 한다면 인류 종말

을 예고하는 세계대전인 '아마겟돈'이 현실화될지 모른다.

◆ 다문화 국제협약

2차 세계대전 이후 창설된 유엔은 인권의 보편성을 인정하고 이를 보호하기 위한 체계를 유엔 내에 수립했다. 국제 인권규범의 기본 원칙 중 하나는 모든 사람에 대한 비차별 원칙(principle of non-discrimination)이다. 이 원칙은 외국인도 '국적'과 상관없이 기본 권리를 누릴 수 있으며, 내국인과 비국적자(특히 불법 이민자) 간에 차별을 금지하고, 오직 합리적인 구별만을 허용한다(Antoine Pecoud).

1960년대 들어서 미국을 중심으로 한 서구사회는 인종갈등 문제를 시작으로 하여 증폭된 학생들의 민주화 시위가 들불처럼 확산되었다. 이즈음 국제사회는 「모든 형태의 인종차별 철폐에 관한 국제협약」(ICERD, International Convention on the Elimination of All Forms of Racial Discrimination)을 1965년 채택하여 1969년에 발효했다. 협약에서 말하는 인종차별은 "인종, 피부색, 가문 또는 민족이나 종족을 기준으로 하는 어떠한 차별, 제약 또는 특별대우를 말하며, 이는 정치, 경제, 사회, 문화와 모든 공공 분야에서 모든 사람이 자유롭고 평등하게 인권을 행사하는 것을 무효화하거나 침해하는 것"을 의미한다.

기존의 흑백 인종차별 철폐 이외에 이제는 외국인 노동자들에 대한 차별 해소를 위한 국제적 노력이 요구되기 시작했다. 외국인 노동자들의 차별 문제가 대두된 배경은 세계화 과정과 밀접한 관계가 있다고 볼 수 있다. 여행수단과 통신기술의 발달, 자유무역의 확대로 인하여 세계는 그 어느 때보다 국가 간의 인적·물적 이동이 폭발적으로 늘어났다. 보다 나은 삶을 찾기 위해 가난한 나라에서 경제 사정이 좋은 이웃 국가로 이동하는 외국인 노동자의 이주가 비약적으로 늘어나면서, 다문화 문제는 외국인 노동자의 인권보호와 처우개선이라는 새로운 양상으로 치닫게 된다.

이주 노동자와 그 가족의 보호에 관한 유엔 차원의 최초의 권고안은 1972년에 채택된 경제사회 이사회의 결의안으로서, 불법 밀입국과 이주 노동자의 노동착취 근절과 예방에 대한 권고안이다(OHCHR, 2005). 1976년 '소수자 보호와 차별 방지에 관한 소위원회(Sub-Commission on Prevention of Discrimination and Protection of Minorities)'는 「불법적이고 은밀한 인신매매를 통한 노동착취에 관한 보고서(report on the exploitation of labour through illicit and clandestine trafficking)」를 채택하여 불법 밀입국 이주 노동자에 대한 차별 개선과 인권에 관한 유엔 협약 작성을 권고했다(Linda S. Bosniak, 1991). 1979년 유엔총회에서 채택된 결의안 34/172에 따라 1980년에는 협약 작성을 위한 실무 그룹(working group)이 설치되어, 1990년 마침내 「이주 노동자 권리협약」이 유엔총회에서 만장일치로 채택되고 2003년에 발효된다(OHCHR, 2005).

「이주 노동자 권리협약」의 주요 내용은 이주 노동자 권리의 비차별성(제2부 제7조), 모든 이주 노동자와 그 가족의 인권(제3부 제8조-제35조), 신고된 또는 정규적 상황의 이주 노동자와 그 가족의 기타 권리(제4부 제36조-제56조), 특히 미등록 이주 노동자와 그 가족을 포함한 모든 이주 노동자와 그 가족의 인권 보장(제3부)을 명시하면서, 협약 전문에서도 미등록 이주 노동자와 그 가족이 처할 수밖에 없는 취약한 상황에 대해 언급하고, 이들의 기본적 인권이 보장되어야 함을 밝히고 있다.

「이주 노동자 권리협약」의 이행을 모니터링하기 위한 '이주 노동자 권리보호 위원회(CMW)'가 2004년 제네바에서 첫 회기를 시작했다. 현재 이 협약의 총 비준국 수는 46개국이며 34개국이 서명했는데, 대부분 외국인 노동자의 수출국이다(http://www2.ohchr.org). 미국, 유럽 등의 주요 외국인 노동자 유입 국가들은 이 협약을 비준하지 않고 있기 때문에, 이주 노동자들의 인권 보호를 추진하기가 어렵게 되어 있는 상황이다.

또한 유엔 인권 이사회는 특별 절차로서 '유엔 이주민의 인권에 관한 특별 보고관'이 유엔 회원국에 각국의 이주자 관련 정책과 관행에 대한 질의를 보내고, 이에 대한 자발적 답변을 토대로 현재의 각국 정부의 관행을 보고하도록 하고, 이에 대한 우려와 권고를 발표한다. 그러나 유엔 특별 보고관은 유엔 회원국에 외교적 압력을 행사할 권한이 없기 때문에, 유엔 특별 보고관의 존재가 유명무실하다는 비판이 제기되기도 한다.

또 다른 한편으로, 인류가 직면한 다문화 위기 해소 방안의 하나로 문화 다양성에 관한 인식 전환이 필요하다. 문화 다양성(cultural diversity)이란 고유 언어, 음식, 전통 음악, 미술, 관습, 도덕, 토속 신앙 등의 종교 등을 포괄적으로 포함한 문화적 차이를 의미한다. 유네스코에서는 문화의 개념을 "사회나 어떤 사회집단이 지니고 있는 독특한 정신적, 물질적, 지적, 정서적 특징들의 집합, 그리고 예술과 문학 이외에도 생활양식들, 함께 사는 방식들, 가치 체계, 전통, 신념 등을 포괄한다."라고 밝히고 있다. 유네스코에서 강조하는 '문화 다양성' 개념은 시기별로 주제가 조금씩 변화되어 왔다. 첫째 시기인 2차 대전 직후에는 교육과 지식을 강조했다. 교육과 지식을 통한 신뢰 회복과 인간성 회복 및 연대를 통한 평화를 강조했다. 둘째 시기에는 탈 식민지화의 물결과 함께 1966년 국제적 문화협력 원칙이 천명된 시절이었다. 신생 독립국가들은 문화 다양성 개념을 민족의식 고취, 국가의 독립과 문화 정체성을 정당화시키는 개념으로 받아들였다. 셋째 시기는 1970-1980년대로, 개인의 문화향유 권리가 강조되어 문화정책이 제도적으로 추진되는 시기였다. 넷째 시기는 1990년 구소련의 붕괴와 함께 시작된 탈냉전의 시대로서 현재에 이르고 있다. 지금 이 시기에는 특히 다양한 인종과 종교 간의 갈등, 급속히 증가하는 외국인 노동자와 이질적 문화 공동체의 유입 등의 문제들이 강조되면서 소수자의 권리에 대한 주류 사회의 '관용(tolerance)'이 강조되고 있다.

그러나 문화 다양성과 관련된 국제 협약은 '소수자의 권리 증진'과는 다소 거리가 멀어 보이는 듯하다. 유엔은 2007년 3월 18일 「문화 다양성 협약」을 발효했다. 그러나 이 협약은 예외 없는 자유무역을 주장하는 「국제 무역협정」과 문화상품의 특수성을 강조하는 문화적 예외론의 대립에서 시작된 것이다. 1920년대 미국 영화에 대해 유럽 영화산업 보호를 위한 스크린쿼터 제도가 도입된 이래로, 영화와 같은 문화상품은 자유무역에서 예외적인 위치를 점하고 있었지만, 문화산업도 WTO(세계무역기구), MAI(다자간 투자협정)의 국제무역 협정의 대상으로 만들려는 시도가 있었다. 문화적 예외론과 자유무역론이 대립하고 있는 것이다. 이러한 맥락에서 문화산업 시장 개방 문제와 규범 문제가 논의되고 있는 상황이다. 이와 같은 상황에서 자국의 문화산업을 보호하기 위해 문화 단체들이 자유무역 협정의 문제점을 제기하기 시작했다. 이들 단체들은 현재 DDA(도하 개발 아젠더) 협상에서 문화 서비스 분야 개방에 대해 강력히 반대하면서, 그 노력의 일환으로 「문화적 다양성을 위한 국제협약」을 탄생시켰다. 또한 2001년 10월 제31차 유네스코 총회가 채택한 「세계 문화 다양성 선언」(UNESCO Universal Declaration on Cultural Diversity) 역시 "문화를 일반 경제상품이나 소비품으로 간주해서는 안 되며, 각국은 문화 정체성을 위해 현실에 맞는 다양한 규제나 제도를 채택"하도록 하는 문화상품 보호에 초점이 맞추어져 있다. 문화 다양성의 문제는 주류 문화에 대한 소수자의 문화 차별 예방에 그 초점이 맞추어지도록 바뀌어야 한다.

2003년 발효된 「이주 노동자 권리협약」은 이주 노동자 유출 국가들만 참여하고 유입 국가인 선진국들은 외면하는 절름발이 국제법이 되었다. 정작 본 협약이 지켜져야 할 선진국들이 거부하면서, 다문화 차별과 갈등은 여전히 불씨로 남아 있다. 또한 「문화 다양성 협약」(2007년 발효) 역시 자국의 영화·문화 산업을 보호하기 위한 취지로 제정되었으니, 보다 포괄적인 의미의 '다문화주의'관점에서 다문화 위기를 다룰 국제 체제가 필요하다. '다문화주의'는 문화 다양성을 뛰어넘는 개념으로서, "다양한 문화의 공존과 각 문화의 고유한 가치를 존중하기 위해서 소수문화의 보호와 확장을 위한 법 차원의 지원과 사회통합을 유도하려는 정치적인 의미까지도 포함"하고 있는 것이다(다문화교육연구방법회, 2010).

다문화 위기 해소를 포괄적으로 접근하는 보다 강력한 「유엔 다문화 협약」의 제정은 시의적절한 국제사회의 과제라고 하겠다. 이러한 시기에 국제사회는 다문화 사회의 갈등을 인류가 당면한 가장 큰 위기 중의 하나로 받아들이게 되었다. 2005년 제60회 유엔총회는 다문화(multiculturalism)의 위기를 "차별과 외국인 혐오증에 대한 세계적 전쟁(global fight)"으로 선포하기에 이른다. 가까운 미래에 다문화 국제기구의 설립이 확실시되는 대목이다.

◆ 다문화 국제기구

이주민 노동자의 차별 문제와 문화 다양성의 문제, 결혼 이주여성들의 문제를 포괄하는 다문화 위기 극복을 위한 「유엔 다문화 협약」의 제정을 위해 개발도상국 정부들이 나서는 것보다는 종교 지도자들이 주축이 되는 것이 바람직하다. 특히 「유엔 다문화 협약」의 제정과 그 행정기구인 '다문화 국제기구'의 신설은 세계 종교 지도자들의 손에 의해 이루어질 필요가 있다. 그렇지 않으면 「이주 노동자 권리협약」과 같은 유명무실한 국제법이 될 우려가 있기 때문이다. 종교의 이상은 사랑의 실천이며 차별과 대립의 철폐에 있다고 하겠다. 종교는 사회의 갈등과 분열을 화합으로 인도하고, 국제

사회의 전쟁을 평화로 이끄는 데 기여한 바가 크다. 어느 사회이든 종교 지도자들은 사회를 정화하기 위해 많은 정치적 영향력을 행사해 오고 있다. 다문화 위기 해소에도 종교 지도자들의 리더십이 요구된다. 그러한 이유로 우리나라에서는 다문화 문제에 대한 종교의 사회적 의무와 책임을 인식하고, 다문화 화합과 소통에 종교 지도자들이 구심이 되고 있다. 불교, 기독교, 천주교, 전통 한국 종단이 모두 한 목소리로 잘못된 다문화 정책과 법적 제도의 미흡한 부분에 대해 선도적 역할을 수행하고 있는 것이다.

다문화의 위기는 주류 사회의 이분법적인 사고와 고정관념의 틀에서 비롯된 다른 (소수) 인종이나 민족, 또는 다른 문화, 타종교 등에 대한 편견과 차별의식이 원인이라고 할 수 있다. 우리 민족이 타민족보다 우월하다는 차별의식, 또는 다른 문화에 대한 열등의식, 다른 종교에 대한 무조건적 배타의식 등이 문제가 된다. 불교는 이러한 이분법적 사고 패턴을 해체하기 위해 가장 진보적인 사상적 틀로 발전해 왔다. 인종과 민족에 대한 갈등과 차별의식, 다른 문화에 대한 편견이나 열등의식, 주류적 공동체 의식에서 비롯되는 우월의식, 타종교에 대한 배타적 거부감 등은 모두가 주체와 객체를 분리해서 생각할 수밖에 없는 인간의 인식적 한계의 오류에서 연원한다고 보기 때문이다. 불교의 교리는 차별과 편견으로 발생하는 사회의 불합리한 문제의 원인과 해결방안을 정교하게 체계화하여 이론적으로 집대성한 인권의 첨단 교과서라고 볼 수 있다. 불교는 자아를 둘러싼 자연과 환경, 개인과 문화와의 상호 연관성, 삶과 죽음을 포함한 생태적 순환체계, 부분과 전체가 하나로 연결된 원리로 통찰할 수 있게 하는 홀리즘(holism)적 세계관이다. 그러므로 불교는 주객분리의 이분법적인 사고방식을 근원적으로 해체할 수 있는 첨단 사상의 체계라고 말할 수 있다(김세곤, 2011). 따라서 인류가 부처의 가르침인 불교 교리를 바탕으로 인간의 어리석음으로 인한 편견이나 차별을 바로 인식하고, 나와 타인, 나와 세계의 하나 된 본성을 깨닫게 되면, 편견으로 인한 아집, 대립과 투쟁의 악순환에서 벗어나 인류 모두가 상생의 삶을 살아가는 지혜가 열리리라 믿는다(황옥자, 2011).

기독교(천주교)는 고대 중동지역에서 발생했다. 이스라엘 민족이 거주했던 중동지역은 다양한 민족과 인종이 함께 존재하는 다문화 사회였다. 그러한 다문화적 흔적은 성서에 법(율법)적인 지침으로 잘 나타나 있다. 성서는 다문화 가족(이방인)의 생존, 인권과 사회적 지위를 정의와 평등의 가치로 다룬다. 첫째, 다문화 가족의 생명 존엄을 강조했다. "네 포도원의 열매를 다 따지 말며 네 포도원에 떨어진 열매도 줍지 말고 가난한 사람과 거류민을 위하여 버려 두라."(레위기 19장 9-10절). "네가 밭에서 곡식을 벨 때에 그 한 뭇을 밭에 잊어버렸거든 다시 가서 가져오지 말고 나그네와 고아와 과부를 위하여 남겨 두라."(신명기 24장 19-22절). 둘째, 성서는 다문화 가족의 인권을 옹호했다. "거류민이 너희의 땅에 거류하여 함께 있거든 너희는 그를 학대하지 말고, 너희와 함께 있는 거류민을 너희 중에서 낳은 자 같이 여기며 자기같이 사랑하라."(레위기 19장 33-34절). "거류민에게든지 본토인에게든지 그 법을 동일하게" 하라. (레위기 24장 22절). 셋째, 성서는 이주 노동자에 대해 공정하게 대우할 것을 권고한다. "곤궁

하고 빈한한 품꾼은 너희 형제든지 네 땅 성문 안에 우거하는 객이든지 그를 학대하지 말며, 그 품삯을 당일에 주고 해 진 후까지 미루지 말라."(신명기 24장 14-15절) (오현선, 2011).

9·11 사건은 기독교 중심의 백인들에게 무슬림들에 대한 혐오를 심어 주었다. 미국과 유럽에 거주하는 무슬림들은 테러리스트라는 낙인이 찍혀 종교와 인종 간의 대립과 반목으로 치닫게 되었다. 이렇게 미국과 유럽 사회가 이슬람에 대한 반감으로 경색되자, 무슬림을 포함한 다문화 가족의 보호를 강조하기 시작한 것은 다름 아닌 기독교 종교 지도자들이었다. 특히 미국에서는 루터란, 장로교, 감리교, 침례교 등이 이민자를 환영하고 이민 규제를 완화하며 공정한 인권 존중과 다문화 가족 보호의 필요성을 강조한 '이민자 지지선언'을 발표하거나 신앙에 기반을 둔 이주자 인권 보호 시민단체가 결성되는 변화를 보이고 있다(Pierrette Hondagneu-Sotelo, 2008). 독일에서도 최근 개신교 초교파 기구인 EMS(Evangelism and Mission in Solidarity)가 이주 노동자들과 결혼 이주여성들에 대한 지지를 촉구하는 국제회의를 열고 있다. 특히 2008년과 2009년에는 '낯선 땅에서 살아가는 여성(Women Living in a Strange Land)'이라는 주제로 한국, 수단, 중국, 레바논, 일본, 독일, 인도네시아, 홍콩에서 살아가는 이주 노동자들과 결혼 이주여성들의 삶을 세계적으로 알리고, 독일 기독교가 중심이 된 다문화 국제 네트워크를 조직하기도 했다(Gabriele Mayer, 2008). 또한 170여 개 국 출신의 이민자들이 공존하고 있는 프랑크푸르트에서는 기독교 지도자들이 '종교 간 소통교육'을 연구·지원하면서 공교육을 통해 다문화 위기에 대처하고 있다(오

현선, 2009).

다문화 갈등에 대한 전 세계 종교 지도자들의 노력은 이제 「유엔 다문화 기구」의 설립·운영으로 결실을 보아야 한다. 종교의 이상과 염원은 차별이 아닌 평등과 사랑의 실천에 있으며, 전쟁이 아닌 평화에 있기 때문이다. 종교의 목적과 유엔의 목적이 다르지 않으니, 이제 종교 지도자들의 유엔 활동 참여도를 높일 필요가 있다. 종교 지도자들의 역량이 십분 발휘될 수 있는 분야가 바로 다문화 위기 해소에 있다. 다문화 국제기구의 설립·운영의 주체로서 종교 지도자들은 사랑과 평화라는 인류의 이상 실현에 크게 기여할 수 있을 것이다.

2 다문화 정책위원회

◆ 자기 주도적 다문화 정책

다문화 가족들이 경험하는 문화충격(culture shock)은 스트레스가 된다. 2006년 국제 이주기구(International Organization for Migration)는 전 세계적으로 이주민의 약 50% 이상이 만성적 정신장애, 정신적 외상, 기타 정신건강 문제를 보인다고 보고했다. 이주민들의 정신건강 문제의 원인은 '차별'에서 찾아볼 수 있다.

우리나라에 온 외국인 노동자들과 결혼 이주여성들에게 한국 사회의 관습은 낯설기도 하지만, 이들에게 더 큰 문제는 한국에서는 자신들의 고유문화와 생활방식을 유지하기 힘들다는 점이다. 이질적인 외국 문화에 대한 한국 주류 사회의 차별과 편견을 의식하기 때문이다. 이러한 배경에는 단일민족이라는 보수적 의식이 강하게 작요해서 자칫 '제노포비아'로 발전할 가능성이 있다. 제노포비아(xenophobia)는 내국인이 외국인에 대해 갖는 반감, 적개심, 경멸과 같은 부정적 감정이나 태도를 말한다. 차별에는 민족, 문화, 인종, 성별, 사회계급과 관련한 일상 문화적 차별과 외국인, 이주 노동자, 불법 체류자라는 낙인을 찍는 등 정치적, 법적 차별이 있다. 이러한 것은 제도적으로 시급히 보완해야 한다. 주류 사회의 차별을 경험하는 다문화 가족들은 여러 가지 반응을 보인다. 즉 주류 사회에 대한 거부반응과 함께 자기방어를 위한 은둔(segregation) 형이 되거나 혹은 주류 문화로 동화(assimilation)하려는 반응을 보이기도 하고, 시간이 흐름에 따라 자녀와 손자 세대는 주류 사회의 일부(integration)가 되기도 한다. 그러나 너무나 이질적인 한국 사회에서 외국인 노동자와 결혼 이민자들이 적응하기는 쉽지 않아 보인다. 한국인들의 편견과 차별은 여전하기 때문이다. 다문화 가족들에 대한 주류 한국 사회의 배려와 포용이 요구된다.

이주민이 어떤 과정을 통해 새로운 문화에 적응하는가에 대해서는 3가지 모델을 언급해 볼 필요가 있다. 먼저 골돈(Gordon, Milton, 1978)의 '동화 모델(assimilation)'과 베리(Berry, J.W.1997)의 '문화적응 전략(acculturation strategies)'에 대한 연구가 있다. 그런데 이러한 연구는 새로운 문화권으로 유입된 이민자가 주류 문화에 적응하려는 노력과 과정만을 강조한 것이기 때문에, 진정한 의미의 사회통합을 위한 방안은 아니라고 할 수 있다. 다문화 사회의 사회통합은 이민자만의 동화·적응 노력으로 가능한 것이 아니다. 주류 사회가 먼저 차별 관행을 버리지 않는 한, 다문화 가족은 결국 '왕따'(segregated & marginalized)가 될 것이기 때문이다.

부리스(Bourhuis at al, 1997)는 이러한 관점에서 주류 사회가 먼저 다문화 가족들의 이질적인 문화와 삶의 방식을 용인(tolerate)해야 한다고 강조했다. 다문화 사회의 사회통합은 주류와 비주류 문화가 서로 존중되고 소통되어야 하는 것이다. 부리스는 이것을 '상호간 문화적응 모형(IAM, The Interactive Acculturation Model)'이라고 이름 붙였다. 따라서 우리나라의 다문화 정책 역시 주류 사회가 먼저 다문화 가족을 이해하고 포용하기 위해 노력해야 한다. 이질적인 두 문화의 만남에는 서로간의 존중이 필요하다. 주류 문화는 타문화가 열등하다는 편견을 버리고 문화의 다양성을 인정하고, 주류 사회가 먼저 다문화 가족들을 배려하고 존중해야 한다.

다문화 가족들이 느끼는 차별의 문제는 바로 다양성의 문제이다. 소수 약자인 다문화 가족들은 자신들의 개별적이고 독자적인 문화와 언어, 관습, 종교, 전통이 주류 사회에서 존중되기를 원한다. 자신의 독창적인 색깔을 인정받을 수 있는 사회가 좋은 사회이다. 다문화 가족 구성원들이 한국에서도 '자기 주도적'으로 자신들의 문화와 삶의 방식을 누릴 수 있게 하는 것이 다문화 가족을 위한 최상의 복지정책이 될 것이다.

◆ 다문화 정책위원회

농촌 총각의 국제결혼은 이제 보편적인 형태가 되었다. 농어촌 지역 혼인 남성의 절반 정도가 동남아 국가 출신의 외국 신부를 맞이하고 있다. 그리고 우리나라에서 결혼하는 10쌍 중 1쌍은 국제결혼이다. 2020년에는 전체 결혼에서 차지하는 국제결혼 비율이 3쌍 중 1쌍이 될 것이라는 전망도 있다.

1990년대에 들어 중국과 동남아시아에서 많은 외국인 노동자가 우리나라로 유입하기 시작했다. 1980년대 말의 노사투쟁은 근로 임금의 급격한 상승을 초래했고, 동시에 수출 경기의 호조로 노동시장에 인력난이 발생하게 되면서 대량의 저임금 외국인 노동자의 수요가 발생했다. 이에 정부는 1991년 '해외투자 기업 연수생 제도'를 도입하고, 1993년 '산업 연수생 제도'를 도입했다. 그리고 2004년 '고용 허가제'를 실시하여 합법적으로 외국인 근로자를 받아들이고 있다. 현재 5년 복수비자로 방문과 취업이 이루어지는 '방문 취업제'가 실시되고 있다.

결혼 이주여성과 외국인 노동자가 우리 사회에 늘어나고 있지만, 폐쇄적 단일민족 의식은 이들에 대한 차별과 갈등을 야기하고 있다. 특히 외국인 노동자들에 대한 비인간적 대우, 임금체불, 산업재해 불인정 및 인권침해 등은 우리 사회가 반드시 풀어야 한 중요한 사회문제가 되었다. 특히 3D 산업 생산현장에서 고생하는 외국인 노동자들의 노동력 보호를 위하여 산재보험 적용은 그 어떤 것보다 시급하다. 정부는 이에 대한 대책 마련에 고심 중이다.

대통령 자문 '고령화 및 미래사회 위원회'에서는 '외국인을 이민으로 받아들이는 정책'을 검토한 바 있고, 법무부의 국적 제도 T/F 팀에서는 속지주의(출생지주의) 제도 도입을 통하여 한국 출생 외국인 자녀들에게 한국 국적을 허용하는 것과 외국인들에게 '영주권 제도 대폭 확대', '귀화 제도 간소화', '이중국적 허용' 등의 포용적인 다문화 정책안을 검토하고 있다. 또한 2006년 다문화 가족 지원을 위한 '여성 결혼이민자 사회통합 지원 대책' 수립을 기점으로 2008년 '결혼 중개업의 관리에 관한 법률'과 '다문화 가족 지원법'을 마련했다. 2011년에는 다문화 가구 영유아에게 소득 수준에 관계없이 보육비를 전액 지원하기 위해 재원을 마련했다.

우리나라의 다문화와 관련한 법과 제도 도입 초기에는 외국인 노동자의 관리와 통제를 위한 것이었지만, 차츰 다문화 가족을 위한 포용적 정책 방향으로 발전하고 있다. 2003년 '고용허가제', 2004년 국적법(개정), 2007년 '재한 외국인 처우 기본법', 2008년 '다문화 가족 지원법'등의 제정과 함께, 법무부의 '출입국 관리국'을 '출입국 외국인 정책본부'로 확대 개편한 것은 다문화 가족에 대한 폐쇄적인 정책에서 보다 적극적이고 열린, 포용의 다문화 정책으로 발전하려는 노력의 흔적이라고 평가할 수 있다.

그러나 정부는 다문화주의와 사회통합이라는 진보적 방향으로 정책을 추진하고 있지만, 일선 현장의 미숙한 관료주의적 행정이 종종 문제가 되기도 한다. 다문화주의에 대한 이해와 전문적 소양이 부족한 일부 공무원들은 다문화 가족들의 일방적 동화를 강요하는 실수를 범하기도 한다. 일선 현장 공무원들의 전문성이 문제가 되는 것은 다문화 정책을 총괄통합 조정 기능을 하는 정부 부처가 없기 때문이다. 현재 다문화 정책에 관한 총괄 업무는 국무총리 산하 '외국인 정책위원회'가 담당하고 있지만, 이는 재원 배분권이 없는 자문기구이다. 25명의 위원 중 17명이 관련 부처의 장차관으로 구성되어 있고, 연 1회 정기회의만을 열고 있어 실질적 논의를 하기에는 한계가 있다. 또한 정책 입안, 감독과 집행을 할 전문 인력이 없는 것도 문제다. 관련 부처의 공무원으로 구성된 '외국인 정책 실무협의회'가 있지만, 간사 부처인 법무부 출입국의 외국인 정책 본부 또한 인력과 예산의 한계가 있어 효율적인 업무 수행이 어렵다.

현재 다문화 가정 정책은 무려 12개 관련 부처에서 총 7개 과제, 27개 소과제를 분담하고 있다. 2009년 보건복지부가족부의 자료에 따르면, 외국인 정책 담당은 법무부가 하고 있고, 보건복지부가족부는 다문화 가족 지원을 분담하며, 노동부는 외국인 노동자 정책, 교육과학기술부는 다문화 자녀의 학교 교육을 지원하고, 문화체육관광부는 다문화성의 제고와 한국어 교재를 개발한다. 이렇듯 다문화 관련 정책은 각 부처별로 분산되어 있어서 효율적이고 체계적인 구심점 역할을 하는 총괄통합 조정을 하기 어렵다. 때문에 중앙 부처와 지자체 단위에서 중복 시행되고 있는 사업들도 많고, 단기간에 끝나는 소모성 이벤트 행사들이 많이 열린다. 따라서 현행 국무총리 산하 '외국인 정책위원회'를 대통령 직속 '다문화 정책위원회'로 권한과 지위를 강화하여, 독자적 정책 수립과 중장기 계획을 입안할 수 있는 상시 기구로 재편해야 한다.

V.

International Youth Mental Health Center

1 아동의 마음건강 증진을 위한 국제기구

◆ 아동권리 위원회와 유니세프

유엔의 존재이유 중의 하나는 인권 보장이다. 「유엔헌장」 제1조에 따르면, 유엔 활동의 목적은 "인종, 성별, 언어 또는 종교에 따른 차별 없이 모든 사람의 인권과 기본적 자유에 대한 존중"을 촉진하고 장려함에 있다. 「세계인권선언문」은 조약이 아니기 때문에 법적 효력이 없지만, 선언문의 주요 내용은 1976년 발효한 「시민의 권리와 정치적 권리에 관한 국제규약」과 「경제·사회·문화적 권리에 관한 국제규약」이라는 2대 인권 국제규약과 약 80개의 조약(treaties), 협약(Convention), 또는 규약(Covenant) 등의 다양한 인권법으로 제정되었다.

인권을 보장하기 위해서는 단순히 법 제정만으로 끝나는 것이 아니라, 관련법 집행을 위한 기관이 필요하다. 유엔 시스템에는 인권을 보장하기 위한 각종 위원회와 집행부를 포함하는 유엔기구들이 있다. 국제법이 발효되면 유엔은 해당 국제법 조항이 유엔 회원국에서 잘 이행·준수되는지를 확인하는 책임이 부여된 감시위원회를 창설할 수 있다. 예를 들어 아동 인권보장을 위한 국제법인 「유엔 아동 권리협약(CRC, Convention on the Rights of the Child)」은 1989년 제정되었는데, 유엔 회원국들이 이 협약을 잘 지키는지 확인하고 감시하기 위한 위원회인 유엔 아동 인권위원회(CRC, The Committee on the

Rights of the Child)가 곧이어 설립되었다.

유엔 아동 인권위원회(CRC)는 8개의 유엔 인권 조약기구 중의 하나이다. 유엔 회원 국가들은 위원회에 회원국의 아동 인권 상황에 대한 보고서를 제출하고, 위원회는 보고서를 검토하여 회원국에 문제를 제기하며 권장 사항을 만든다. 유엔 아동 인권위원회(CRC)는 독립적인 전문가로 구성된 팀을 구성하여 유엔 회원국들이 「아동 권리협약」을 잘 준수·이행하는지 모니터링을 한다. 또한 3가지 「아동 권리협약 선택의정서」의 준수와 이행도 모니터링을 하는데, 이들은 (1) 소년병의 이용, (2) 아동 인신매매, 아동 매춘, 아동 포르노, (3) 앞 두 가지 위반 사항에 관해 아동들이 개별적으로 문제 제기를 할 수 있도록 한 커뮤니케이션 절차에 관한 의정서들이다. 또한 위원회는 인권 조항 내용의 해석, 주제별 논평, 토론 일자 등에 관한 출판도 한다.

그러나 유엔 아동 인권위원회(CRC)는 그 위상과 역할에 걸맞지 않게 상설 감시기구가 아닌, 제네바에서 1년에 10주간만 열리는(3차례의 3주간의 정기적 회의와 1주간의 준비), 사실상 우리나라의 5일장과 같은 비 상설 회의체이다. 그러므로 모든 유엔 회원국들의 아동 권리 침해 사범들을 다룰 시간적 제약이 있는 것은 물론, 제대로 된 모니터링을 할 전문 인력과 기술적 능력에 한계를 가지고 있다고 평가할 수 있다. 이러한 이유로 인하여 아동학대, 아동 성 착취, 학교 폭력 등의 전반적인 아동 인권침해 사안을 처리하기 위한 전문 유엔기구의 탄생이 절실하다.

유엔 아동기금(UNICEF, United Nations Children's Fund)은 제2차 세

계대전 중에 희생된 어린이들을 구제하기 위해 1946년 12월 11일 설립된 자립적 보조기구이다. 원래 명칭은 유엔 국제 아동 긴급기금(UNICEF, United Nations International Children's Emergency Fund)이었으나 1953년 유엔 아동기금으로 개명했다. 그러나 현재도 예전 이름의 약자인 유니세프(UNICEF)를 그대로 쓰고 있다. 유니세프는 초기 긴급원조에서 가난한 개발도상국가의 어린이와 어머니를 대상으로 하여 사회개발 원조활동으로 확대하고 있다. 유니세프의 활동 분야는 가난한 나라의 굶주리는 어린이를 위한 영양공급을 포함하여 긴급구호와 보건위생, 영양 개선, 음료수 공급 및 환경 개선, 모자복지, 예방접종, 기초교육 등 다양하다. 특히 영양부족, 예방접종, 문맹퇴치를 위한 사업에 괄목할 만한 기여를 하고 있다.

이렇듯 유니세프의 활동 영역은 대부분 기초 아동복지 사업인데, 그 대상이 약 144개의 가난한 나라의 아동과 어머니들에 한정되어 있다. 특히 급속히 진행되는 세계화로 아동 매춘관광, 아동 인신매매, 사이버 아동 인권침해 등의 아동 대상 범죄가 증가 추세에 있기 때문에, 유엔 차원의 대응이 절실히 요구되고 있다. 이러한 아동학대의 문제를 유니세프(UNICEF)가 취급하려는 시도가 있긴 하지만, 전문적으로 아동 성 착취의 문제를 다루는 유엔기구의 탄생이 필요하다. 아동학대, 아동 성 착취 등의 예방, 피해 어린이 치료, 재활 등 전문가들이 주도적으로 참여해야 하는 활동을 포괄하기에는 무리가 있어 보이기 때문이다.

유엔 시스템은 비슷한 사안에도 활동 영역의 전문성이 요구되는 경우에 독립적 국제기구를 신설한다. 예를 들어, 기아대책을 위한 식량 증산을 위해 하나의 국제기구로 사안을 처리하지 못하자, 전문성과 목적별로 차이를 둔 유엔식량농업기구(FAO), 세계식량계획(WFP), 국제농업개발기금(IFAD) 등의 3가지 유엔기구로 독립하여 분리 설립·운영하고 있다. 이들의 식량증산 관련 기구들의 본부가 모두 이탈리아 로마에 있는 것이 흥미로운 점이라 하겠다.

비교하자면, 유엔식량농업기구(FAO, 1963년 출범)는 농촌의 식량증산과 소득증대를 통한 결과로 인류의 기아 문제를 근원적으로 해결해 보려는 데 목적이 있다. 반면에 세계식량계획(WFP, 1962년 출범)은 개발도상국 난민 캠프, 전쟁지역에서 자연재해 및 전쟁 희생자 구호를 지원하거나, 개발도상국 빈민자와 여성 및 아동 등의 취약 계층에 대한 긴급 식량구호를 통해 각국의 비상사태를 해결하는 것이 주 임무이다. 유엔식량농업기구(FAO)와 세계식량계획(WFP)은 수혜국에 직접적으로 개입하여 농업증산과 식량구호 사업을 수행한다. 그에 반해 국제농업개발기금(IFAD, 1977년 출범)의 주요 임무는 지원 대상국의 농업개발을 위해 재정적(financial) 지원을 통해 간접적으로 지원하고, 해당국의 농업환경에 맞게 농작물 개량, 축산, 사료, 농축산 금융업 등과 같은 사업을 지원하는 것이다. 이렇듯 인류의 먹거리인 식량(food)과 관련하여 유엔식량농업기구(FAO), 세계식량계획(WFP), 국제농업개발기금(IFAD) 등의 3가지 전문 유엔기구로 독립하여 운영하고 있다. 인류 먹거리 확보에 관한 기능과 전문성의 차이로 여러 가지 유엔기구가 탄생한 것이다.

마찬가지로 아동의 권리와 복지 증진을 위하여 유엔 회원국에 단순한 모니터링을 하는 유엔 아동 인권위원회, 가난한 개발도상국가 어린이와 어머니들을 위한 기초적 복지를 제공하는 유니세프 이외에도, 전 세계적으로 독버섯처럼 확산되고 있는 아동 인신매매, 아동 매춘관광, 아동 포르노, 아동 성폭력을 포함한 아동학대 피해 어린이들의 치료 및 재활과 관련하여 전문가들을 양성·교육·연구하기 위한 새로운 전문 국제기구의 탄생이 시급하다.

◆ 아동의 보건·복지권 보장을 위한 국제기구

아동 성 착취 근절 운동의 방향은 지난 반세기 동안 전통적인 정치적 권리 인식에 치중했다. '성 착취'라는 단어에서 알 수 있듯이, '착취(exploitation)'라는 용어는 착취당하는 노예상태(slavery)에서 해방되어 자유·평등을 찾는 정치적 권리의 이야기이다. 역사적으로 보면 1996년의 「스톡홀름 선언」은 아동 성 착취 해결을 위한 중요한 전환점이 되었다. 이후 국제사회에서는 이것을 (아동 매춘, 국제 아동 매춘관광, 아동 포르노 등의 매춘 문제만 다루는) '아동의 상업적 성 착취(CSEC, Commercial Sexual Exploitation of Children)'로 이슈를 한정할 것인지, 아니면 아동에 대한 성폭력을 포함한 포괄적 의미의 '아동 성 착취(Sexual Exploitation of Children)'를 이슈로 할 것인지를 두고 ECPAT International과 Focal Point Programme 사이에 총성 없는 전쟁이 있었다. 그러나 아동의 상업적 성 착취(CSEC)만을 다루자고 주장하는 ECPAT이나, 아동 성 착취로 범위를 포괄하자는 Focal Point의 입장을 보면, 둘 다 모두 아동의 인권 문제를 착취 상태로부터 정치적인 해방(Political Freedom)을 주장한다는 면에서 동일하다고 하겠다.

특히 (일부 국가에서 '명예살인'이라는 잘못된 제도가 여전히 존재하듯이) 성폭력 사건 피해자들과 가족들은 피해 사실을 수치스럽게 생각하고 감추기에만 급급했다. 이러한 남존여비(男尊女卑)의 불평등과 차별의 구조적인 모순을 타파하기 위해 사회적 약자로서의 여성과 아동을 해방시키고, 성 평등(Gender Equality) 보장을 위한 정치적 권리 옹호 활동에 열정을 쏟아 부어야만 했다. 당연히 여성과 아동에 대한 성폭력 문제는 여성해방 운동의 중심에 있는 페미니스트들의 손에 의해 전문적으로 다루어지는 사회문제로 인식되었다.

국제사회에서도 성 착취의 문제를 편파적으로 정치적인 인권문제로만 다루어 왔다. 여기에서 인권의 정치적 권리란 「시민의 권리와 정치적 권리에 관한 국제규약」의 제2조가 명시하는 "남녀평등과 차별 금지", 제3조 제8항의 "노예제도 금지", 제9항의 "신체의 자유"와 관련이 있다. 예를 들어 2012년 CNN이 진행하고 있는 '자유를 위한 프로젝트(the Freedom Project)'와 같은 특별 뉴스 프로그램을 통해 알 수 있듯이, 아동 성 착취 문제가 여전히 편파적으로 정치적 문제인 '현대판 노예제도(modern day slavery)'로 다루어지고 있다. 노예상태에서 여성과 아동을 해방하여 자유와 평등을 구현하려는 정치적 권리에 집중하고 있는 것이다.

아동 성폭력 근절, 아동학대 근절, 학교폭력 근절 등의 이슈를 포함한 전반적인 아동 인권증진을 위한 노력은 이제 자유·평등을 위한 정치적 권리 보장에서 보건·복지 증진으로 인권의 개념을 확대·

강화해야 할 시점에 이르렀다. 유엔이 창설된 이후 지난 반세기 동안, 아동 권리 증진에 관한 전 세계적 활동은 단순한 아동 권리침해 모니터링과 같은 소극적 활동을 진행하기에 급급했다. 그러나 향후 50년간의 아동 인권증진을 위한 국제적 활동 방향은 적극적 개입을 통해 아동의 건강과 복지에 관한 생활 전반을 향상시키려는 노력으로 패러다임 변환(paradigm shift)이 현실화될 것이다.

◆ 국제 아동 마음건강 연구·훈련 센터

국제법은 아동 성 착취, 아동학대, 학교폭력 피해 어린이들에 대한 치료와 재활의 중요성을 강조하고 있다. 인권 관련 국제법 중 헌법에 상응하는 최상위 법이라고 말할 수 있는 「경제·사회·문화적 권리에 관한 국제규약」 제10조는 "어린이와 청소년이 특별히 보호받아야 할 권리"가 있으며, 제12조에서는 "최대 수준의 신체적·정신적 건강을 향유할(the enjoyment of the highest attainable standard of mental health)" 권리를 명확하게 규정하고 있다.

또한 「유엔 아동 권리협약」은 제24조에서 "최상의 건강 수준을 향유하고, 질병의 치료와 건강의 회복을 위한 시설을 사용할 수 있는 아동의 권리"와 "건강 서비스의 이용에 관한 아동의 권리가 박탈되지 않도록 노력"할 것을 명시하고, 제25조에서는 "정신적(精神的) 건강의 관리, 보호 또는 치료"를 위한 아동의 권리를 규정하고 있다. 제27조에서는 "아동이 지적, 정신적 발달에 적합한 생활 수준을 누릴 권리를 갖고 있음"을 인정하고 있다. 이러한 국제법규에서 명시한 어린이의 정신건강 권리 보장은 국가의 의무와 책임이다.

「유엔 아동 권리협약 아동매매, 아동매춘, 아동 음란물에 관한 선택의정서」는 전문에서 "여자 어린이들을 비롯해 특별히 취약한 집단의 어린이들은 보다 심각한 성 착취의 위험에 처해 있으며, 성 착취의 피해자 중 여자 어린이가 절대다수임"을 설명하면서, 아동들의 "정신적·정서적 발달에 유해할 것으로 보이는 모든 것으로부터 보호받을 아동의 권리"를 명시하고 있다. 제8조에서는 성범죄의 "피해 아동의 취약성을 인정"할 것과 "적절한 지원 서비스를 제공"할 것, "아동 피해자를 다룸에 있어 아동의 최상의 이익이 가장 먼저 고려되도록 보장"할 것을 규정하고 있다. 「유엔 아동 권리협약 선택의정서」는 8조 1. 가항에서 성폭력 피해 아동들의 "취약성을 인정하라"고 주문하고 있다. 따라서 우리 정부는 해당 국제법이 명시하는 바대로 "아동 피해자에 대한 특별조치를 포함해 이들의 특별한 요구를 인정하는 조치를 채택해야만 한다." 그러므로 아동의 특수성(特殊性)을 고려하면서, 성폭력 피해 어린이들을 포함하여 전반적인 아동학대 피해 어린이들의 신체·정신적 건강 증진을 위한 국제기구의 설립이 요구된다.

「유엔 아동 권리협약 선택의정서」 8조 4항에서 "피해 어린이들과 관련해 일하는 자들에 대해 적절한 훈련, 법률적, 심리적 훈련을 보장하는 조치"를 명시하기 때문에, International Youth Mental Health Center는 이에 근거하여 전 세계 모든 국가에서 시행할 수 있도록 전문 인력에 대한 훈련과 연구·개발 사항을 공유하고, 그

것을 통해 최상의 보건·복지 서비스를 세계의 모든 어린이와 청소년들이 골고루 지원받을 수 있도록 운영될 것이다. 아동학대, 아동 성폭력, 학교폭력 피해 어린이와 청소년들의 치료·재활은 전문적인 심리, 의학, 임상적 지식을 요하므로, 전문 인력에 대한 훈련과 전문 프로그램의 제공 없이는 불가능하다. 따라서 전문 국제기구, International Youth Mental Health Center의 설립은 그 어떤 것보다 시급한 것이라고 할 수 있다. 대한민국 서울에 그 본부가 설립되기를 희망한다.

International Youth Mental Health Center는 세계보건기구(WHO)와 같은 유엔 전문기구 형태로 설립·추진되어야 한다. 세계보건기구는 1946년에 의결되어 1948년 4월 7일에 출범했다. WHO는 "모든 인류가 가능한 한 최고의 건강 수준에 달할 수 있도록"(세계보건헌장 제1조) 국제 보건사업의 지도와 조정, 회원국 간의 기술원조 업무를 수행하면서 세계 보건사업에 있어서 총괄 조정하는 역할을 수행하고 있다. 본부는 스위스 제네바에 있으며, 약 4,000여 명의 직원을 거느린 거대 국제기구이다.

2 아동 마음건강 연구·훈련 센터 요구의 배경

◆ 영유아기 정신건강 문제

한국은 1960년대 이후 세계에서 그 유례를 찾아보기 어려울 정도로 경제적 성장과 사회문화적 변화가 단시간에 많이 이루어졌다. 이러한 빠른 사회적 변화는 육아 환경과 문화의 변화도 초래했다. 이런 변화들은 긍정적인 면도 있지만 부정적인 면 또한 만만치 않다.

요즘 부모님들이 과거에 비해 아동, 특히 어린 유아에 대해 관심이 증가한 것은 사실이다. 심지어 최근에는 태교 문화, 출산 문화에 대한 관심이 어느 때보다 높아져 그 방면에 대한 책이나 사업이 성공을 거두고 있다. 이렇듯 유아에 대한 관심이 증가하는 것은 긍정적인 면이긴 하지만, 그 관심의 방향성이 옳은 것인지는 재고할 필요가 있다. 필자는 텔레비전 광고에서 3세쯤으로 보이는 어린 아이가 줄줄 한글을 읽고 영어를 하는 모습을 보고 놀라운 마음과 걱정이 겹쳐 착잡한 기분이 들었던 기억이 있다. 이것이 과연 우리 사회가 어린 아이들에게 보이는 관심의 옳은 방향일까? 과연 그 아이들은 이런 상황에서 행복할까? 이런 상황이 아이들의 정신적 발달에 어떤 영향을 미칠까? 하는 의문이 머리에서 떠나질 않았다. 그리고 진료실에서 영어 학습에 대한 스트레스로 원형 탈모증에 걸린 세 살배기 어린아이를 보며 이런 식의 관심은 문제가 있다는 확신을 어느 정도 하게 되었다.

우리 사회는 특히 아동에 대해 극단적인 두 가지 모습을 보이는 것 같다. 어릴 때부터 남보다 더 잘 먹이고 잘 교육시켜 남들과의 경쟁에서 우위를 선점하고자 하는 부모들의 열정적인 노력이 과잉 보호적 측면의 한 극단을 이루고 있다. 다른 한 극단은 이혼을 비롯한 집안의 문제가 있을 때 아이들에 대한 고려는 맨 뒤편으로 밀리는 방치의 측면으로 나타난다. 경쟁적인 이유식 광고, 유아 학습지, 영어 유치원, 조기교육실 등을 양산하고 있는 이면에, 어릴 때부터 부모와 떨어져 가슴앓이를 하며 불안해하는 어린아이들의 고통을 무시하는 사회의 또 다른 한 면이 존재하고 있는 것이다.

과거 우리 사회는 아동의 건강을 주로 신체적인 측면에서 다루어 왔다. 오늘날 경제적, 의학적 발전에 힘입어 신체적 건강은 많이 호전되었으나, 과거에는 큰 문제가 되지 않았던 정신적 불건강이 오히려 심각한 문제로 떠오르기 시작한다. 최근 사회적 물의를 일으키고 있는 청소년들의 폭력, 성매매, 집단따돌림 현상도 근본적인 원인은 그들의 정신적 건강의 결여에 있다. 어린 시절의 경험이 그 사람의 평생을 지배한다는 것은 정신건강 분야의 가장 기본적인 이론이다. 최근 과학기술의 발달로 뇌의 발달에 대한 비밀들이 서서히 밝혀지면서, 어린 시절의 환경이 뇌의 발달 방향 자체를 변화시킬 수 있다는 놀라운 주장들이 나오고 있다. 지금은 발달 과정에서 이렇게 중요한 위치를 차지하는 유아기에 건강한 발달을 이룰 수 있도록 부모, 사회, 전문가들의 노력이 몹시 필요한 시기이다.

◆ 어린이와 청소년의 스트레스

요즘 사람들의 입에서는 "스트레스 받는다."라는 말이 끊임없이 오르내린다고 해도 과언이 아니다. 도대체 스트레스가 무엇이기에 현대인들을 이렇게 힘들게 만드는 것일까? 스트레스란 정신적 부담이 우리 몸과 마음을 압도하여 정상적인 적응력을 떨어뜨리는 상태라고 할 수 있다. 과거 농경사회에서는 비록 경제적으로는 가난해도 정신적인 부담은 현재와 비교해서 훨씬 적었다. 하루가 다르게 변해 가는 현대 사회에서 남들과 경쟁하며 적응해 나가는 것 자체가 우리 인류에게 힘겨운 스트레스로 작용하고 있다. 인류의 진화 속도에 비해 현대 사회는 훨씬 더 빠른 적응을 요구하며 발전하기 때문에, 미래는 현재보다 더욱 큰 스트레스를 우리에게 주게 될 것이다. 이렇게 끝없이 스트레스를 받으면 결국 우리의 뇌는 탈진되어, 정신적인 문제와 신체적인 불균형을 초래하여 여러 가지 질병을 일으키는 지경에 이르고 만다.

필자는 정신과 의사로서 별다른 신체적 이유 없이 머리가 아프고 가슴이 뛰고 소화가 안 되며 온몸이 나른하고 기운이 없는 등등의 증세를 호소하는 사람들을 많이 접하게 된다. 본인들은 아무런 이유가 없다고 하지만 자세히 면담을 해보면, 피할 수 없는 만성적인 스트레스로 인해 이미 심신이 견디기 힘들 만큼 탈진한 경우를 종종 발견한다. 배우자와의 계속되는 갈등, 직장에서의 끊임없는 경쟁에서 낙오되는 회사원, 심각한 질병을 가진 자녀를 양육하는 부모 등 모두 피할 수 없는 어려운 상황에서 최선을 다해 적응하려고 노력하다가, 어느 순간 더 이상 버티지 못하고 신체적, 정신적 증상을 나타내기에 이른다. 이런 분들을 위해 정신적 스트레스가 원인임을 주지시키고, 적절하게 대처할 수 있는 기술을 교육하고, 속상했던 감정을 공감해 주고, 심각한 경우 약물 치료를 하는 것이 정신과 의사로서 도와줄 수 있는 방법이다.

하지만 더욱 중요한 것은 이런 스트레스 상황에서 벗어나거나, 그것이 불가능하다면 무조건 참지 말고 적절히 그것을 해결할 수 있는 지혜를 익혀 스트레스로 인한 문제들을 미리 예방하는 것이다. 사실 똑같은 스트레스 상황에서도 적응해 나가는 정도는 개인에 따라 많은 차이가 있다. 물론 타고난 체질적 차이도 있지만, 어렸을 때 어떻게 길러졌느냐에 따라 스트레스에 대한 감내력 정도에 많은 차이를 보인다는 연구 결과들이 꾸준히 발표되고 있다.

이상과 같이 현대를 사는 어른들을 괴롭히는 스트레스가 어린 아동에게서도 심각한 문제로 떠오르고 있다는 사실을 알고 있는 부모들이 얼마나 될까? 항상 쾌활하고 즐거운 듯이 보이는 어린이들의 순진한 마음에 무슨 스트레스가 있겠느냐고 어른들은 쉽게 생각할 수 있다. 그러나 불행히도 어린이들은 자신의 고통을 정확히 언어로 타인에게 전달할 수 있는 능력이 없다. 때문에 주변 어른들은 모르는 상태에서 문제가 점점 심각해져 결국 행동이나 적응의 문제를 보이게 되는 경우가 대부분이다. 예를 들어 학교에 가기 싫어하거나 공부에 집중하지 못하거나 물건을 훔치는 등, 예전에는 없었던 문제가 갑자기 돌출되어 부모를 당황하게 만든다. 부모의 눈에는 갑작스런 변화로 보이겠지만, 실은 정신적 부담감이 훨씬 전부터 시작되어 결국 버티지 못하고 부적응적인 문제를 일으킨 것이다.

어쩌면 신체적, 정신적으로 빠른 성장 중에 있는 아동들은 어른보다 더욱 스트레스에 취약할 수 있다. 더구나 아직 인격형성 과정 중에 있으므로 어린 나이에 스트레스로 많이 시달리면, 어른이 되어 성격이나 대인관계에서 문제가 있게 될 가능성이 커진다. 여기서는 자녀를 둔 부모들을 위해 어린이들에게 흔한 정신적 스트레스와 이에 대한 대처 방안에 대해 학령전기와 학령기로 나누어 자세히 언급하고자 한다.

(1) 학령전기 아동의 스트레스

귀여운 아기가 태어나면 어머니, 아버지를 비롯해 온 집안사람들이 관심을 보이게 된다. 처음에는 눈도 제대로 못 뜨고 하루 종일 먹고 자는 일이 전부인 것 같았던 아기가 엄마를 쳐다보고 방긋 웃기 시작하고, 옹알이를 하고 딸랑이를 흔드는 놀라운 변화들을 지켜보는 일은 참으로 즐거운 일이다. 영국의 유명한 아동 정신분석학자인 위니콧(Winnicott)은 어머니에게 완전히 의존하여 지내는 유아의 상태를 가리켜 "이 세상에 아기와 같은 것은 없다."라는 역설적 표현을 했다. 처음 태어나서 아무것도 혼자서는 할 수 없었던 아기가 말도 하고 판단력도 생기고 사람을 좋아하게 되는 등의 경이로운 변화는 단순히 아기의 뇌가 발달하면서 저절로 일어나는 현상이 아니다. 아기의 뇌가 제대로 발달하기 위해서는 주변의 적절한 자극이 필요한데, 이때 아기에게 가장 좋은 자극은 어머니를 비롯한 주위 사람들과의 좋은 관계이다. 어머니는 아직 신체적, 정서적인 조절 능력이 미분화된 아기에게 규칙적으로 먹이고 재우는 과정을 통해 생리적 조절 능력을 가르친다. 또한 부드러운 목소리와 미소, 눈 맞춤을 통해 처음으로 타인과 관계 맺는 방법을 가르치고, 아기가 울거나 짜증낼 때 적절히 달래 줌으로써 아기 스스로 감정조절을 할 수 있도록 가르친다. 대부분의 어머니들은 굳이 이런 이론을 몰라도 아기가 제대로 성장하도록 잘 기르고 있다.

그러나 필자는 소아정신과 의사로서 불행하게도 여러 가지 이유로 이러한 과정에서 이미 문제가 생긴 유아들을 많이 접한다. 예를 들어 어머니가 출산 후 우울증을 앓거나 신체적인 질병이 심각하면 아기에게 적절한 반응을 제대로 하지 못한다. 그래서 아기가 자주 깨고 잘 먹지 않는 등 생리적 조절 능력이 떨어지거나, 짜증이 많아지고 눈 맞춤을 회피하거나 자주 놀라는 등, 감정 조절이 안 되고 사회성이 결여되기도 한다. 즉 돌 이전의 유아에게는 적절히 자신을 조절해 주고 자극해 주는 주 양육자와의 관계가 조화롭지 못한 것 자체가 크나큰 스트레스가 될 수 있는 것이다. 더욱이 아기의 뇌는 서너 살까지 구조적으로, 기능적으로 빠른 발달을 하는데, 이 시기에 주변 환경에 문제가 생겨 아기에게 적절한 자극과 조절을 해주지 못하면 뇌의 발달에 영향을 미치고, 이는 성장 후까지 많은 문제를 초래할 가능성이 크다.

따라서 유아에게 이런 스트레스를 주지 않고 건강하게 키우기 위해서는 주 양육자가 어머니라면, 어머니가 아기를 잘 기를 수 있도록 주변에서 도움을 줘야 한다. 성격이 까다로운 남편이 아기에게 집중하느라 집안 살림에 소홀한 아내를 구박한다든지, 아기가 태어난 지 얼마 안 되어 중풍에 걸린 시어머니를 간호하느라 아기는 한쪽 편에 밀어 두고 관심과 자극을 주지 못한 경우, 혹은 어머니가 직장 생활을 하느라 아기를 여기저기 맡기는 경우 등을 실제로 병원에서 많이 접하게 된다.

그리고 이미 아동에게 문제가 생긴 후에야 병원을 방문하게 되는데, 필자의 설명을 들은 부모들은 "그런 사실을 미리 알았더라면 사전에 예방할 수 있었을 텐데." 하며 몹시 후회하곤 한다. 간혹 주변 환경에는 큰 문제가 없는데 아이 자체가 체질적으로 몹시 예민하거나 잠을 잘 못 자거나 하는 경우도 접한다. 그럴 때는 부모가 보통의 아이보다 더욱더 세심하게 아이를 조절해 주는 것이 필요하다. 또한 아동이 미숙아로 태어나거나 어려서부터 수술이나 잦은 질병으로 시달리는 경우에도 아기는 생리적, 정서적 조절 능력을 배우기 어렵게 된다. 그러므로 부모가 이런 아동을 조절할 수 있는 기술을 배우든지, 아니면 전문적인 치료기관을 찾아 도움을 받아 더 큰 문제로 발전하는 것을 예방하는 것이 필요하다.

아기가 자라서 돌이 지나면 언어가 급속도로 발달하고, 사회적 판단력이 생겨 눈치가 늘고 자아 개념이 형성되면서 자기주장이 강해진다. 이전까지는 어머니에게 일방적으로 의존하는 수동적 존재처럼 보이다가, 갑자기 뭐든지 자신이 직접 하려고 드는 고집쟁이처럼 변해 가는 모습을 어머니들은 느낄 수 있다. 하지만 이 시기의 아이들은 아직 스스로의 판단만으로는 세상을 살아갈 능력이 전혀 없기 때문에, 혼자서 마음대로 하다가 제대로 안 되면 꼭 어머니에게 의존하여 해결할 수밖에 없다. 만약 이 아동이 필요할 때마다 어머니의 도움을 전혀 받지 못하는 상황에 처하게 되면 심한 불안을 느끼게 되고, 스스로의 힘으로 세상을 살아가려는 생의 첫 시도를 포기하게 될 것이다. 아동이 주변 환경을 활발하게 탐색하고 스스로의 힘으로 무엇인가를 깨우쳐 가는 과정에서 지능이 발달하고 자아 개념이 긍정적으로 형성되며, 이를 바탕으로 사회성도 형성된다는 점을 생각하면, 어머니가 안정적으로 아동이 원할 때마다 적절한 도움을 주는 것이 얼마나 중요한지를 알 수 있다. 하지만 불행하게도 이 시기에 어쩔 수 없이 주 양육자인 어머니와 헤어지게 되거나, 비록 곁에 있더라도 여러 가지 상황 때문에 아동을 제대로 지지해 줄 수 없는 경우에는 아동에게 큰 정신적 스트레스를 줄 수 있다. 필자가 치료하고 있는 만 3세 아동을 예로 들어 본다.

준영(가명)이는 교사인 어머니와 연구원인 아버지 사이에서 2남 중 막내로 태어났다. 다섯 살 위의 형과 준영이는 주로 근처에 사는 외할머니가 양육했다. 그런데 준영이가 10개월경이 되었을 때 연구원인 아버지를 따라 온 가족이 2년간 외국으로 떠나 살게 되었다. 처음 외국에서 지내면서 언어 문제와 문화적 차이 때문에 온 가족은 많은 어려움을 겪었다. 특히 형의 학교 적응에 문제가 생겨 어머니는 거기에만 신경을 쓰느라 준영이는 억지로 동네 놀이방에 맡기거나 집에서 혼자 비디오를 보게 방치했다. 약 6개월쯤 지나면서 준영이의 얼굴이 무표정해지고 말수가 줄어들고 시선 접촉을 회피하는 변화를 부모가 느꼈으나, 아버지가 시험에 실패하는 바람에 준영이에게 신경을 쓰지 못했다.

준영이가 두 돌 지나면서 어머니도 공부를 시작하게 되어 준영이를 놀이방에 정기적으로 보내기 시작했다. 처음에는 낯설어 하며 많이 울었으나 점점 혼자서도 잘 놀기에 계속 보냈다. 수개월 후 놀이방 선생님은 준영이가 다른 친구들에게는 관심이 없고, 선생님의 지시에 거의 따르지 않으며, 혼자서 레고 놀이만 하거나 비디오를 한 번 보면 끄지 못하게 하고 계속 비디오에만 몰두한다며, 어머니에게 전문가를 찾아보라고 권유했다. 하지만 한국으로 돌아오기 수개월 전이라서 그냥 그대로 지내다가, 한국에 돌아온 후에야 소아 정신과 병원으로 내원했다. 귀국 후 집이 구해질 때까지 외가에 살면서 외할머니가 준영이를 데리고 자고 이모들이 귀여워하며 함께 준영이를 돌보게 되자, 아이가 점점 웃는 횟수가 많아지고 눈 맞춤도 증가하며 이모를 어머니보다 더 잘 따르게 되었다.

필자가 처음 준영이를 보았을 때, 아이는 무표정한 데다 말을 전혀 하지 않았고, 타인에게 눈길 한번 주지 않고 혼자서 레고 블록만 끼우며 놀았다. 어머니가 불러도 별로 반응이 없었고, 필자가 함께 놀이를 유도해도 등 돌리고 앉아 필자의 접근을 거부했다. 그런데 비눗방울 놀이로 관심을 유도하자, 아이는 필자에게 처음으로 관심을 갖고 반응하기 시작했다. 다른 놀이에도 조금씩 관심을 보이며 필자와는 어느 정도 관계가 형성되었다. 하지만 어머니와의 놀이에서는 별로 반응을 보이지 않아 어머니를 안타깝게 했다. 준영이는 언어평가, 발달평가 등 여러 가지 검사를 시행하고 적절한 치료적 개입을 하여, 1년이 지난 지금은 언어 능력이 많이 향상되고 일반 유아원에서도 그럭저럭 적응하고 있는 상태이다. 이와 같이 주변 사람과의 활발한 상호작용이 많이 필요한 시기에 주 양육자와 오랜 기간 분리되거나 함께 있어도 상호작용을 잘할 수 없는 상황에서는 아동의 정서적, 사회적 발달에 심각한 문제가 발생할 수 있다.

이 시기의 아동에게서 또 하나 간과할 수 없는 흔한 스트레스는 형제들과의 갈등이다. 특히 형제 사이의 터울이 짧거나 한 아이가 아파서 다른 아이를 제대로 돌보지 못할 경우에 문제가 발생한다. 흔히들 형제나 자매는 자연적으로 서로 좋아하게 된다고 생각하지만, 부모의 사랑을 두고 서로 경쟁하는 관계라는 점에서는 필연적인 '라이벌'이 될 수밖에 없다. 아동이 부모의 사랑을 동생과 함께 나누어야 한다는 사실을 받아들이는 것은 적어도 만 3세 이후에야 가능하다. 예전에는 여러 자녀를 두었기 때문에 터울이 짧아도 큰아이가 자연스럽게 동생들을 돌보거나 주변에 아이를 돌볼 수 있는 사람들이 많아 큰 문제가 없었다. 하지만 요즘은 핵가족화 되면서 바쁜 부모 외에는 아이들을 돌봐 줄 사람이 거의 없다. 게다가 형제도 단 둘인 경우가 대부분이므로 누가 부모의 사랑을 더 받는가 하는 비교가 강렬하게 대비된다.

4살 터울의 두 아들을 두고 있는 필자는 둘째 아이 출생 후 큰아이 때 쓰던 아기 요와 이불을 동생에게 주었다. 그런데 큰 아이가 서운해 하며 왜 자기 허락도 안 받고 동생에게 주냐며, 아예 한 달간 작은 요에서 웅크리고 자던 모습이 떠오른다. 꽤 터울이 나는데도 동생을 마음으로 받아들이는 데 오랜 시간이 걸렸고, 지금도 가끔 동생만 좋아한다고 불평한다. 또한 필자의 외래 방에는 조그만 아기 인형들이 많은데, 1년 아래 동생이 자주 아파서 어머니가 동생에게만 신경 쓰는 바람에 소외되었던 형이 내 앞에서 아기 인형들을 던지거나 머리를 잘근잘근 씹어 버리는 모습을 그 아이 어머니와 함께 놀라서 쳐다본 적이 있다. 어머니가 눈물을 글썽이며 저렇게 가슴에 상처가 있는지도 모르고 동생을 자주 때리고 전혀 양보를 안 해 많이 혼내고 때렸다며 가슴 아파 했다.

이렇듯 어린 아동들은 자신의 불만을 말로 표현하지 못하기 때문에, 부모의 세심한 관심과 현명한 판단만이 이런 문제를 사전에 예방할 수 있다. 형제자매의 사이가 원만하게 키우려면 가급적 터울을 2-3년 이상 유지하고, 둘째 출생 후 약 6개월까지는 동생보다 큰 아이 위주로 키워야 큰아이가 동생에게 잘 적응할 수 있다. 어머니가 몸조리하는 동안 큰아이를 할머니 댁에 아예 떨어뜨려 놓는 것도 위험하다. 가급적 어머니가 옆에 있고 아기를 다른 사람이 돌봐주는 것이 더 바람직하다. 그리고 큰아이가 동생에게 질투를 하더라도, 이는 자연스러운 현상이므로 너무 나무라지 말고, 동생에게 부모의 사랑을 모두 빼앗기는 것이 아니라는 것을 잘 이해시키는 지혜가 매순간 필요하다.

(2) 학령기 아동의 스트레스

아동이 학교에 입학하게 되면 이전과는 다른 많은 책임과 기대가 주어진다. 아침에 일찍 일어나 등교시간을 지키고, 적어도 40분 이상 앉아서 수업에 몰두해야 하고, 친구들과도 양보하며 잘 지내야 하고, 준비물도 챙겨야 한다. 그런데 이런 일들은 어른들이 생각하듯 마냥 쉬운 일이 아니다. 주위의 요구에 잘 대처하기 위해서 아동은 충동을 적절히 조절하고 새로운 지식을 습득하는 일에 흥미를 유지할 수 있는 능력, 타인과 관계를 잘 맺을 수 있는 사회성도 요구된다. 대부분의 아동이 이런 기술들을 익히고 입학하게 되지만, 학령전기에 적절한 훈련과 성숙이 부족한 경우 학교에 가는 것조차 큰 스트레스가 될 수 있다.

학습 능력은 우리 사회에서 몹시 중요시되기 때문에 학생이나 그 부모에게 최고의 관심사가 된다. 아동은 학습 성취 정도에 민감하다. 특히 학령기는 자아상 형성에 중요한 시기이다. 그래서 만일 자꾸 학습에서 뒤처지게 되면 자신감이 결여되고 '나는 모자라는 아이'라는 식의 부정적 자아상을 형성하기 쉽다. 아동의 학습 능력은 타고난 지적 능력'에 의해 좌우되는 면이 많지만, 정상 범위의 지능을 가진 아동이라면 동기, 학습 습관, 학습 자극 등에 의해 학습 능력이 달라질 수 있다. 필자는 학업 부진으로 병원을 내원하는 학생들을 흔히 본다. 그들 중에는 지능이 정상 이상이라도 뇌의 특정 기능-예를 들어 집중력, 시·지각 통합능력 등-의 문제로 인해 학업 능률이 떨어지거나, 아니면 여러 원인-정서적 문제, 잘못된 학습 자극 등-에 의해 학습 동기가 저하되어 잠재 능력을 제대로 발휘하지 못하는 경우가 비교적 흔하다.

특히 요즘은 어려서부터 조기교육을 시키는 추세인데, 아동의 특성을 고려하지 않고 너무 조기에 부적절한 학습 자극이 제공되는 경우, 아동의 학습 동기를 심하게 저하시켜 아예 학습과 관련된 자극을 회피하게 된다. 예를 들어, 아동은 개인마다 발달되는 뇌 영역의 속도가 다르기 때문에 언어영역이 먼저 발달되는 아동이 있고, 숫자 개념이나 시·지각 통합능력이 먼저 발달되는 경우도 있다. 이런 개인차를 무시하고 어려서부터 다른 아이와 모든 영역에서 비슷하게 따라갈 것이라는 가정 하에서 학습을 시키다 보면, 잘 안 되는 영역에서 부모는 자기도 모르게 아동을 힘들게 하여 학습에 대한 흥미를 저하시키는 결과를 초래한다. 평범한 부모의 눈으로는 아동의 이런 인지적 특성을 파악하기가 어렵기 때문에, 어린 아동을 교육시킬 때 아동이 아주 힘들어하고 거부가 심할 때는 일단 학습을 멈추고 왜 거부하는지 이유가 명확해진 이후에 다시 시작하는 것이 원칙이다.

민호는 초등학교 1학년 때 학교에서 바닥에 드러눕고 글씨 쓰기를 거부했는데, 교사가 체벌을 가한 뒤부터 등교를 거부해 병원에 내원했다. 아이는 어려서부터 그림 그리기, 글씨 쓰기 등을 아주 싫어했다고 한다. 어머니는 자꾸 아이가 다른 아이보다 이런 영역에서 뒤지는 것이 불안해 억지로 때려가며 가르쳤고, 그 후부터는 아예 학습시키려는 분위기만 형성해도 울면서 거부를 했다. 여러 가지 검사 결과 민호는 우수한 지능을 가졌으나 시·지각적 통합 능력이 저하되어 정확하게 문자를 인식하는 게 어렵고, 손의 미세협응 운동 능력이 떨어져 글씨를 쓰는 것 자체가 어려운 아동이었다. 검사 당시 아이는 전보다 이런 능력들이 향상되어 있어 검사 상에서 심한 기능의 저하는 없었으나, 학습 자극 자체에 대한 거부감이 너무 심해 더 이상 쓰기와 그리기 능력을 발달시킬 수 없는 상황이었다. 치료는 우선 학습 자극에 대한 거부감을 없애는 것부터 시작하여 차차 쓰기와 그리기 자극에 익숙해지도록 진행했다. 차라리 민호의 어머니가 아동이 거부할 때 억지로 시키기보다는 좀 더 기다렸다가 시작하는 편이 도움이 되었으리라고 생각되는 사례이다.

아동이 어느 영역에서 다른 아이보다 뒤지는 경우 일반적으로 부모 입장에서는 어떻게 해서라도 끌어 올려야 한다고 생각한다. 하지만 아직 빠른 성장 과정 중에 있는 아동들은 뇌가 성숙할 때까지 기다렸다가 가르치는 것이 더 효율적이다. 어려서부터 유난히 운동 발달이 느린 소희는 어머니가 이를 보완하기 위해 수영을 열심히 가르쳤다. 하지만 아이는 물 자체를 거부하여 포기했고, 그러다가 초등학교 2학년 때 다시 시도했는데 아이가 흥미를 느끼고 진도도 빨라 별 문제 없이 적응했다고 한다. 소희 어머니는 "괜히 어릴 때 조급하게 아이를 몰아친 것 같아 아이에게 미안하다."라고 말했다. 현재 소희가 보이는 학습에 대한 거부는 자신의 탓이 크다고 느끼고 있다.

물론 어릴 때의 학습 문제를 무조건 방치하라는 의미는 아니다. 단지 부모가 잘 모를 때는 아이의 상태에 맞춰 가며 학습을 시키는 것이 현명하다는 말이다. 다른 아이들보다 너무 늦거나 문제가 심각할 때는 조기에 전문가와 상담하여 아이의 문제가 어디에 있는지 찾아서 원인에 따라 대처하는 것이 필요하다. 이 외에도 아동이 학습 능력을 제대로 발휘하기 위해서는 학습 습관을 잘 익히게 해야 한다. 1학년 때부터 공부시간을 일정하게 정해 놓고 처음에는 어머니가 곁에서 함께 도와주다가 점진적으로 스스로 할 수 있게 격려하는 것이 좋다. 처음부터 혼자서 제대로 알아서 하는 아동은 드물며, 특히 다소 산만한 남자 아이들은 더 많은 노력과 시간을 들여야 자율적인 학습 습관을 가지게 된다.

학습 능력 이외에도 학령기 아동들은 친구 관계를 잘 형성하는 능력이 요구된다. 저학년 때에는 남자 아이, 여자 아이들끼리 여러 명이 어울려서 노는 경향을 보이다가, 고학년이 되면 몇몇 친구들과 서로 공통의 관심사를 가지고 깊이 있게 사귀게 된다. 최근에 우리 사회를 놀라게 했던 집단따돌림 현상이 유행하면서부터 친구들과 잘 못 어울린다며 전문가를 찾아 상담하는 경우가 부쩍 증가했다. 자연스럽게 골목에서 서로 어울리며 또래 관계를 형성할 수 있었던 과거와는 달리, 요즘은 친구를 구하기 위해 학원 다닌다는 말이 나올 정도로 친구를 구하기조차 어려워졌다. 더구나 집에 형제가 많은 것도 아니어서 비디오를 보거나 컴퓨터 게임을 하는 등 주로 혼자서 노는 경우가 흔하다. 인간은 사회적 동물이라는 점을 고려할 때 현대 사회는 어린 아동이 자연스럽게 형제나 친구들과 어울리면서 사회성을 발달시켜 나갈 수 있는 기회가 줄어들어, 타인과 적당히 타협하며 친밀하게 지낼 수 있는 능력을 개발시키기 어려워지고 있다. 더구나 조화로운 팀워크보다는 개개인의 독창성을 더 중요시하는 쪽으로 사회의 가치관이 변하고 있으므로, 점점 더 혼자 지내는 생활에 익숙해질 것으로 예상된다.

결혼 생활, 친구 관계 등 상호 의존적인 기존의 관계들에서부터 많은 변화가 오면서, 결국 인간은 더욱 합리적인 생활을 누릴 수 있지만 점점 더 외로움을 많이 느끼게 될 것이다. 필자는 어릴 때부터 성격 문제나 부모와의 관계 형성의 문제점들로 인해 사회성 발달에 많은 문제가 생겨, 결국 친구와 어울리지 못하고 우울해하거나 아예 컴퓨터 게임에 중독되다시피 하루 종일 혼자서 게임만 하는 아동들을 가끔 접하게 된다. 이런 아동들도 처음에는 친구와 지내기보다는 혼자 노는 것이 좋다고 말하지만, 마음속 깊숙한 곳에서는 항상 외로움으로 인해 친밀한 인간관계를 그리워하고 있다는 것을 집단 치료 과정을 통해 엿보게 된다. 초기에는 서로 어색해 하며 타협과 양보를 못 해서 속상해 하지만, 점점 자기편도 만들고 함께 게임을 하면서 기뻐하는 등, 시간이 지날수록 또래관계를 형성해 나가는 즐거움을 맛보게 된다. 아동들은 친구들과의 관계에서 자신의 장단점을 발견하고, 건전하게 경쟁도 하고 공통의 관심사를 통해 협동 놀이를 하는 등, 미래의 생산성에 몹시 중요한 점들을 배우게 된다. 이런 과정을 잘 겪지 못한 아동은 아무리 똑똑해도 사회생활을 하면서 겪게 되는 조그만 갈등도 해결하지 못해서 자신의 유능함을 제대로 발휘하지 못하게 될 수 있다. 따라서 자녀를 둔 부모님들은 아동을 유능한 인재로 키우기 위해서는 지적 능력 개발과 사회적 유능함을 동시에 갖도록 배려하는 현명함이 필요하다. 이 두 가지 영역을 골고루 개발시키는 것은 결코 쉬운 일이 아니다. 부모의 감수성, 성실함, 가치관, 판단력이 등이 골고루 요구되는 일이다.

사회성을 발달시키기 위해서는 앞서 언급했던 대로 부모와 긍정적인 관계를 형성하는 것이 중요하다. 유아기 때부터의 아동과 부모 사이의 관계를 기본으로 하여 타인이나 또래와의 사회성으로 발전되기 때문이다. 이후 또래 관계를 발달시키기 위해서는 유치원에서뿐 아니라 동네 아이들도 집으로 자주 초대하고, 집안 모임에서도 친척들을 자주 접하게 하여 여러 사람들과 어울릴 기회를 제공해 주어야 한다. 그리고 친구 관계에서 어려움이 생겼을 때는 자세히 들어 보고, 필요하면 그 친구를 초대하거나 친구의 부모에게 이야기하여 오해를 풀고 넘어가도록 가르치는 것이 좋다. 이를 위해서는 어머니가 개방적이고 주위 사람들과 잘 어울리는 것이 필요하다. 주위에서 사회성이 발달한 아동은 그 부모 역시 사회성이 좋은 것을 흔히 볼 수 있다.

이상에서 아동기에 흔히 겪을 수 있는 정신적 스트레스의 종류와 그 대처 방안에 대해 기술했다. 스트레스를 예방하여 아동이 정신적으로 건강하게 자라서 성인기에 자신의 잠재 능력을 모두 발휘할 수 있도록 잘 양육하는 것이 현대를 사는 부모들의 지혜일 것이다.

◆ 과잉 조기 교육열

예나 지금이나 치열한 대학 입시와 더불어 과중한 사교육 부담은 학령기 자녀를 둔 부모라면 누구나 걱정하는 우리 사회의 문제이다. 최근에는 과열된 교육열이 점점 더 어린 아동에게까지 번지며 더 많은 문제들을 낳고 있다. 심지어 분유 광고에도 두뇌발달을 촉진시킨다는 내용이 빠지지 않는다. 어릴수록 뇌의 성장이 활발하므로 이때를 놓치면 평범한 아이로 자라게 된다는 부모들의 불안이 일반화되어 있다. 그 결과 모국어도 제대로 습득하지 못한 유아가 종일 영어 비디오를 보며 자라고, 아직 사고의 개념도 제대로 형성되지 않은 어린 아동들이 글자나 숫자를 외우느라 여념이 없다. 지금의 성인들은 "개구쟁이라도 좋다. 튼튼하게만 자라다오."라는 사회 분위기에서 성장했었는데, 지금 우리 사회는 왜 어린 아이들에게 이렇게 조급증을 내고 있는지 뒤돌아보는 지혜가 절실하다. 또한 이러한 조급증이 어린 아동들의 정신적 발달에 어떤 영향을 미치게 되는지, 그에 대한 어른들의 정확한 이해도 중요하다. 과연 부모들의 마음대로 어릴 때 가르쳐야 더 똑똑하게 되는 것일까? 오히려 부작용만 생기는 것이 아닐까?

최근 뇌 과학이 많이 발달했다. 뇌 과학에 의하면 우리 인간의 두뇌는 다른 장기와 달리 출생 이후에도 환경과 상호작용을 하면서 사춘기까지 그 구조와 기능이 계속 성장, 변화한다고 한다. 또한 연령에 따라 뇌의 발달 부위가 다른데, 유아들은 본능 조절과 충동, 감정 조절 등의 역할을 담당하는 뇌의 안쪽 부분이 주로 발달하며, 만 3-4세가 지나야 사고를 담당하는 대뇌 피질부가 발달하게 된다. 이러한 과학적 근거를 바탕으로 본다면, 만 5세 미만의 어린 아동들에게 사고력을 요구하는 학습과제는 그다지 효율적이 아니라고 할 수 있다. 대신 주변 사람들과의 교류를 통해 자신의 본능, 감정, 충동 등을 조절·통제하는 것을 배우고, 그 결과 기본적인 인간다운 소양을 갖도록 하는 것이 어린 아동에게는 더 중요한 과제이다. 오히려 아직 논리적으로 사고할 준비가 되어 있지 않은 상태에서 지식 교육을 많이 시키면, 그 자체가 아동에게 스트레스로 작용하여 오히려 창의적인 생각을 앗아갈 위험이 크다.

혹자는 아이가 스스로 좋아해서 책도 읽히고 글자 공부, 영어 공부 등을 시켰다고 하는데, 사실 이 시기의 아이들은 어머니가 좋아하는 것이라면 무엇이든 하려는 동기가 강한 시기이다. 따라서 어머니를 기쁘게 하기 위해 이해가 가지 않는 지식들을 무작정 외워 버리고, 결국 스트레스로 인한 다양한 정신 증상을 보이게 된다. 이러한 정신적 스트레스가 두뇌 발달에 악영향을 미치고, 심지어 기억을 담당하는 해마라는 부분이 손상되어 기억력이 저하된다는 사실을 알고도 어린 자녀에게 조기 과잉학습을 시킬 부모가 있을까?

또한 어린 아동들이 자신에게 버거운 학습을 계속 하게 되면 자신감이 저하되고 자아상이 부정적으로 변해, 성장 후 조그만 어려움에도 쉽게 좌절하는 경향을 보인다. 이렇게 인내력이 부족한 아동들은 친구 관계에서도 원만하지 못하고 어려운 문제가 나오면 쉽게 포기하기 때문에 학습 능력도 고학년이 될수록 떨어진다. 결국 인생이란 긴 여정을 고려한다면, 어린 시절에 자신은 무엇이든지 할 수 있다는 자신감, 매사에 호기심이 많아 새로운 지식을 습득하는 일에 적극적인 태도, 다른 사람과 다르게 사고할 수 있는 창의력 등을 키워야 진정으로 유능하고 행복한 사람으로 성장할 수 있다.

따라서 오히려 예전처럼 아이가 초등학교 입학 전까지는 신나게 뛰어 놀고 마음껏 상상의 날개를 펼치도록 기르는 것이 아이의 두뇌 발달이나 성격 형성에 더욱 도움이 된다. 선진국에서는 이런 원리 하에서 충실하게 유아교육을 시킨다. 그래서 어린 아동들에게 알파벳을 가르치는 것은 창의성을 저하시킬 가능성이 크다고 유치원에서는 금하고 있다. 자국에서도 가르치지 않는 알파벳을 오히려 어린 나이부터 암기하고 있는 우리 현실의 모순을 심각하게 반성해야 할 것이다. 사실 많은 부모님들이 사교육비 부담에 버거워하고 아이들에게 너무 스트레스를 주는 것 같아 걱정한다. 하지만 옆집 아이도 하는데 우리 아이는 안 시켜서 나중에 뒤지면 어떻게 하나 하는 불안 심리 때문에, 아이에게 별로 도움도 되지 않는 교육을 시키곤 한다.

개개의 부모들이 모두 아동에게 올바른 교육이 무엇인가를 깨닫고 불필요한 경쟁을 하지 않는다면, 과잉 조기 인지교육으로 인한 폐해는 없어질 것으로 본다. 우리의 아이들이 살아야 할 인생은 길다. 생의 초반에 몇 발자국 앞서는 것이 큰 의미가 없다는 평범한 진실을 모두 깨닫는다면, 각 아동의 잠재 능력을 개발하여 유능한 인재로 기를 수 있는 성숙한 사회로 변할 것이라고 믿는다.

◆ 가족구조와 가정문화의 변화

아동의 양육은 가정에서 일차적으로 이루어지므로, 가족구조와 문화의 변화는 가장 먼저 아동의 발달에 영향을 미친다. 핵가족화, 여성들의 사회 참여, 경쟁적이고 바쁜 사회 분위기 등의 변화는 우리의 가족문화에 많은 변화를 일으키고 있다. 특히 어린 아동의 입장에서는 이런 변화에 적응하는 것이 과거보다 더 어려울 수 있다.

역사적으로 2차 세계대전 이후 양육 환경이 매우 열악한 고아원에서 자란 아이들의 임상 양상들이 발표되면서, 뇌 발달에 있어 초기 양육 환경의 중요성이 처음으로 알려졌다. 골드파르브(Goldfarb)는 모성 박탈을 경험한 경우에 감정, 인지적인 저하를 보이며 정신분열증의 위험도도 증가된다고 했다. 슈피츠(Spitz)는 어렸을 때 고아원에서 자란 아이들의 경우에 부적절한 감정 반응, 집중력 장애, 자해 행동과 같은 행동의 문제, 반복적인 행동 문제를 보인다고 했다. 또한 이들 중 상당 부분은 성인이 된 후에도 감정적·사회적 영역에서 장애를 보인다고 했다. 이러한 일련의 연구들이 진행되면서 바우블리(Bowlby)는 애착 이론을 주장했고, 이로써 감정 발달에 있어 주 양육자와의 관계의 중요성이 알려지게 되었다.

어린 시절에 아동이 주 양육자와 안정된 관계를 맺어야만 인간으로서의 기본이 제대로 형성된다는 것은 발달 이론의 기본이다. 하지만 우리 현실은 너무나 많은 유아들이 마음의 준비가 되지 않은 상태에서 주 양육자와의 분리를 경험하고 있다. 과연 이런 조기 분리가 아이들의 발달에 어떤 영향을 미칠까? 이에 대한 연구 결과 역시 매우 다양하여 한 가지로 확답할 수는 없다. 아동이 처한 상황과 아동이 타고난 바탕 등에 따라 다를 수도 있고, 어머니를 대신하는 양육자 혹은 양육 기관의 질에 따라서도 큰 차이를 나타낼 수 있다. 하지만 분명한 것은 과거에 충분히 어머니와 많은 시간을 보낼 수 있었던 시기에 비해서는 여러 모로 위험 요소가 많은 것이 사실이다.

대체로 애착을 경험하지 못한 아이들은 감정을 드러내지 않고 수줍어하는 경향이 많다. 부모들이 감정 표현이 서툰 아이들을 '내성적인 성격'으로 여기는 이유가 여기에 있다. 그런데 수줍음은 두뇌에서 다양한 감각 경험의 조각들을 모아 배치하지 못한 탓일 수도 있다. 감정에 관련된 정보들이 결속되어 연결되지 못하면서, 감정적인 행동에 중요한 구실을 하는 편도가 제대로 기능을 못 한다는 것이다. 특히 유아기에 자신이 원하는 것을 이루지 못한 기억은 뇌의 깊은 곳에 형성돼 쉽게 지워지지 않는다. 뇌의 발달에도 영향을 끼쳐 성인기에 왼쪽 해마회의 크기가 보통 사람들보다 12%가량 작다는 연구 결과도 있다.

이처럼 정서 발달 과정에서 감정을 제대로 경험하지 않으면 뇌에서 스트레스를 조절하는 수용체가 활성화되지 않는다. 애착을 경험하지 못한 아이가 무감각해지거나 만성 흥분 상태에 빠지는 이유가 여기에 있다. 이런 아이들은 "똑바로 쳐다보라"는 호통에 시달리기도 한다. 감정 정보처리에 중요한 구실을 하는 편도체 부위가 더디게 활성화되는 까닭에, 상대방을 똑바로 쳐다보지 않고 얼굴을 돌려 이야기를 하기 때문이다. 얼굴을 마주 보는 것에 대한 정서적 부담을 느끼는 것이다. 놀랍게도 얼굴을 돌려 이야기할 때 인지적 처리활동 수준이 높아져 현명한 대답을 한다는 연구 결과도 있다.

최근에는 살아 있는 뇌를 정밀하게 들여다보는 양전자단층촬영(PET) 같은 장치들이 잇따라 개발돼 감정과 뇌 발달 사이의 연관성을 밝히려는 연구가 활발하게 이뤄지고 있다. 이 과정에서 정서적인 반응에 취약한 아이들의 뇌에서는 감정의 인지에 관련된 대뇌 변연계에서 물질대사가 활발하지 않은 것으로 밝혀지기도 했다. 극단적인 환경에서 자란 아이들의 뇌 변화를 일반화할 수는 없을지라도, 적절한 정서적 유대관계를 맺지 못하면 뇌에서 감정을 처리하는 데 어려움을 겪을 게 틀림없다. 만일 시냅스의 재배치가 이뤄지는 10대 시절에 감정처리에 어려움을 겪는다면, 평생 분자의 교란에서 비롯되는 뇌의 오작동에 시달릴 수밖에 없다. 10대 시절에 문제가 생기면 평생 오작동하는 것이다.

또한 이혼 가정이 늘어나면서 양쪽 부모와 헤어져 살아야 하는 아동들이 늘고 있다. 부모의 입장에서는 피치 못할 사정으로 이혼을 하고 새로운 삶을 추구할 권리가 있으나, 아이의 입장에서는 신뢰하던 부모와의 이별을 감내해야 하는 아픔이 있다. 더구나 이런 상황에서 아이들 문제가 가볍게 다루어지고, 심지어 부모들이 아동 양육을 포기하거나 다른 사람에게 맡겨 버리는 경우까지 있다. 이렇게 부모가 자신의 아이를 보호하지 못하면 사회가 그 역할을 담당해야 하는데, 우리 사회는 그런 제도적 배려 또한 없다. 이런 상태가 계속되면 결국 아이들만 손해를 보게 되고, 아이들의 정신적 상처는 훗날 우리의 사회 문제로까지 이어진다. 과연 해체되어 가는 가정과 그 과정에서 고통 받는 아이들을 위해 우리가 어떤 대안을 제시할 수 있을 것인가? 현재로서는 뚜렷한 해답이 없이 안타까울 뿐이다.

부모들은 바쁘게 쫓기고 있는데, 이렇게 바쁜 부모 외에는 아이를 양육할 사람이 없다는 상황 역시 현실적인 문제이다. 과거에는 꼭 부모가 아니라도 아이들을 돌보는 사람이 곳곳에 존재했었다. 동네 어른들, 주변의 친척들, 조부모 등 아이들 옆에는 돌봐줄 수 있는 어른들이 항상 함께하고 있었다 해도 과언이 아니다. 그런 까닭에 부모가 다소 여유가 없더라도 아이는 어디선가 관심과 사랑을 받을 기회가 있었다. 하지만 지금은 단지 부모의 관심만 있을 뿐이다. 더구나 함께 놀 수 있는 동네 친구들도 없는 형편이므로 아이들은 더욱 부모에게 매달릴 수밖에 없다. 그런데 그 부모는 과거보다 일과 시간에 쫓기고 있는 것이다. 이런 상황이 반드시 아동의 정신적 발달에 심각한 문제를 초래한다는 과학적 연구 결과는 없으나, 진료실에서의 임상 경험을 통해 문제의 심각성을 느낄 수 있다. 예를 들어, 형제간의 치열한 경쟁심은 과거 어느 때보다 강하며 sibling rivalry로 인한 정신적 문제로 병원을 찾는 아동을 자주 접하고 있다. 즉 이런 경우 혼자 받아도 부족한 부모의 관심을 형제와 나누어야 하는 것이 아동 입장에서는 도저히 참을 수 없는 문제이며, 이런 상황이 계속되면 두 아이 모두의 발달에 악영향을 미칠 수 있다.

◆ 아동 보육 및 교육의 질적인 문제

위에서 말한 대로 이제는 가정에서 아이의 육아를 책임지는 시대에서 사회가 책임지는 시대로 바뀌고 있는데, 이에 대한 현실적 준비는 몹시 부족하다. 가장 대표적인 문제가 좋은 보육 및 교육 시설이 부족하다는 점이다. 어린 아동을 부모 대신 돌봐주는 보육시설은 물리적 환경보다 그 시설을 운영하는 무형의 정신적 환경이 더욱 중요하다. 현재 유아 보육시설을 담당하는 교사들의 질적인 면을 높이는 것은 중요한 사안이다. 특히 아이들의 발달에 대한 이론적인 면보다는 실제적인 경험과 지식이 더욱 요구되는데, 이에 대한 보수교육은 부족한 실정이다. 또한 이미 정신적 문제가 있거나 보육 시설에 제대로 적응하지 못하는 아동을 위해 정신건강 전문가와의 연계 시스템과 이를 위한 교사 교육이 절실하다.

정부는 아동 보육시설을 과거보다 양적으로 많이 늘리는 정책을 가지고 있는데, 질적인 측면을 고려하는 면은 아직 부족하다. 아이들은 안전하게 보호되고 잘 먹이는 것 이외에도 정신적인 측면을 고려하는 교육이 필수적이다. (어쩌면) 미래 우리 사회의 생산력을 높이기 위해서는 영재교육 시행보다 일반적 유아 보육시설에 투자하는 것이 훨씬 더 효율적일 수 있다. 아직도 우리 사회는 미래의 자원을 위해 투하는 것이 필요하다는 관심과 의지가 부족하다. 선진국에서는 벌써부터 어린 시절 교육의 중요성을 깨닫고 이를 위해 많은 투자를 하고 있다. 우리가 선진국에 비해 기술력이 부족하여 경제적 성장의 한계를 보이고 있는데, 지금처럼 어린 아동의 교육에 대한 지원을 하지 않는다면 영원히 우리는 선진국을 따라잡을 수 없을 것이다. 특히 미래는 창의적인 아이디어와 첨단 기술력이 국가 경쟁력의 척도가 될 텐데, 자원을 어릴 때부터 제대로 기르기 위한 사회적 투자는 이런 중요성에 비해 턱없이 부족하다.

◆ 비디오, 텔레비전, 컴퓨터 오락 등의 영향

요즘 아동들의 놀이문화를 보면 과거와는 판이하게 다르다. 어려서부터 텔레비전이나 비디오가 친구를 대신하고, 좀 더 자라서는 컴퓨터 오락이 가장 좋아하는 놀이가 된다. 이러한 것들이 아동 발달에 미치는 영향에 대한 연구 결과들을 살펴보면 별로 바람직하지 않다는 쪽이 우세하다. 하지만 현실에서 이를 피할 수는 없다. 특히 한국에서는 조기 교육의 수단으로 비디오를 통한 간접 경험을 선호하기 때문에, 어떻게 하면 아이들에게 피해가 덜 가도록 할까 하는 대안을 제시할 필요가 있다. 최근 소아정신과 병원을 찾는 유아 중 상당수가 어릴 때부터 장기간 비디오를 시청한 것과 관련된 발달 문제를 보인다. 따라서 일반 대중에게 이에 대한 홍보와 교육을 하는 것이 시급하다.

◆ 지역사회 환경 및 또래 문화의 결여

한국 도시 지역의 주거 환경에서 아동들을 위한 배려는 거의 없다. 좁은 주택가 도로에 많은 차들이 달리고 있어 뛰어 놀 공간이 거의 없다. 심지어 아파트 생활을 하는 경우 집에서조차 큰 소리를 내지 못한다. 아동들은 성인에 비해 신체적 활동량이 많아서 이를 적절히 방출하지 못하면 긴장도가 높아져 정서 발달에 많은 지장을 준다. 제대로 신나게 신체 활동을 하지 못하는 아이들은 성격이 까다롭고 매사에 짜증이 많은 아이로 자랄 가능성이 높다. 이러한 물리적 환경 이외에도 편하게 어울릴 수 있는 또래 친구들이 주위에 없다 보니, 친구 만나러 학원에 간다고 할 정도이다. 형제 수도 적고 친구조차 많지 않은 상황에서 아이들의 건전한 사회성 발달을 기대하기란 힘들다. 최근의 집단따돌림 현상이나 타인에 대한 배려가 점점 없어지고 공격성이 많은 아동이 늘어가는 것은 이러한 사회 현상과 무관하지 않다. 이런 환경적 문제를 개선하기 위해서는 정부가 영유아 교육 시설과 초등학교 운동장을 넓히고 체육 활동을 늘리는 것이 필요하다. 그런데도 우리의 정책은 오히려 역방향으로 흐르고 있어 심히 우려가 된다.

◆ 아동 발달 및 교육 관련 전문가들의 역할

위의 문제점들을 해결하기 위해서는 아동 발달 및 아동 교육과 관련된 전문가들의 노력이 과거 어느 때보다 중요하다. 아동 교육 및 발달의 중요성에 대해 무관심하거나 잘못 인식하고 있는 우리 사회에 이것을 알리고 대안을 마련하는 것은 전문가들의 몫이다.

첫째, 어린 아동들의 인권을 보호하기 위해서는 전문가들이 올바른 육아 문화 정착을 주도해야 한다. 현재 우리의 육아 문화는 당사자인 부모(특히 어머니)와 육아와 관련된 사업체들이 주도해 나가고 있다. 따라서 한정된 육아 지식을 가진 부모가 자본의 논리에 충실한 유아 관련 사업체들의 주장을 따르게 되기 십상이다. 이러한 방향으로 흘러간다면, 아동의 발달을 효율적으로 촉진하기보다는 어른들의 욕심에 의해 이끌려 갈 가능성이 많아진다. 지금은 아동 발달 및 교육 전문가들이 그 방향성을 설정하는 데 중요한 몫을 담당해야 한다. 그동안 전문가들은 자신들의 테두리 속에서 연구와 교육을 담당해 왔기 때문에 사회 참여도가 높지 않았다. 또한 여러 전문가들이 서로 연계하여 공동의 노력을 기울이는 점도 부족했다. 한 아동을 제대로 기르기 위해서는 여러 분야의 전문가가 필요하고, 이 전문가들이 서로 팀을 이루어 협력하는 시스템을 마련해야 한다. 이는 몹시 중요한 일이다.

필자는 소아정신과 의사로서 주로 심한 정신적 문제가 발생한 아이들을 치료하는 일을 담당하고 있다. 하지만 임상 심리사, 발달 심리사, 음악 치료사, 특수교사, 유치원 교사 등 여러 분야의 전문가들과 협력하여 아동을 돕고 있다. 반대로 아동 교육에도 의학적 지식을 추가하면 도움 되는 경우가 많다. 이렇게 서로 팀을 이루어 다각도로 접근(multiple team approach)할 수 있도록 시스템을 만드는 것도 전문가들의 노력에 의해서만 가능한 일이다.

둘째, 조기 전인교육에 대한 대안을 마련하고, 이를 위해 체계적으로 연구해야 한다. 현재 우리나라 유아 교육의 현실은 인지 교육에 치우쳐 있어서 많은 아동 발달 전문가들이 우려하고 있다. 하지만 이러한 우려들을 과학적으로 검증하는 과정을 거쳐야 그 힘을 발휘할 수 있다. 이런 연구 역시 여러 분야의 전문가들이 함께하는 것이어야 하며, 실제적이고 구체적인 목표를 지니고 있어야 한다. 예를 들어 조기 인지 교육이 아동 발달에 미치는 영향에 대한 연구는 당장 필요하다. 의학적 측면의 두뇌 발달과 정신적 문제를 연구하는 팀, 정상 아동의 발달에 미치는 영향을 연구하는 팀, 유아 교육과 관련된 연구를 하는 팀 등이 각자 전문 분야를 맡아 연구하고 그 결과를 종합해야 실제적인 연구가 가능하다. 이런 연구를 통한 결과를 바탕으로 현재 우리 유아 교육에 대한 방향성을 설정하고 대안을 마련해야 할 것이다.

셋째, 정부와 일반 국민을 대상으로 한 홍보가 필요하다. 특히 정부에 우리의 육아 문화에 대한 문제점을 제시하고 이를 해결하기 위한 연구재원 마련, 정책개발 등을 요구해야 한다. 현재 정부는 초등학교 이상의 교육 문제를 해결하기에도 급급한 상태이므로 이보다 어린 아동에 대한 투자는 뒤로 밀리게 된다. 하지만 인격 형성의 가장 기본이 되는 유아기부터 제대로 양육과 교육이 이루어지지 않으면 학령기에 많은 어려움이 있을 수 있다는 점을 강조하고, 선진국에서도 이런 추세를 반영하여 Early Head Start 프로그램에 많은 투자를 하고 있다는 점을 주지시키는 것 또한 전문가들만이 할 수 있는 일이다. 대중을 위한 교육 및 홍보도 중요한데, 이를 위한 프로그램 역시 여러 분야의 전문가가 함께 만들어 가며 NGO, 시민 사회단체 및 언론 등과 함께 해나가는 것 역시 필요하다.

넷째, 유아 보육시설을 담당하는 원장과 선생님들을 계속 교육하고, 정신건강 전문가들과 실제적인 연계 체제를 마련하는 일이 시급하다. 만 3세가 안 되는 어린 아동들이 보육시설로 많이 몰리고 있는 데다, 이미 가정에서부터 정신적 문제가 발생한 아동들이 증가하기 때문에, 이들의 적응을 위한 노력을 보육시설에서 담당해야 하는 실정이다. 따라서 담당 교사들에게 실제적인 상담 기술을 어느 정도 터득하게 하고, 정신적인 문제를 가진 아동에 대한 이해를 높이는 것이 몹시 중요하나 아직 부족한 것이 현실이다. 또한 소규모 놀이방이나 학원 등에 대한 규제와 질적 관리를 의무적으로 하는 규정을 마련하도록 정부에 요청하고, 이를 위한 체계적 자료를 준비하는 것도 전문가들이 협력해서 추진해야 할 일이다.

이상에서 한국 유아의 현재 상황과 그 문제점에 대해 논의했다. 이를 해결하기 위해서 아동 발달 및 교육 전문가들의 공동 노력이 절실히 필요하며, 이들 전문가들이 현 육아 문화의 방향성을 설정하고, 육아 관련 정책 수립 및 이를 위한 연구를 할 수 있도록 연구와 훈련 센터(Research & Training Center)를 마련하는 것이 가장 현실적인 대안이라고 생각된다.

◆ 은둔 형 외톨이

흔히 아이에게 정신적 문제가 있다고 주변에서 느끼게 될 때는 부산하거나 공격적인 행동으로 인해 문제가 발생되는 경우이다. 하지만 최근 버지니아 공대 총격사건이나 은둔 형 외톨이 청소년 문제 등을 볼 때, 주변 사람과 어울리지 못하는 경우에도 관심이 필요함을 알 수 있다. 이렇게 자기표현을 하지 않고 혼자 지내는 데 익숙한 아이들을 예전에는 순하고 얌전하다고 칭찬했다. 그러나 지금은 자신보다 강한 아이가 오면 쉽게 양보하고 자기주장을 펼치지 못해 오히려 부모들의 걱정거리가 되고 있다. 그렇다면 이런 아이들은 어떤 특징을 보이며, 이들에게 어떤 도움이 필요할까? 우선 크게 두 가지 유형으로 나누어 생각해 볼 수 있다.

첫째, 체질적으로 예민하고 쉽게 불안해지는 아이의 경우이다. 이들은 갓난아기 때부터 잘 놀라고 낯가림이 심하며 낯선 상황에서 쉽게 위축되는 경향을 보인다. 과학적 연구들에 의하면 새로운 자극에 불안을 많이 느껴 쉽게 위축되고 수줍어하는 일부 아이들이 있는데, 이들은 조금만 놀라도 심박동이 빨라지고 자율신경계가 과도

하게 활성화된다고 한다. 또한 자라서도 불안 장애, 대인 공포증에 걸릴 확률이 높다고 보고된다. 특히 이런 성향은 유전적인 면도 있어서 아동의 부모들 역시 내성적인 성향이 강하다고 한다.

이렇게 체질적으로 내성적인 아이들의 부모들 중에는 아이를 일부러 강한 체질로 만들기 위해 다양한 훈련을 시도하는데, 오히려 그 시도가 스트레스를 가중시켜 더욱 불안하게 만들 수 있다. 이때 부모는 아이의 기질을 인정하고 서서히 환경에 적응하도록 배려하는 지혜가 필요하다. 예를 들어 이사나 진학처럼 환경의 변화가 있을 때 점차 익숙해지도록 배려하고 너무 싫어하는 것은 피하는 것이 좋다. 물론 아이가 거부하는 것을 무조건 피하라는 것은 아니다. 단지 아이가 익숙해질 때까지 기다리거나 아이가 좋아할 만한 무엇인가를 제공하여 두려움을 잊게 할 수 있으면 새로운 환경에 적응이 쉬워진다. 만일 억지로 적응시키려고 욕심을 내다 보면, 새로운 곳에 가기를 거부하거나 집안에서만 지내려 할 수도 있다. 친구 관계에서도 마찬가지다. 사회성을 기른다는 명목으로 억지로 어린 나이에 유아원이나 학원 등을 보낼 경우, 아예 불안 장애로 발전하여 병원을 찾는 경우도 흔히 본다. 마치 용수철을 너무 심하게 잡아당기면 탄력성을 잃어버리게 되는 것과 같다.

둘째, 어려서부터 자신감을 잃게 하거나 정신적인 충격을 많이 받은 아이들의 경우이다. 예를 들어 이 아이들은 형제들 중 다른 아이만 편애한다든지, 아이가 보는 앞에서 부부싸움을 많이 하거나 가정폭력을 행한다든지 하는 환경적인 문제들이 흔히 원인이 된다. 이런 경험이 반복되면 '나는 불행한 아이, 별 볼일 없는 아이, 야단맞는 아이'라고 생각하여 떳떳한 자신감을 키우지 못한다. 요즘엔 너무 어려서부터 학습을 시키느라 엄마가 다그친 경우도 자신감을 조기에 박탈하는 부분적 원인이 되고 있다.

이런 아이들에게 자신감이 없다고 나무라거나 활달하게 만들기 위해 운동을 시키는 방법은 오히려 더욱 아이들을 위축시킨다. 이때는 먼저 아이들의 기부터 살려 줘야 한다. 즉 자주 칭찬하고 가급적 야단을 치지 않으면 아이는 서서히 자신에 대해 긍정적인 생각을 지니게 된다. 간혹 이 과정에서 아이가 초기에 자신감을 조금씩 찾게 되면, 지나칠 만큼 고집부리고 반항적인 태도를 보이기도 한다. 하지만 이것은 아이가 호전되는 과정에서 나타나는 일반적인 현상이다. 즉 평생 억눌려서 자기주장을 못 하다가 처음으로 자기표현을 하게 되니까 미숙한 방법으로 표현되는 것이다. 간혹 부모들은 이러다가 예의가 너무 없어지지 않을까 걱정하는데, 예의범절은 자신감을 찾은 다음에 가르칠 수 있는 덕목이다.

사춘기 이전의 아이들에게는 위의 방법들이 많은 효과를 볼 수 있으나, 성장 후 마음의 문을 닫은 지 너무 오래되었다면 전문가의 도움이 꼭 필요하다. 그냥 방치하면 자신만의 세계에 갇혀서 대인관계를 회피하여 많은 부적응의 문제를 보이게 된다. 그러므로 원인에 따라 적절한 전문적 개입이 들어가면 호전되는 경우가 많기 때문에 부모나 주변 어른들의 적극적 자세가 중요하다.

◆ 청소년 자살

몇 년 전 미군 장갑차에 의해 희생된 두 여중생의 죽음을 애도하는 촛불시위가 한창일 때, 초등학생 자살 사건이 연이어 일어났다. 남에 의한 죽음에는 분노하는 우리 국민이 스스로 목숨을 끊은 어린 생명에게는 상대적으로 무관심한 태도를 보였다. 필자는 그런 태도를 보고 모순을 느꼈었다. 어쩌면 청소년 자살은 해마다 겪었던 일이라 국민 모두가 무뎌졌을지도 모른다. 하지만 최근 자살이 급격히 늘어 심각한 사회 문제로 대두되면서 이제 더 이상 이 문제를 외면하기 힘든 상태에 이르렀다.

상황이 이렇게 심각한데도 우리 사회에는 청소년 자살 방지를 위한 대책이 아직 많이 부족하며, 심지어 대책 마련을 위한 노력조차 제대로 보이지 않는다. 자살 빈도에 대한 기본적 자료조차 체계적으로 관리되지 않고, 그 원인이 무엇인지, 어떻게 도와야 하는지에 대한 우리의 자료가 거의 없는 실정이다. 외국의 연구 결과들로 유추를 하고는 있지만, 자살 현상은 문화에 따라 상당히 다르기 때문에 우리 실정을 제대로 반영하는 연구(research)가 가장 기초가 되어야 한다.

특히 최근에 카드 빚 문제를 포함한 생계형 자살과 가족동반 자살이 많이 증가하면서, 우리 사회의 자살 문제를 저소득층의 복지 수준을 올리는 쪽으로 연관시키는 경향이 강하다. 하지만 자살은 연령에 따라 상당히 다른 양상을 나타낸다. 최근 청소년 사망 원인의 2위로 떠오른 자살 문제는 어른들의 자살과는 다른 각도로 조명해야 한다. 자살의 역학 연구 결과에 의하면, 사춘기가 되면 급속도로 자살 성공률이 높아진다고 한다.

그렇다면 도대체 청소년들의 자살은 어떤 심리에서 비롯되는 것일까? 상당히 다양한 원인이 있겠지만, 흔히 다음과 같은 유형들로 분류해 볼 수 있다. 첫째, 현실 상황에서의 불만에 대한 분노를 표현하는 수단으로 자살을 택하는 것이다. 이는 항상 자녀에게 강요만 하는 부모에 대한 복수로서 자살을 택하는 청소년들에게서 볼 수 있다. 둘째, 잘못을 저지른 자신에 대한 속죄, 혹은 스스로를 벌하는 심리에서 자살을 기도할 수 있다. 특히 청소년 시기는 아직 자아가 성장하는 단계에 있으므로 비교적 가벼운 자신의 결점이나 잘못에 대해 과도하게 평가하는 경향이 있어 쉽게 극단적 생각에 빠질 수 있다. 셋째, 현재의 자신을 부인하고 다시 새롭게 태어나고 싶다는 마음에서 자살을 택하는 경우이다. 가끔 지나치게 종교에 몰입하다가 잘못된 판단을 하는 경우에서 종종 관찰된다. 넷째, 사랑하는 사람과 결별했을 때 자살을 택하는 경우이다. 청소년기에는 이성 친구와의 결별이 자살을 시도하는 높은 이유가 될 수 있다. 다섯째, 집단 관계에 과도하게 몰입되어 개인의 정체성이나 판단이 마비되고, 집단 정체성만이 작용하여 함께 동반자살을 택하는 경우이다. 아직 자아 정체성이 확고하지 않은 청소년들은 집단의 명분을 앞세워 우발적으로 함께 위험한 일을 도모할 가능성이 비교적 높다.

이러한 다섯 가지 유형 이외에도 정신의학적 측면에서 심한 우울증이 있을 때 가장 자살 위험률이 높다고 본다. 우울증은 몹시 울적하고 가라앉거나 슬픈 기분이 오래 지속되며, 매사에 흥미가 없어지고 심해지면 잠을 제대로 못 자며 식욕이 없어져서 매사를 부정적으로 보게 되는 상태이다. 특히 청소년기의 우울증은 괜히 짜증을 많이 내고 충동적인 행동을 하거나 학업 성적이 뚝 떨어지는 증상이 흔하여, 주변 사람들로부터 성격이 나빠지거나 게을러졌다고 오해를 받는 경우가 많다. 이러한 우울증이 오래 지속되면 모든 일을 자신의 잘못으로 돌려 죄책감이 심해진다. 또한 우울한 상태가 너무 고통스러워서 이럴 바에는 차라리 죽고 싶다는 생각으로 결국 자살을 택하게 되는 것이다.

이렇게 청소년이 자살에 이르는 다양한 원인들을 살펴보면, 평소 이들의 마음을 잘 이해해 주면 예방이 가능하다는 것을 알 수 있다. 또한 우울증과 같은 정신적 문제는 그대로 방치하지 말고 전문가의 도움을 받도록 부모, 교사가 노력하는 것이 몹시 필요하다. 또한 자살 충동이 심한 청소년들을 응급으로 상담해 주는 '핫라인(hot line)'을 마련하는 것 역시 자살률을 감소시키는 중요한 사회적 제도가 될 수 있다. 청소년의 자살 문제를 추상적인 사회 문제로 접근하기보다는, 좀 더 개별적으로 직접적인 도움을 주는 쪽으로 노력을 기울이는 것이 절실하다.

◆ 학벌주의

수능 시험이 끝나고 성적 비관으로 자살했다는 안타까운 소식이 들린다. 또 며칠 전에는 초등학교 5학년 학생이 노는 시간 없이 공부만 하는 것이 너무 힘들다는 유서를 남기고 자살한 사건이 부모들의 가슴을 서늘하게 했다. 이렇듯 어린 학생들의 학업에 대한 과도한 부담이 계속 사회 문제가 되고 있다. '학벌주의를 청산하자', '대학 간 서열을 없애자', '전인교육을 시키자' 등의 대안들은 오래 전부터 대두되고 있으나, 아직 구체적인 실천으로 뿌리 내리지는 못하고 있다. 무엇보다도 이렇게 어린 생명들이 학업에 대한 부담으로 희생되어 가는 데 대해 진정으로 도움 줄 방법을 찾는 것이 필요하다. 그냥 안타깝다는 정도의 감정적 동요로 끝나지 말고, 이를 근절할 수 있는 방안을 차근차근 마련하는 것이 절실하다. 특히 자녀를 둔 부모들은 언제 우리 아이가 희생양이 될지 모른다는 생각을 한다면, 좀 더 적극적으로 나설 수 있을 것으로 본다.

우선 이런 일들이 왜 일어나는지 냉정하게 분석해 보는 것부터 해결 방안이 될 수 있다. 첫째, 날로 치열해지는 성적에 대한 경쟁이 점점 어린 나이로까지 내려간다는 점이다. 불과 수년 전부터 조기 영어교육을 위시하여 유아 조기교육 열풍이 불어 닥치면서, 어린 나이에 심한 정신적 스트레스를 겪는 경우가 많다. 최근의 연구 결과에 의하면, 어린 시절 뇌의 성장이 활발한 나이에 만성적 스트레스가 가해지면 뇌 발달 자체에 부정적 영향을 미쳐서, 성장 후 조그마한 좌절도 견디지 못하게 된다고 한다.

또한 이런 아이들은 평소에도 부모가 공부시키느라 과잉보호를 하게 되어 스스로 실수를 통해 배울 수 있는 기회가 주어지지 않는다. 따라서 아직 세찬 경쟁을 견디기에는 너무 어린 나이 때부터 영재교육, 선행학습 등의 명목으로 조기 학습 교육에 치중한 아이들은 성장하면서 조그마한 스트레스에도 무너져 버리고, 쉽게 극단적인 행동에 이를 가능성이 아주 크다. 어차피 경쟁을 피할 수 없는 자본주의 사회에서 살아남아야 한다면, 비교적 경쟁을 견딜 수 있고 효율적인 학습이 가능한 나이 때부터 본격적인 공부를 시작하는 것이 좀 더 나은 대안이라고 생각된다.

둘째, 아동들의 정신건강에 대해 부모와 학교, 사회에서 관심을 보여야 할 시점이다. 이미 마음껏 뛰어놀 공간도 거의 없고 과도한 학업 부담 속에서 외롭게 자라야 하는 요즘의 아이들은 그 어느 때보다 정신적인 문제를 갖게 될 위험성이 크다. 정신의학에 대한 편견이 심한 우리 사회는 아직 아동들의 정신적 문제에 대해 심각하게 고려하고 해결을 위한 제도를 마련하는 데 서투르다. 그 결과 소아우울증 증상이 농후한 초등 5학년 학생이 자살에 이르기까지 주위에서 아무 도움도 주지 못했던 것이다.

아동의 정신적 문제 유무에 대한 판단은 전문가가 아니면 쉽지 않다. 하지만 교사나 학부모가 이에 대해 상식 수준의 지식만 가지고 있어도 훨씬 많은 수의 아동이 조기에 발견될 수 있으리라 생각된다. 선진국에서는 이미 수십 년 전부터 학교 정신보건 사업이 각 학교에 보급되어 정신적 어려움을 가진 학생을 학교에서 발견해서 도움을 주고 있다. 즉 학교에서 교육 이외에 정신보건까지 담당하고 있으며, 국가에서는 이 분야에 대한 예산 배려와 교사 및 학부모 교육에 지원을 아끼지 않는다.

이제 우리 사회도 더 이상 아이들의 정신적 어려움을 성격 문제나 가정교육의 문제로 탓하기보다는, 좀 더 적극적인 공적 개입이 필요한 시점에 이르렀다. 또한 맞벌이 가정이 늘어 가면서 방과 후 아이들을 돌보아 줄 시설이 없다 보니, 외로움에 겨운 아이들이 쉽게 우울증에 빠지고 일탈 행동을 하게 된다. 이 경우 부모들의 세심한 보살핌 이외에 사회적 차원에서의 적절한 조처가 없으면, 정신적인 문제를 가진 아동이 증가할 수밖에 없다. 우리도 선진국처럼 각 학교마다 방과 후 교실을 운영해야 할 날이 멀지 않다고 생각된다.

셋째, 학업에 대한 평가 자체를 합리적으로 바꾸어 나가야 할 것이다. 해마다 수능시험 난이도에 대해 논란이 많고, 학생들의 학업 능력이 낮아지고 있다는 우려의 목소리가 높다. 이런 상황에서 가장 낙담하는 사람은 바로 수험생들이다. 어차피 학업 성적에 대한 평가가 이루어져야 한다면, 그때의 운에 의해 좌우되지 않고 학업수행 능력이 뛰어난 학생들을 제대로 선별할 수 있어야 한다. 그래야만 최소한 지금과 같은 혼란이 줄어들 것이다. 교과서를 들고 들어가 시험을 볼 정도로 사고력을 중시하는 프랑스나, 세 번의 우리나라 수행 평가에 해당되는 시험 점수를 합산하고 대학마다 에세이를 자세히 평가하는 미국의 경우를 참고할 필요가 있을 것이다.

◆ 인터넷 중독

내수경기가 어렵다고 아우성인 요즘 그래도 수출경기의 호조가 희망을 주고 있다. 특히 IT 및 전자 관련 상품들이 우리 수출의 견인차 역할을 하고 있음을 부인할 수 없다. 그 결과 우리는 IT 산업과 관련해 인터넷 사용률에 있어서 세계 최고의 수준을 달리고 있다. 스마트폰 이용도 마찬가지다. 당연히 이 분야에서 세계 최고의 기술을 보유한 나라답게 아이, 어른을 막론하고 첨단 기술의 편리함을 누리고 있다. 물론 IT 기술의 발전으로 인해 생활이 편리해지고 경제가 활성화되는 것은 긍정적인 변화이다. 하지만 이러한 기술들이 꼭 우리에게 좋은 변화만을 가지고 오는 것은 아니다.

특히 자기 절제력과 판단력이 부족한 어린이와 청소년에게는 득보다 실이 더 많을 수 있다. 아직 어느 연령부터 컴퓨터, 휴대폰을 접하게 하는 것이 좋은지 명확하게 말해 줄 수 있는 과학적 자료가 없는 실정이다. 따라서 어려서부터 컴퓨터를 접했을 때 학습이나 인성 발달에 어떠한 영향을 미칠지 미지수이다. 또한 어린아이들에게는 어떤 방법으로 이런 자극을 접하게 해주는 것이 좋은지 역시 잘 모르고 있다. 국가 정책에 따라 어려서부터 컴퓨터를 통한 학습을 장려하는 나라도 있고, 이에 반대하는 나라도 있다. 우리나라는 비교적 어릴 때부터 컴퓨터와 친숙해지는 편이며, 특히 초등학교에서는 인터넷이나 컴퓨터를 통한 학습이 장려되고 있다. 하지만 이러한 변화가 어려서부터 IT 관련 기술에 익숙하게 하여 미래에도 IT 강국의 명성을 이어가게 하는 데 기여하게 될지, 아니면 그 반대의 효과를 가지고 올지 심각하게 고려해야 한다.

부모가 없는 상황에서 컴퓨터 게임이나 인터넷 접속을 자유롭게 하게 되었을 때 어떤 문제가 발생할 수 있을까? 인터넷을 통한 유해한 자극들이 거침없이 어린이들에게 전달될 수 있다는 것은 누구나 알 수 있다. 특히 선정적이고 폭력적인 자극들은 어린이와 청소년에게 '보면 볼수록 또 보고 싶은' 강력한 자극이다. 이런 자극에 오래 노출되면 인격 발달에 심각한 악영향을 미친다. 최근 성폭력 가해자들의 연령이 점점 어려져서 청소년 가해자들이 증가하고 있는 것은 이런 추세를 정확하게 반영한 것으로 보인다. 온라인을 통한 컴퓨터 게임 역시 어린이와 청소년들에게는 쉽게 습관성 중독을 일으킬 수 있는 강력한 흥미 자극이다. 특히 평소 친구 관계가 소원하거나 산만한 아동의 경우 컴퓨터 게임에 중독될 확률이 아주 높다. 컴퓨터 오락 때문에 부모와 자녀 사이에 매일 전쟁이 일어나다시피 하는 가정이 많이 증가하고 있는데도 이를 해결할 뚜렷한 대책이 없다.

인터넷을 통해 많은 정보를 손쉽게 얻을 수 있는 장점 때문에 최근 초중고 학생들 사이에 인터넷을 통해 숙제 및 학업을 해결하는 경우가 허다하다. 하지만 진정한 의미의 학습은 지적인 자극을 자기 것으로 소화시키는 능력이다. 그러므로 노트 정리나 서적을 통해 꼼꼼히 되씹는 자기 학습이 필요하다. 하지만 인터넷을 통한 정보 활용에만 의존하다 보면, 오히려 학습의 핵심이 되는 능력을 제대로 발달시키지 못해 고차원적인 사고 능력의 저하를 가져오게 되는 것은 아닌지 우려된다.

이렇듯 우리의 경제발전을 위해서 IT와 스마트폰 기술이 계속 개발되고, 그 결과 전 국민이 인터넷과 스마트폰을 많이 사용하게 되었지만, 우리 어린이와 청소년에게 과연 이런 환경이 성장에 적절한 것인지는 심각하게 생각해야 할 것이다. 특히 인터넷 사용과 컴퓨터 게임이 어린이와 청소년에게 어떤 영향을 미칠지에 대한 연구(research)가 현 시점에서 절실히 필요하다. 과다한 컴퓨터 사용으로 인해 사망에 이르는 어른들도 발생하는데, 어려서부터 과다하게 컴퓨터 게임을 하게 되는 것은 더욱 큰 위험을 유발할 수 있을 것이다. 이러한 연구 결과를 바탕으로 제대로 된 IT 사용 지침을 각 가정과 학교에 알리고, 우리의 어린이와 청소년들이 유해한 정보로부터 차단될 수 있도록 정부, 학부모, 관련 업체들이 적극적으로 노력해야 할 것이다. 이러한 노력 없이는 IT 산업을 통해 외화를 벌어들이는 만큼 우리 청소년들의 정신적 건강에는 위협이 될 수 있음을 명심해야 한다.

◆ 집단따돌림

초등학생부터 중고등학교 학생들 사이에 집단따돌림(속칭 왕따) 현상이 계속 사회 문제가 되고 있다. 집단따돌림은 "학교 폭력의 한 유형으로 집단 안에서 약자를 소외시키기 위해 한 개인 혹은 다수에 의해 행해지는 정신적 혹은 신체적 폭력 행위"로 정의된다. "아이들끼리 서로 의견 충돌이 있으면 싸우면서 큰다."라는 어른들의 일반적 생각과는 달리, 피해 학생들이 겪는 정신적 피해는 참담하기 그지없다. 그것이 정신적인 장애로 발전하여 정상적인 적응이 불가능한 경우부터 피해 학생이 다시 가해 학생으로 변하는 경우까지 허다한 사례들이 있다. 하지만 무엇보다도 우리의 학교 문화가 타인에 대한 배려 없이 상대를 공격하는 방향으로 변해 간다는 것이 더욱 큰 문제이다. 이런 상황에서는 모든 학생들이 잠재적 피해자와 가해자가 될 수 있으므로 부모와 학생들의 불안이 가중될 수밖에 없다.

집단따돌림 현상이 현재 학교 현장에서 흔하게 일어나고 있음에도 불구하고 교사나 학부모, 학생 모두가 아무런 대책이 없다. 결국 이로 인해 자살하는 학생이 발생해도 모두 걱정만 하고 있을 뿐 어떻게 해볼 방도가 없는 것이다. 다소 사회성이 떨어지는 자녀를 둔 부모들은 너무 불안하여 학교를 보내기가 두렵다고 호소한다. 일부러 초등학교 입학을 한 해 뒤로 미루는 부모들이 늘어나는 이유도 여기에 있다. "지식을 배우고 친구를 사귀라고 학교에 보냈더니 폭력의 희생자로 상처만 받았다. 도대체 한국의 학교는 학생을 보호하는 아무런 장치가 없다."라고 절규하며 이민 가겠다는 한 환자의 보호자가 떠오른다. 정말 우리 사회의 현상을 단적으로 표현한 말일 것이다.

학생들 사이에 발생하는 집단따돌림 현상도 일종의 공격성, 폭력성 표현의 한 형태이다. 사실 아동과 청소년들에게 공격적인 행동이 증가하는 것은 세계적인 추세이며, 선진국들도 이에 대한 대처방안 마련에 고심 중이다. 이렇게 성장 중인 아동에게서 공격적인 행동이 늘어나는 원인은 이혼, 가정 폭력 등으로 인한 가정의 해체, 뛰어놀 공간이 없는 좁은 도심의 주거 환경, 폭력적인 대중매체나 컴퓨터 오락게임, 경쟁적인 사회 분위기 등이라고 크게 볼 수 있다. 21세기를 살고 있는 우리 사회는 이러한 위험 요소가 너무 많고 빠른 속도로 증가 중이다. 이러한 사회에서는 당연히 어린 학생들조차도 공격적, 폭력적 행동을 많이 보일 수밖에 없다. 하지만 사회 구조의 혁명적인 변화 없이는 이런 위험 요소들을 단시일에 제거하기는 불가능하다. 결국 우리는 왜 집단따돌림이 증가하는지 걱정하다가, 사회가 이러니까 어쩔 수 없다고 한탄만 할 수밖에 없단 말인가? 학교 살리기가 필요한 이유가 바로 여기에 있다.

이제 더 이상 학교의 역할 중에서 지식을 전달하는 부분만 강조해서는 안 될 것이다. 모든 학생들을 정신적으로 건강하게 성장하도록 배려하는 학교의 임무가 절실한 시점이다. 학교에 들어오는 어린 학생들 중 마음의 상처로 인해 정신적 건강함을 잃어버린 학생들이 너무나 많다. 이런 학생들을 올바로 지도하고, 이 학생들로 인해 피해를 입을 학생들도 보호해야 할 책임이 학교에 있는 것이다. 하지만 우리의 학교는 이러한 부분에 대처할 준비가 거의 안 된 실정이다. 정신적으로 문제가 있는 아동들의 지도는 아직도 각 가정의 책임으로 돌리고, 학교에서 이들 학생으로 인해 피해가 발생해도 속수무책이다. 혹자는 예전처럼 교사들이 권위가 없어서 교사가 올바로 지도하고자 해도 학생이나 학부모가 전혀 따르지 않는다고 말한다. 물론 일리가 있는 말이다. 하지만 우리 교사들은 정신적 어려움을 가진 아동들을 지도하는 전문적인 기술을 배울 기회도 여유도 없다. 현 상황에서는 교사들이 이런 업무까지 떠맡기는 거의 불가능하다. 따라서 이를 해결하기 위해서는 아동의 정신적 문제를 치료하는 전문가들과 학교 사이에 연계 시스템이 형성되어야 한다. 선진국에서는 오래 전부터 '학교 정신보건 사업'이 국가적 차원에서 시행되어, 학교에서 전문가와 교사들의 협력 하에 학생들의 정신적 문제를 일차적으로 다루고 있다.

학부모 또한 자녀의 정신적 적응이 중요하다는 것을 깨닫고 학교 정신보건 사업에 동참해야 학교가 제대로 설 수 있다. 최소한 내 아이의 문제 때문에 다른 학생들에게 피해가 가지 않도록 하겠다는 부모들의 마음가짐이 밑받침되어야 한다. 이와 같이 학교와 전문가, 학부모가 학생들의 정신적 문제 해결을 위해 함께 개입하는 방법이야말로 집단따돌림 현상을 해결하고 학교를 살릴 수 있는 지름길이다. 대선을 앞둔 이 시점에서 각 후보들은 자식의 마음을 어루만져 줄 수 있는 학교를 간절히 원하는 민심을 외면하지 않았으면 한다.

◆ 학교 폭력

학교 폭력이 사회 문제가 된 지는 벌써 꽤 오래되었다. 하지만 아직 뚜렷한 대책 없이 당하는 학생들만 피해를 보다가 최근 또다시 수면에 떠올랐다. 집단따돌림을 당하는 장면이 동영상으로 나돌고 그 장면의 진위 여부가 논란이 되다가, 급기야 해당 학교의 교장 선생님이 자살하는 비극이 일어났다. 도무지 학교 내 집단따돌림과 폭력 문제를 언제까지 이대로 둘 것인지 학부모와 학생들은 불안하기만 하다.

학교 폭력을 제대로 해결하지 못하는 이유는 과연 무엇일까? 여러 가지 이유가 있겠지만, 학교의 역할 중 공부를 가르치는 것 이외의 부분에 준비가 부족하다는 것이 가장 큰 이유일 것이다. 과거 학교의 역할은 주로 학습 관련 업무였으나, 사회가 복잡하고 다양해진 현시점에서는 더욱 다양한 역할이 요구될 수밖에 없다. 더욱이 각종 사회적 폭력의 증가, 가정 해체의 증가, 이에 필요한 사회복지의 부족 등의 사회적 문제로 인해 아이들 사이에도 폭력성과 공격성이 자연스럽게 스며들고 있다. 따라서 과거에 비해 학급에서 공부하는 학생들 중 상당수가 이미 정신적 건강함을 잃어버린 상태임을 부인할 수 없다. 이런 상황에서 학교에서는 자제력이 부족한 학생들을 지도하고 다스리기에는 한계 상황에 이르렀다.

약 7-8년 전 필자는 서울 일부 지역에서 초등학교를 대상으로 '학교 정신보건 사업'을 실시하기 위해 학생들의 정신적 문제를 조사한 적이 있다. 그 당시에도 벌써 8-10% 정도의 학생들이 정신적 어려움이 있는 것으로 나왔고, 이들로 인해 교사들이 몹시 힘겨워한다는 것을 알았다. 예를 들어, 수업시간에 계속 친구들을 방해하여 수업 분위기를 흐리는 학생을 아무리 달래고 야단쳐도 소용이 없어 포기하는 경우가 있었다. 담임교사가 부모에게 이야기를 해도 별로 반응이 없었기 때문에, 1년간 그 학급의 학생들은 그 친구로 인해 피해를 볼 수밖에 없는 상황이었다. 이러한 사례는 수년 전에도 학교에서 흔히 볼 수 있었는데, 이제는 그것이 학교 폭력이라는 문제로 불거져 나와 수면 위로 떠오른 것이다.

이제는 학교의 역할을 학업 이외의 학생 보호나 복지의 차원으로 넓히는 작업을 좀 더 적극적으로 검토해야 할 시기가 되었다. 이번 학교 폭력 동영상 문제로 자살한 교장 선생님의 경우, 아직 학교 내 학생 보호를 위한 제도가 체계화되지 않은 상태에서 학교의 책임으로만 몰아간 우리의 모순된 태도에 그 책임이 있다. 학생을 가르치는 교육 전문가로서 훈련받은 교사들이 정신적인 불건강함을 가진 학생들을 다스리고 피해자들의 정신적 고통까지 도와주기에는 전문성이 부족하다. 교육 당국에서는 학교마다 상담교사 제도를 더욱 강화하는 등, 기존의 학교 체제의 큰 변화 없이 학교 폭력 문제를 다루려는 쪽으로 가고 있는 듯하다. 하지만 이제는 정신건강 전문가와 경찰의 도움이 없이 학교 폭력을 해결하기는 불가능하다는 사실을 깨달아야 한다. 선진국에서는 학교에서 학생들 사이에 폭력 사건이 발생하면 즉각 가해학생과 피해학생 모두에 대한 전문적 평가가 시행되고, 부모, 교장, 담임교사가 모인 자리에서 의논하고 합의가 잘되지 않으면 경찰조사와 법적인 절차가 바로 시작된다.

학교 폭력 문제가 심화되고 있는 것은 정신적 문제를 가진 사람들을 위한 제도가 아직도 사회에 정착되지 못해 효율적인 대처를 방해하고 있기 때문이다. 예를 들어, 선진국의 경우 학교에서 정신적 문제로 인해 학업과 교우 관계에서 문제가 발생하면, 전문적 평가를 통해 부모에게 치료를 권유하는 것이 제도화되어 있다. 하지만 우리나라는 담임교사 혼자 노력하다가 지쳐 버리고, 이로 인해 큰 문제가 발생하기도 한다. 정신적 문제는 성격의 문제, 기분 조절의 문제, 충동이나 분노 억제의 문제, 판단력이 흐려지는 사고 장애 등 그 종류와 심각도가 몹시 다양하므로 일반인의 상식으로는 도저히 판단하기 어렵다. 따라서 직장, 학교, 부부관계 등 일상생활에 적응이 어려운 경우 전문가에게 쉽게 도움을 받을 수 있도록 사회 제도를 만드는 것이 몹시 중요하다.

우리 사회에는 아직도 어린아이들끼리 서로 싸우면서 정들고 더 친한 친구가 된다는 통념이 강하게 남아 있다. 초등학교 때부터 철저히 남의 몸에 손대거나 친구를 놀리는 행위를 범죄에 준하는 행위로 규정하고 철저히 단속하는 다른 나라들의 제도가 야박하게 느껴질 수도 있다. 하지만 각종 폭력이 위험 수위에 오른 사회가 되어버린 현 시점에서, 어떤 경우라도 다른 학생의 몸에 손을 대거나 놀리는 행위는 학교에서 용납되지 않는다는 교육을 서둘러야 할 것이다. 그리고 이를 어겼을 때 한두 번 경고를 주고 대충 넘어가기보다는, 적극적으로 피해학생을 보호하고 가해학생을 제대로 평가하여 그 부모들에게 알리고, 다시는 폭력을 행하지 않도록 조처를 취해야 한다. 이런 안전 제도가 학교 내에 만들어지지 않으면 더 많은 폭력이 학교에서 넘쳐날 것이고, 피해 학생이 어딘가 모자라서 자기 보호를 못 했다는 식으로 폭력이 미화되는 상황까지 갈 수도 있다.

현재 대한민국에서는 어릴 때부터 조기 교육의 명목으로 경쟁이라는 심한 스트레스를 주고, 공부만 잘하면 못된 행동도 눈감아 주며, 언제 어디서든지 인터넷을 통해 공격적인 게임을 즐길 수 있는 환경이 아이들을 둘러싸고 있어, 이 모든 것이 공격성 발달에 심각한 영향을 주고 있다. 과학자들은 이대로 가다가는 점점 더 경악스러운 폭력 범죄가 증가할 수밖에 없다고 경고한다. 최근 더욱 불거지는 청소년들의 성범죄, 학교 폭력 등이 이를 반증한다.

그런데 아직 청소년기까지는 올바른 교육과 치료에 의해 공격적 성향을 순화시킬 수 있다는 연구 결과도 발표되고 있다. 학교 폭력을 단기간에 줄일 수 있는 극약 처방은 없다. 학교 폭력은 국가 백년대계의 장기적 관점에서 대처해야 한다. 유아기부터 청소년기까지 아이들의 공격적 성향을 순화시킬 수 있는 방법을 과학적으로 연구하고, 자녀를 기르는 부모들, 학생들을 가르치는 교사들, 그리고 사회 정책을 펴는 정치가들 모두가 함께 대처하도록 홍보·교육할 수 있는 연구와 훈련 센터(Research & Training Center)가 필요하다.

◆ 아동 성폭력

우리 사회에는 미성년인 아동·청소년을 대상으로 한 성폭력이 사회적 논란에도 불구하고 지속적으로 증가하고 있다. 단순히 숫자가 늘어나는 정도가 아니라, 범행 양태의 무자비성과 폭력성이 날이 갈수록 증폭되어 문제의 심각성을 더하고 있다. 하지만 미성년 성폭력 사건에 대한 국민적 분노와 격앙된 감정 반응에 비해 지속적이고 체계적인 관리를 하는 국가 차원의 법적, 제도적 마련은 아직도 많이 부족한 상태이다.

안양 초등학생 살해사건, 조두순 사건, 포항 은지 사건, 영등포 초등학생 사건 등이 발생할 때마다 정부의 대책은 주로 가해자를 빨리 검거하고 처벌을 강화하는 방향으로 가고 있다. 특히 일명 화학적 거세법, 전자발찌법, 가해자 신상공개 강화 등의 가해자 처벌 관련 법안이 신속히 만들어지고 있다. 하지만 그에 비해 피해 어린이와 그 가족들의 피해를 체계적으로 치료·재활하는 부분, 2차 피해를 최소화하면서 진술을 가능하게 하여 법적 증거로 남기는 부분, 근친상간의 경우 피해 어린이를 안전하게 보호할 수 있는 복지를 강화하는 부분 등, 실제적으로 피해자들을 보호하는 측면은 턱없이 부족하다. 미성년 성폭력의 관리와 근절을 위해서는 의료적 접근이 절대적으로 필요하다. 신체적, 정신적 상처의 치료를 위한 전문적 기술, 외상성 기억을 재구성하여 제대로 된 진술 증거를 확보하는 발달인지과학적 접근, 물리적 증거 확보를 위한 검진 및 DNA 검사, 성폭력 사건에 대한 위험 요인과 보호 요인을 밝히는 전문적 연구, 성폭력 예방을 위한 역학조사 등의 의학적 전문성 없이는 미성년 성폭력 피해자들을 제대로 도와줄 방법이 거의 없다고 볼 수 있다.

하지만 실제 미성년 성폭력 사건에 전문적 도움을 주는 의사는 많지 않다. 산부인과, 정신과, 외과, 비뇨기과, 소아과, 예방의학 등 다양한 분야의 헌신과 지식이 필요한데, 불과 수년 전까지만 해도 피해 어린이들이 제대로 된 진료조차 받지 못하는 상태였다. 본 시론에서는 우리 사회에서 미성년 성폭력 사건을 제대로 대처하기 위해 꼭 알아야 할 중요한 사실과 현재의 문제점, 해결방안 등에 대해 체계적으로 논하고자 한다.

(1) 미성년 성폭력 피해, 무엇이 문제인가?

미성년 성폭력은 우선 보호받지 못하는 취약 계층의 아동·청소년이 주된 대상으로서 주로 친척 등 아는 사람에 의해 지속적으로 성폭행을 당하는 경우가 50% 이상이다. 따라서 즉시발견보다는 사건이 지나고 한참 뒤에야 알려져 물리적 증거 확보가 어렵다. 또한 성폭력 사건이 알려짐으로써 생기게 될 가족 내 갈등을 피하기 위해 알고도 모른 척 넘어가는 경우가 많다. 이런 이유들로 인해 미성년 성폭력 문제는 아동 인권의 가장 취약한 분야 중 하나이다.

미성년 성폭력 피해자들의 피해 정도는 상상을 초월한다. 신체적 손상과 관련된 장애도 크지만, 장기적인 정신적 문제와 사회 적응의 어려움은 '영혼의 파괴자(Soul Murder)'라고 불릴 만큼 심각하다. 어린이 성폭력 치료 전담 기관인 서울 해바라기 아동센터의 통계에 의하면, 센터를 방문한 피해 어린이의 약 68%가 초기에 정신과 질환을 보이는 것으로 진단되었다. 피해 어린이와 가족은 적절한 치료 없이는 평생 정신적 장애를 가지고 제대로 사회에 적응하지 못할 가능성이 높다고 많은 연구들이 보고한다.

(2) 우리 사회는 미성년 성폭력 사건을 어떻게 관리하고 있나?

현 법률과 제도에 의하면, 미성년 성폭력 피해자의 보호는 여성가족부의 주관 하에 지원되고, 가해자는 경·검찰, 법무부에서 수사 및 처벌을 한다. 즉 이 문제는 크게 보호와 처벌의 두 측면에서 다루어지고 있다.

어린이 성폭력 피해자와 그 가족들을 지원하기 위해 2004년 처음 여성가족부에서 연세의료원에 위탁하여 서울 해바라기 아동센터를 세웠다. 이후 2005년 경북의대, 전남의대 부속병원 위탁의 영남, 전남 해바라기 아동센터가 세워졌고, 2010년 현재 전국에 총 10개의 해바라기 아동센터가 있다.

해바라기 아동센터는 13세 이하 어린이 성폭력 피해자와 가족들의 평가, 치료, 재활, 법적 서비스를 한 장소에서 제공한다. 그로 인해 그동안 진료와 의사 진료소견이 제대로 제공되지 않아 논란이 되었던 부분이 많이 개선되었다. 한편 경찰의 초동수사 과정에서부터 보호된 환경에서 진술 및 증거 확보를 제대로 하기 위해 전국 종합병원 응급실에 원스톱 센터가 16개 운용되고 있다. 어린이 성폭력 사건의 수사 및 처벌 과정에서 가장 논란이 되었던 반복진술 문제를 해결하기 위해 전국 경찰서, 검찰청에 진술 녹화실을 만들어 한 번 영상 녹화한 자료를 이후 수사 및 재판 과정에 활용하는 제도를 만들어 운용하고 있다. 또한 가해자 처벌 수위도 높아졌다. 즉 미성년 성폭력 가해자의 경우 형량이 증가하고 음주 감경이 되지 않으며, 전자발찌법, 화학적 거세법, 치료 보호법 등으로 재범률을 감소시키기 위해 많은 노력을 기울이고 있다.

(3) 우리 사회의 미성년 성폭력 관리에 어떤 문제들이 있는가?

위의 사회적 노력이 지속되고 있음에도 불구하고 왜 미성년 성폭력은 더욱 증가하고 제대로 관리되지 않고 있는 것일까?

첫째, 미성년 성폭력 피해 지원을 미성년의 전반적 복지 시스템과는 별도로 성인 성폭력 피해자 지원을 하는 여성가족부 주도하에 성 평등적 시각으로만 진행하고 있다는 점이다. 주로 우리 사회의 취약 계층 어린이들의 복지 문제와 맞닿아 있는 미성년 성폭력 사건을 성 평등적 시각에서만 다루기 때문에 전문적이고 체계적인 관리를 하기에 무리가 있다. 선진국에서는 어린이 성폭력 사건을 아동학대와 함께 묶어 보건복지부에서 의료와 복지를 통합한 체계 하에서 다루고 있다. 즉 미성년 성폭력 피해 지원은 전반적 어린이 복지의 틀 속에서 보호하고 회복시킨다는 관점에서 이루어지는 것이 더 효율적이나, 우리 사회는 성폭력이라는 좁은 틀 속에서 해결하고 있기 때문에 실제 현장에서 많은 문제가 발생하고 있다.

둘째, 현 우리 사회에서 미성년 성폭력 사건 수사 및 가해자 처벌을 담당하고 있는 검찰, 법무부 체계에는 범죄자 처벌 위주로 되어 있어서, 어린이 성폭력 피해자를 보호하면서 수사와 재판을 진행하는 면이 몹시 부족하다. 또한 소아정신의학의 전문적 기술이 요구되는 진술조사 과정에서 의료 전문가의 참여와 적극적 의견 개진이 필요한데, 현 시스템에서는 전문가들이 끼어들 여지가 없다. 따라서 많은 경우 진술만이 유일한 증거인 미성년 성폭력 사건 해결의 시발점부터 흔들려 제대로 기소조차 하기 어렵고, 수사 과정에서 2차 피해를 피하기 어려운 것이 현실이다.

셋째, 미성년 성폭력 사건을 제대로 관리하고 줄이기 위한 장기적 안목의 대책이 없고 종합적으로 관리하는 정부 부서가 없다. 현재 피해 보호는 여성가족부가, 수사 및 법적 처벌은 검찰 및 법무부가 담당하고 있고, 복지적인 부분은 거의 빠져 있는 상태이다 보니, 어린이 성폭력 사건이 터지면 잠시 관심을 받다가 다시 원상태로 돌아가는 패턴이 반복되고 있다. 최근 많이 증가하고 있는 미성년 성폭력 가해자의 관리 역시 미성년 성폭력이라는 큰 틀 속에서 그 대책을 찾아야 하는데, 단순히 나이 어린 가해자로 처벌에 교육적 측면을 첨가하는 소극적 대처로 일관한다. 이 역시 통합적 시각의 부재에서 비롯된 것이다.

넷째, 관련 전문가가 몹시 부족하다. 심지어 어린이 성폭력 피해

치료를 담당하는 정신과, 산부인과 등의 전문의 중에서 제대로 관련 전문지식을 숙지하고 임상 경험이 풍부한 전문가가 몹시 소수이다. 게다가 이를 개선하기 위한 교육 시스템도 아직 마련되지 않고 있다. 의사뿐 아니라 임상 심리사, 상담사, 검사 및 경찰 등 어린이 성폭력을 담당하고 있는 이들을 제대로 교육하고 전문성을 확보하기 위한 통합된 제도와 노력이 없이는 결국 어린이 성폭력 사건의 해결은 불가능하게 된다.

(4) 어린이 성폭력 해결을 위한 대책

1) 미성년 성폭력 피해자와 그 가족들을 제대로 보호하기 위해서는 아동복지와 의료를 결합한 큰 틀 속에서 다루도록 정책과 시스템을 개선해야 한다.

2) 수사와 재판 과정에서 미성년 성폭력 피해자를 보호하면서 2차 피해를 줄이고, 전문적 수사와 재판을 하기 위해 전문가 참여 제도를 활성화하며, 수사 전문가를 양성하도록 제도를 마련해야 한다. 이를 위한 재원은 범죄 피해자 구제기금에서 사용할 수 있도록 국회의 동의 또한 필요하다.

3) 미성년 성폭력 사건을 장기적인 안목에서 통합적으로 관리, 예방할 수 있는 담당 부서를 정부에 마련해야 한다. 현재 피해 지원과 가해자 처벌 및 수사 과정으로 이원화되어 있는 상황에서 통합부서가 없으면 미성년 성폭력 사건은 결코 제대로 관리될 수 없다.

4) 어린이 성폭력 사건을 해결하기 위해서는 각 분야의 전문가와

그들을 돕는 전문적 지식이 필요하다. 성 평등 문제와 같은 사회문화적 측면도 해결을 위해 필요하지만, 실제 현장에서 피해자와 그 가족에게 직접적인 도움을 주는 것은 전문가만이 할 수 있다. 따라서 관련 전문가를 양성하고, 전문적 연구와 예방 방안을 마련하도록 예산과 제도적 뒷받침을 하는 것이 필수적이다.

(5) 결론

한 국가의 전반적 복지 수준의 기준이 되는 아동·청소년 복지 분야 중 가장 최근의 이슈가 되고 있는 미성년 성폭력 문제를 제대로 해결하기 위해서는 관련 분야의 전문가를 양성하여 제대로 활용하는 International Youth Mental Health Center(국제 청소년 정신건강 센터)를 만들고, 이를 담당하는 총괄 부서를 대통령 직속 위원회로 설치하는 것이 시급하다. International Youth Mental Health Center는 아동 및 청소년 성범죄 치료·교육을 담당하여, 아동 및 청소년 성범죄 관련 전문가들, 즉 의사, 검사, 상담 전문가, 심리 전문가, 사회사업가, 수사관 등을 제대로 양성하고, 성폭행 피해 어린이와 청소년, 그리고 그 가족들의 치료, 교육 및 재활을 위한 시설과 전문 인력을 제공해 줄 것이다. 그리고 선진국처럼 미성년 성폭력 문제를 아동학대의 개념에서 분리하지 말고, 전반적인 아동 복지 향상이라는 틀 속에서 다룰 수 있도록 현 제도를 개선하는 일이 꼭 필요하다.

◆ 헤드스타트(Head Start)

가난한 가정의 아이들에게 교육 기회를 제공하기 위해 미국 정부는 학령 전 영유아 아동을 위한 헤드스타트 프로그램(Head Start Program)과 학령기 어린이와 청소년들을 위한 NCLB(No Child Left Behind) 정책을 실시하고 있다. 헤드스타트 프로그램은 '초기 교육 기회의 균등'을 목표로 빈곤층과 이혼 가정의 영유아 아동들에게 주어지는 교육 혜택이다. 헤드스타트 프로그램은 정부로부터 재정적인 지원을 받으면서 여러 가지 다양한 프로그램을 적용하고 있다.

1964년 존슨 행정부에서 시작된 헤드스타트는 빈곤에 대한 '예방접종'의 성격을 갖고 있다. 이 프로그램은 1965년 미국에서 '가난과의 전쟁(War on Poverty)'이라는 기치 아래 시작된 교육 프로그램이다. 최초의 형태인 여름 프로그램으로부터 저소득 환경에서 사는 아동과 가족에게 종합적인 일련의 서비스를 제공하는 프로그램으로까지 발전되어 왔다. 헤드스타트는 2004년까지 22억 명의 저소득층 아동들을 대상으로 취학 전 교육, 사회성 발달, 그리고 건강을 중심으로 한 서비스를 제공해 왔다.

헤드스타트 프로그램을 추진하게 된 배경은 미국 정부가 영유아기 아동의 정신건강의 중요성을 인정했기 때문이다. 많은 교육자와 학자들은 유아기 정신건강의 중요성을 강조해 왔다. 특히 피아제(Piaget)는 유아들의 인지 발달을 연속적 단계로 정리한 것으로 유명하다. 간단히 설명하면, 초기 단계가 나중 단계의 성공에 지대한 영향을 미친다는 것이다. 특히 유아기의 풍부하고 다양한 환경적 경험이 학교생활을 성공적으로 하는 데 중요한 역할을 한다는 인식은 사회·경제적으로 낮은 수준에 있는 아동의 학교생활에 대한 인지적·문화적 격차를 없애기 위한 방향을 모색하게 해주었다. 그 결과 실조된 환경의 아동들에게 체계적이고 조직적인 경험을 제공해 주어 지능 저하를 막음으로써 '빈곤의 악순환'을 타파해 보고자, 정부 차원에서 저소득층 3-5세 유아를 대상으로 한 헤드스타트 프로그램(Head Start Program)을 실시하게 되었다.

헤드스타트는 빈곤층과 이혼 가정, 결손 가정의 학령 전 아동(주로 3-5세)을 위해 교육, 의료 보호, 사회복지 서비스, 영양 공급의 종합적인 프로그램을 제공해야 한다는 경제기회법에 근거한 실천사업의 하나이다. 경제기회법의 전제는 이런 종합적인 서비스를 어린 아동들에게 일찍 베풀게 되면, 저소득층 자녀의 아동들이 현재 직면하는 불우한 환경과 학교와 지역사회 내에서의 역할이 보다 긍정적으로 변화될 것이며, 이후의 사회적 책임을 더욱 효과적으로 대처해 나갈 수 있게 된다는 것이다. 이 프로그램은 정부로부터 재정적인 지원을 받으면서 여러 가지 다양한 프로그램을 적용하고 있으며, 저소득층 자녀들이 원활한 초등학교 수업을 받을 수 있도록 돕고 있다. 헤드스타트의 교육 대상은 생후 6주 된 아기부터 5세까지인데, 대다수가 3-4세 아동이다. 1995년부터는 조기 헤드스타트 프로그램을 통하여 0-2세 영아에게까지 프로그램을 확장하는 '조기 헤드스타트'(Early Head Start) 프로그램이 시작되었다. 비록 많은 수가 전일제 서비스를 제공하는 프로그램을 원하고 있지만, 대부분의 헤드스타트 프로그램들은 반일제 프로그램이다. 그 중에 약 13%의 아동이 장애를 겪고 있거나 특수 교육을 필요로 하는 아동이다. 헤드스타트에는 장애 아동 비율이 매 프로그램에 등록한 아동의 최소 10%를 차지하고 있다.

이 프로그램은 영유아 아동이 있는 가정에 초점을 맞추었고, 부모를 연구 대상으로 참여시켰다는 측면에서 혁신적이다. 2002년 부시 대통령은 "Good Start, Grow Smart."라는 슬로건 아래 빈곤 아동에 대한 지원의 중요성을 강조하면서 헤드스타트 프로그램을 더욱 강화하겠다고 천명했다. 그리고 임산부의 건강진단, 태아 검진부터 영아보육, 가족지원 등을 골자로 하는 조기 헤드스타트를 강화하여, 2002년 당시 6만 2천여 명의 임산부가 혜택을 받았으며, 6억 달러의 추가 예산이 투입되었다.

헤드스타트 프로그램의 효과는 교육을 받은 아이들과 유치원 교육을 받지 못한 아이들과의 비교 연구들에서 확인할 수 있다. 헤드스타트 교육을 받은 아이들의 지능지수가 더 높았으며, 유치원 졸업 후에도 4년 동안 높은 지능지수가 유지되는 것으로 밝혀졌다. 바넷(Barnett)과 허스텟(Hustedt)의 연구에 따르면 헤드스타트 프로그램을 받은 아동은 받지 않은 아동에 비해 지능지수(IQ)나 학업성적 면에서 수준이 높았으며, 문제아를 위한 특수학급에 배치되는 비율이 낮았고(37% vs. 50%), 유급되는 비율도 낮았다(15% vs. 20%). 고등학교를 졸업하는 비율에 있어서도 헤드스타트 프로그램을 받은 아동은 67%인데, 받지 않은 아동은 49%에 불과했다(Barnett & Hustedt, 2005).

요시카와(Yoshikawa)에 따르면, 범죄율에 있어서도 프로그램 아동은 범죄를 저지르는 비율이 낮았고, 범죄를 저지르더라도 덜 심각한 범죄를 저지르고, 중범죄자가 되는 비율이 낮았다. 프로그램 아동은 일생 동안 평균 2,3 회 검거되는 데 반해, 프로그램을 받지 않은 아동은 4,6회 검거되었다. 5회 이상 범죄를 저지른 중범죄자의 비율도 프로그램 아동은 7%인 데 비해, 프로그램을 받지 않은 아동은 35%나 되었다(Yoshikawa, 2003).

헤드스타트의 혜택은 사회 전체적인 범죄율 감소로 연결되어, 범죄자들을 위한 교도소 건설 유지비용, 재판비용 등과 같은 사법 관련 비용, 범죄 피해비용 등을 감소시킬 수 있다. 프로그램 비용은 가족 당 1만 2356달러이지만, 빈곤 아동이 사회의 건전한 노동력으로 성장하여 국가에 내는 세금이 증가하기 때문에 이 프로그램을 통해 얻는 국가적 이득은 10만 8002달러로 나타났다. 9배 이상의 국가적 이득을 얻게 되는 것이다. 영국의 슈어스타트(Sure Start), 캐나다의 페어스타트(Fair Start), 우리나라의 위스타트(We Start)도 같은 성격의 운동이다.

영유아기 아동의 정신건강이 성장한 이후의 삶의 질에 영향을 미친다는 사실에서 추진한 미국의 헤드스타트 프로그램은 미국 사회의 '가난의 대물림' 현상을 줄이는 데 크게 기여했다. 헤드스타트와 같은 프로그램을 전 세계적으로 확대하여 아동이 정신건강과 행복한 삶을 추구할 수 있도록 우리 정부와 국제사회가 노력해야 한다. 특히 연이은 가뭄과 홍수로 식량이 부족한 북한에서 고통 받는 영유아들의 건강을 전문적으로 보살펴 줄 국제적 헤드스타트 프로그램으로서 국제 청소년 정신건강 센터(International Youth Mental Health Center)의 신설이 필요하다.

◆ 북한의 영유아

1990년대 중반 '고난의 행군' 시기에 북한이 겪은 식량난은 북한 주민들의 보건 영양 상태에 많은 영향을 미쳤다. 북한 당국과 국제기구가 공동으로 조사한 결과, 6개월-만 7세의 영유아 아동에게서 급성 영양장애가 15.6%, 만성 영양장애가 62.3%, 저체중이 60.6%나 되는 것으로 보고되었다(Judit & Ali, 1998). 2004년 통계로 보면, 7세 미만 영유아 아동 중 급성 영양장애가 7%, 체중 미달이 23%, 만성 영양장애가 37%나 되어, 북한은 영양 불량 위험국가로 분류되었다. 2006년 북한이 자체 조사한 영유아의 영양 불량 상태는 2004년보다 다소 향상되어 급성 영양장애 6%, 발육장애 34%, 체중미달 19%로 보고되었다(www.nkhealth.net).

또한 최근 질병 관리본부의 조사 자료에 따르면, 14세 미만 북한 청소년의 신장과 체중이 남한 청소년에 비해 낮은 것으로 나타났고, 중국 체류 북한 어린이의 성장발육 상태 연구에서, 북한 어린이와 청소년은 국제적 기준에서 볼 때 신장 부분에서의 성장부진이 심각하며, 특히 사춘기를 전후하여 남북한의 차이가 크게 벌어지는 것으로 조사되었다(Kim, 2007). 2009년 8월 13일부터 2010년 5월 4일까지 정부의 새터민 정착 지원 사무소인 '하나원'에 입소한 북한 이탈주민 중, 만 7세에서 14세까지의 학령기 아동 109명을 대상으로 한 연구에서, 새터민 청소년들의 입국 당시 신장과 체중은 한국 소아 청소년 성장발육 표준치와 비교했을 때 신장, 체중이 각각 19%, 15%의 성장 미달을 보이는 것으로 조사되었다(In-Sook Lee, at al, 2011).

이러한 북한 어린이의 신체적 발달 특징은 북한의 식량난이 주원인인 것으로 보고되고 있다. 영유아기에 제대로 영양 공급을 받지 못한 북한 아동들은 성장하여 여러 가지 문제를 가지는 것으로 연구되고 있다. 예를 들어, 새터민 청소년의 학교 적응실태와 과제에 대한 연구에서 북한 이탈 청소년의 고등학교 취학률은 10.4%에 불과했다. 또 고등학교에 다니지 못하는 탈북 청소년들은 학교 공부를 따라가는 데 어려움을 겪거나 또래 친구를 사귀지도 못하는 등, 공부도 못 하고 그렇다고 친구들과 어울려 놀지도 못하는 현상을 보였다(Lee, 2007). 탈북 청소년들이 남한으로 들어와 이렇게 학교생활에 잘 적응하지 못하고 취학률도 낮은 등, 성장하여 정상적인 삶을 찾는 데 고충을 겪는 큰 이유는 1990년대 중반 북한의 경제난이 심각해진 '고난의 행군 시기'에 태어난 영유아들이 제대로 영양분을 섭취하지 못하고 정상적으로 두뇌가 성장 발달하지 못했기 때문이라고 하겠다.

탈북 난민의 문제는 기아 문제이다. 북한 사회에 만연한 만성적 기아 문제는 아동의 인지기능, 정서 및 행동 발달의 저하를 초래한다(Shin, 2000). 가장 중요한 영유아들의 성장 발육기에 심각한 영양 결핍을 경험한 어린이가 성인이 되면 면역력 저하, 체력 저하, 인지적·정서적 발달장애와 같은 광범위한 기능적 장애를 보일 가능성이 크며, 이들은 비행 청소년과 범죄자로 전락할 우려가 크다. 영유아기의 굶주림은 결과적으로 장기적인 사회적 악영향을 초래하는 것이다.

탈북 청소년들과 비슷하게, 미국에 거주하는 보스니아 난민들의 정신건강을 조사한 연구에서도, 표현 못 하는 난민들의 상태는 문화적 충격, 외로움, 정신적 무감각, 슬픔, 향수, 그리고 우울, 굴욕, 열등, 무소속감의 상태라고 보고했다(Keyes & Kane, 2004). 한편 미국 내 정착한 캄보디아 난민을 대상으로 한 연구에서는, 이들의 99%가 기아로 고통을 겪었고, 난민의 90%가 가족 혹은 친구의 죽음을 경험했으며, 20년이 지난 후에도 외상 후 스트레스 증후군과 우울증에 시달린다고 했다(Marshell, Schell, Berthold, & Chun, 2005).

특히 북한 이탈 학령기 아동이 청소년기로 이행되기 전에 이들의 행동 문제에 대해 사정하고 진단하여, 적절한 통제로써 이들이 한국 사회에서 사회적으로 고립되지 않고, 외상 사건에 대해 극복하여 건강한 삶을 영위할 수 있도록 하는 적절한 사회적 중재가 있어야 할 것으로 사료된다. 영유아 시기는 건강한 생활습관을 익혀야 할 적절하고 중요한 시기이다. 그러므로 이렇듯 잠재적으로 건강 문제를 지닌 북한 이탈 아동의 건강에 대해 각별한 관심이 필요하다고 할 수 있다. 영유아기의 건강과 안녕은 성인기의 건강 습관을 결정하는 데 중요하기 때문에(Kulbok & Cox, 2002), 특히 이 시기에는 건강을 우선적으로 다루어야 할 필요가 있다.

특히 강조하고 싶은 것은 영유아들에 대한 고단백 이유식의 중요성이다. 식량난으로 고통을 겪는 북한 영유아들에게 고단백 분유를 공급해 주어야 아이들의 두뇌가 건강하게 성장한다. 우리가 미래의 통일된 사회를 원한다면, 쌀을 보내는 것이 아니라 고단백 분유를 보내 주어야 한다. 또한 산모를 위한 영양식도 필요하다. 북한뿐만 아니라 전 세계적으로 재난을 당했거나 자연 재해로 장기간 굶주림을 겪고 있는 지역의 영유아들이 영양실조를 겪지 않게 하기 위해서는 단백질이 강화된 치료용 이유식을 먹여 정상적인 식사를 할 수 있도록 해야 한다. 일반적인 영양실조 어린이들에게는 치료를 위해 고단백 비스킷, 치료용 우유 등의 영양식을 공급해 준다. 전 세계 영유아 아동들의 보건 증진을 위해 국제 청소년 정신건강 센터(International Youth Mental Health Center)의 신설이 요구되는 이유다.

◆ 육영수 여사의 복지 유산

우리나라의 복지와 인권 증진에 가장 큰 기여를 한 인물이 한 분 있는데, 바로 육영수 여사이다. 충청북도 옥천에서 태어난 육영수 여사는 20세에 옥천공립여자전수학교 가사 과목 교사로 재직했다. 6·25전쟁 중인 1950년, 후일 대통령이 되는 박정희 육군 중령과 결혼하게 된다. 1963년 남편이 대통령에 당선되면서 육영수 여사는 영부인으로서 청와대로 이주했다. 육영수 여사는 항상 소박한 한복 차림의 단아한 모습으로 국민들에게 다가갔고, 가정에서도 남편의 내조에 성실한 아내로 국민들에게 각인되어 있다.

박정희 대통령이 가난에서 우리나라를 구하여 경제 대국의 기반을 조성했다고 말한다면, 육영수 여사는 우리나라 사회복지의 기초를 닦았다고 평가할 수 있다. 육영수 여사는 당시로서는 매우 진보적이라 할 수 있는 여성의 복지와 사회적 지위 향상을 위한 계몽 활동에도 앞장섰다. 여성의 복지를 위해서 전국 주요 도시에 9개의 '여성회관'을 건립했고, '미망인 자활공장'을 설립하여 여성들의 지위

향상에 많은 노력을 기울였다. 특히 농어촌 여성들의 계몽을 위해 『희망의 등불』이라는 책자를 발간했고, 농어촌 여성들의 소득증대를 촉진하기 위해 '양잠대회'를 개최하기도 했다. 이와 함께 여성 본위 향상을 위하여 영부인배 탁구대회, 정구대회, 어머니 배구대회 등 각종 경기대회를 개최했다.

육영수 여사는 우리나라의 장애인 복지와 노인 복지사업의 실질적인 기초를 다졌다. 정신박약아와 지체부자유아의 교육과 근로자 합숙소, 시립병원, 상이용사 재활원 등의 지원을 위해 빛나는 열정을 보였고, 병으로 고통 받는 사람들, 가난에 시달리는 사람들, 의지할 곳 없는 노인들을 찾아 위로하는 일에 한없는 정성을 들였다. 육영수 여사는 이렇게 고통 받는 국민들을 볼 때마다 "죄스런 생각이 든다."라며 눈물을 흘렸다. 육영수 여사는 불우한 노인과 빈민에 대한 구호활동 뿐만 아니라 자선 봉사단체인 '양지회'를 조직하여, 전국 방방곡곡에 자선 봉사활동의 뿌리를 내렸다. 육영수 여사는 세계의 어떤 여왕이나 영부인과 비교할 수 없을 만큼 자원봉사 활동을 몸소 실천하느라 바쁜 일과를 보냈다. 따뜻하고 편한 청와대에 편하게 있지 않고, 태풍과 홍수로 자연재해가 발생하면 폭우를 뚫고 재난현장에 달려가 피해 국민들을 위로했다.

육영수 여사의 활발한 사회봉사의 바탕이 되었던 철학은 직업훈련 위주의 자립·자활 정신의 사회복지가 빈곤 퇴치의 길이라는 데 있다. 육영수 여사는 전국 한센병 환자(나환자) 촌을 직접 방문하여 자활사업을 지원했다. 실제로 육영수 여사는 빈곤과 소외와 싸워야 했던 한센병 환자들이 자기 힘으로 살 수 있게 돼지와 소를 키우도록 장려했다. 현애원의 음성 나환자들과 일일이 손목을 잡고 2세들의 머리를 쓰다듬어 주며 주민들의 부엌살림을 살펴보는 등, 위로와 격려를 하면서도 스스로 일어설 수 있는 자립과 희망을 강조했다.

육영수 여사는 어린이의 보건·복지 증진에도 지대한 기여를 했는데, 고아원과 보육원에 자주 찾아가서 아동복지를 위한 정책을 폈다. 1969년 4월 어린이 복지재단인 '육영재단'을 설립하였으며, 어린이날에 맞춰 '어린이 대공원', '어린이회관'을 건립한 장본인이 바로 육영수 여사이다. 특히 낙도와 벽지 어린이에 대한 사랑으로 이들을 서울에 초청하였고, 이들을 위해 전국적으로 '학용품 보내기 운동'을 벌였다. 1973년 불우 청소년과 가난한 사람들을 대상으로 한 직업훈련 기관 '정수직업훈련원'을 설치하였다.

역사적으로 보면, 아동복지에 많은 애정을 가지고 활동한 영부인들도 있었다. 이순자 여사의 경우 새세대 심장재단을 만들어 심장병 어린이들을 돕는 활동을 했었다. 또한 이희호 여사는 아동학대 예방운동을 활발하게 추진했다. 그러나 어린이 마음 건강차원에서 보면 육영수 여사의 어린이도서관 건립사업과 어린이 독서운동은 배고프던 그 시절 단순히 먹는 것만 챙기는 것이 아니라 어린이들에게 미래의 희망을 갖게 하는 가장 시대를 앞서가는 아동복지 운동이었다고 평가할 수 있다. 육영수 여사는 1960년대 중반부터 아동문고의 확충, 어린이 도서관·도서실 설치에 적극적이었고, 1972년에는 '부산 어린이회관'을 기공했고, 직접 소년소녀 잡지 『어깨동무』를 발간하여 '양지문고 보내기 운동'을 펼치는 등 어린이 독서운동을 전개했다.

이러한 육영수 여사의 발자취는 오늘날 우리나라가 복지국가로 발전하는 데 있어서 가장 중요한 디딤돌이 되었다. 육영수 여사의 사랑과 봉사 정신은 세계인에게 큰 감동을 주었다. 육영수 여사는 1964년 중화민국의 특기대수일등경성헌장, 독일연방공화국의 특등대십서공로훈장, 1966년 말레이시아의 마고타네가라 최고훈장, 태국의 1등 촐라촘크라오 최고훈장, 중화민국의 특기대수서운 훈장, 1968년 에티오피아의 시바 여왕 대훈장, 1969년 월남국의 특등 킴판 훈장, 니제의 끄랑끄로와·드리토·나쇼날·드·니제 훈장 등을 수여받았다.

육영수 여사의 복지 키워드는 희망(hope)이었다. 이는 육영수 여사가 특별히 애정을 많이 쏟은 어린이를 위한 육영사업을 통해 알 수 있다. 아동복지를 위한 활동을 하면서 육 여사는 항상 "웃고 뛰놀자, 그리고 하늘을 보며 생각하고 푸른 내일의 꿈을 키우자."라고 말하며 어린이들에게 희망을 심어 주었다. 필자는 육영수 여사의 복지 유산을 자랑스럽게 생각하며, 육영수 여사의 복지 키워드를 미래에도 전하기 위해 국제 청소년 정신건강 센터(International Youth Mental Health Center)를 유엔 희망기구(UN HOPE Programme)의 이름으로 우리나라에 설립·유치하기를 소망한다.

유엔기구 유치

- 김영수 편

VI. 유엔본부 한국 유치

1 유엔본부 유치 조건과 효과

◆ 조국을 세계의 중심으로

제4대 유엔 사무총장 쿠르트 발트하임(Kurt Josef Waldheim)은 사랑하는 자신의 조국 오스트리아를 세계의 중심에 우뚝 세운 위대한 지도자였다. 발트하임은 유엔 사무총장을 역임하던 1972년부터 1982년까지 온 정열을 바쳐, 바로 이웃나라 스위스 제네바에 유엔본부가 있음에도 불구하고 오스트리아의 비엔나에 또 하나의 새로운 유엔본부(UN Headquarters)를 유치한, 불가능한 일을 가능하게 한 인물이다. 그러한 그의 조국에 대한 사랑과 공로를 인정하여 1986년 오스트리아 국민들은 발트하임을 대통령으로 당선시켰다.

오스트리아 정부는 국제기구 유치를 위해 1973년부터 1979년까지 총 88억 실링(당시 환율로 약 1조 원)을 투자하여 6채의 Y자형 국제기구 청사로 구성된 비엔나 국제센터(VIC, Vienna International Centre)를 수도 비엔나의 도나우 강 북부에 건립했다. 센터에 들어서는 유엔기구 사무처들은 99년간 상징적인 금액인 1실링(약 90원)의 임대료를 지불하기로 하고, 건물의 유지관리 비용은 유엔기구가 부담하도록 했다. 비엔나 국제센터는 유엔 난민 고등판무관실(UNHCR), 유엔 마약통제 프로그램(UNDCP), 유엔 우주업무 사무국(OOSA), 국제 상거래법 위원회(UNCITRAL), 유엔 안보협력기구(OSCE) 등 15개의 유엔기구 본부와 국제원자력기구(IAEA), 석유수출기구 OPEC의 사무국 등

17개의 국제기구를 유치했다.

비엔나 국제센터에는 국제 교육기관, 국제 행정조직, 생활 편리시설 등이 어우러져 하나의 유엔 도시가 조성되었으며, 100여 개 국가 출신의 국제기구 직원들과 가족까지 약 3만 명이 모여 살게 되었다. 또한 비엔나 국제센터에는 4000여 명의 오스트리아 인재들이 유엔기구 및 관련 기관에서 일하고 있고, 이러한 경력은 해외의 다른 국제기구로 진출하는 발판이 되고 있다. 이로써 오스트리아는 명실상부한 세계 평화의 구심이 되었고, 오스트리아 인재들은 국제기구에서 마음껏 자신들의 꿈과 이상을 실현할 수 있는 기회를 갖게 되었다.

이제 우리나라도 국제 지도자를 많이 배출하고 있다. 국제사회에서 활약하는 한국인들이 조국을 위해 더욱 더 많은 헌신을 할 수 있었으면 좋겠다. 고대 그리스 거지 철학자 '디오게네스'는 자기 스스로를 '우주(宇宙)의 시민'이라고 일컬으면서, 민족을 망각하고 국적 없는 지성인, 조국 없는 '코스모폴리탄'적 정체성을 논했다. 그러나 조국 없는 국제 지도자는 없고, 애국심을 기초로 하지 않는 인류애는 위선이다. 쿠르트 발트하임의 애국심은 오스트리아를 세계 평화의 구심이 되게 만들고, 오스트리아 인재들이 전 인류의 행복을 위해 봉사할 수 있는 반석을 마련했다. 애국심이 세계 평화로 승화하게 되는 좋은 사례가 된 것이다. 국가와 국민을 사랑하는 마음은 지구촌 형제·자매들을 사랑하는 마음과 다르지 않다. 우리나라에도 발트하임과 같은 꿈을 갖고 대한민국을 국제사회에서 우뚝 세울 위대한 지도자가 탄생하기를 간절히 소망해 본다.

◆ 유엔본부 유치

대한민국에 또 하나의 유엔본부를 설립할 수 있을까? 우선 유엔본부들을 알아보자. 미국 뉴욕에 위치한 유엔본부(United Nations Headquarters)는 1952년에 개소했으며, 제네바, 비엔나, 나이로비와 더불어 4대 유엔본부 중의 하나이다. 뉴욕 본부는 유엔의 공식 본부로 사용되고 있고, 뉴욕 본부 건물에는 유엔총회와 안전보장이사회 등의 주요 기관이 있다. 뉴욕 본부를 중심으로 15개의 전문 기구들이 뉴욕 인근 지역에 자리 잡고 있다.

유엔 제네바 본부(UNOG, United Nations Office at Geneva)는 유럽의 유엔본부로서 행정 직원만 1,600여 명이 있다. 또한 제네바 본부에 163개 국가의 대표부가 있으며, 한 해 동안 열리는 국제회의는 8천 건, 회의 참가자는 약 2만 명에 달한다. 이렇듯 제네바에서 많은 국제회의를 개최하는 이유는 유엔 인권이사회가 배치되어 있어서 국제 인권조약에 관한 전문적인 회의가 열리고 각종 인권 위원회의 회의가 개최되고 있기 때문이다. 또한 유엔 제네바 본부 내에 인권 관련 기능을 총괄하는 인권센터(Centre for Human Rights)와 동·서 유럽의 협력 강화를 위한 유럽경제위원회 본부(ECE, Economic Commission for Europe)가 있다.

유엔 비엔나 본부(UNOV, United Nations Office at Vienna)는 범죄, 마약, 테러에 대한 대책을 위한 유엔본부로 강화되었으며, 약물통제, 국제 조직범죄 문제의 정책을 담당하는 유엔 마약통제 범죄방지 사무소(UNODCCP, United Nations Office for Drug Control and Crime

Prevention)가 있다. UNODCCP에는 유엔 마약통제 계획(UNDCP)과 국제 범죄방지 센터(CICP)가 있어서 마약과 조직범죄에 대한 국제협력과 조사연구 활동을 하고 있다. 또한 우주의 평화적 이용을 위한 유엔 우주국(OOSA)과 국제 무역법과 관련한 법무국 국제 상거래과(ITL)가 있다. 그리고 포괄적 핵실험 금지 조약기구(CTBTO: Comprehensive Nuclear-Test-Ban Treaty Organization) 준비위원회(PrepCom), 유엔 산업개발기구(UNIDO, United Nations Industrial Development Organization) 등이 위치하고 있다.

유엔 나이로비 본부(UNON, United Nations Office at Nairobi)는 케냐의 수도 나이로비에 위치하고 있으며, 아프리카 지역을 총괄하는 유엔 사무소 역할을 한다. 동시에 유엔 환경계획(UNEP, United Nations Environment Programme)과 유엔 인간 주거계획(UNHABITAT, United Nations Human Settlements Programme) 등 2개의 유엔기구의 사무국이 있어서, 환경과 인간 정주와 관련한 유엔 활동의 구심이 되고 있다. 또한 유엔 식량농업기구, 국제 민간항공기구, 국제 통화기금, 국제 해사기구, 유엔 마약범죄 통제사무소, 유엔 개발계획 등 22개 유엔기구의 아프리카 지역 사무소가 있다.

이렇듯 미주 대륙에는 뉴욕, 아프리카 대륙에는 케냐 나이로비에 있고, 유럽 대륙에는 스위스 제네바, 오스트리아 비엔나 두 곳이나 있지만, 아시아 대륙에는 유엔 본부가 하나도 없다. 이제는 아시아 대륙을 대표할 유엔본부가 설치되어야 할 시점인 것이다. 아시아 대륙에 유엔본부가 설립될 경우, 지정학적 최적지는 대한민국밖에 없다. 가장 중요한 것은 유치 희망 국가의 경제력인데, 우리나라와 더불어 중국, 일본, 대만이 경제적으로 여력이 있는 후보 국가라고 볼 수 있다. 그러나 유엔본부는 중국과 같은 안전보장이사회 상임이사국인 강대국(Super Power)에는 유치될 수 없고, 일본과 같이 경제대국이자 제2차 세계대전 전범국가(戰犯國家)인 나라에도 유치될 수 없다는 불문율이 있다. 또한 대만은 유엔 회원국가가 아니라 후보군에서 자동 제외된다. 그러므로 한국이 나서지 않는다면 아시아 대륙에 어떤 국가도 유엔본부를 유치하기 어렵다.

실례로 이러한 논리는 유엔 사무총장을 선출하는 중요한 근거가 된다. 역대 유엔 사무총장들은 친미 성향의 제3세계 국가 출신이었다. 코피 아난 총장 역시 아프리카 가나 출신으로 스웨덴 시민권을 갖고 있었기 때문에 총장이 될 수 있었고, 반기문 총장 역시 중국인이나 일본인이 아닌 한국인이었기 때문에 유엔 사무총장이 될 수 있었다. 따라서 가까운 미래에 유엔본부 혹은 유엔기구가 동아시아에 유치된다면, 그것은 유일하게 대한민국일 수밖에 없다. 경쟁자 없는 독점사업과 같은 것이다.

그러나 이러한 유엔의 불문율은 오래가지 못할 듯하다. 왜냐하면 이러한 유엔의 불문율은 유엔 탄생의 결정적 계기가 된 제2차 세계대전 참전 세대의 논리이기 때문이다. 예를 들어, 유엔 안전보장이사회의 상임이사국은 미국, 소련, 중국, 영국, 프랑스인데, 모두 제2차 대전에서 독일과 일본 등의 전범국가에 대항하여 승리한 연합국들이었다. 이들 상임이사국들은 제2차 대전 승전국으로서 전후 초기에는 독일과 일본의 전쟁 재발의지를 막는 것이 세계평화를 유지하는 방법이라고 생각했다. 당연히 국제평화 유지를 위한 유엔 활동에서 전범 국가들의 참여가 억제되는 것이 옳다고 여겨졌다.

그러나 제2차 대전에 참전한 연합국의 참전용사들이 하나 둘씩 세상을 떠나면서, 이러한 논리는 퇴색되고 있다. 이러한 틈을 타서 최근 일본은 전범국가로서는 상상도 하지 못할 유엔 안전보장이사회 상임이사국이 되고자 하는 시도를 하고 있다. 전쟁을 기억하는 현 세대가 모두 사라지고 나면, 일본이 유엔 안전보장 상임이사국이 되는 것은 물론이며, 유엔본부마저 유치할 가능성이 있다. 우리나라의 지도자들이 깨어 있어야 할 이유가 된다.

◆ 유엔기구의 유치

가까운 장래에 여러 개의 유엔기구를 우리나라에 신설 또는 유치하여 유엔본부(Headquarters)로 성장시킬 수 있다. 우리나라의 국력(國力)이 유엔본부 유치를 가능하게 만들고 있다. 또한 유엔 사무총장을 배출한 한국의 국제적 기여를 상징할 만한 비중 있는 유엔기구와 국제기구 유치를 위한 노력이 필요하다.

최근 우리 정부가 국제기구를 유치하겠다고 하자, 당장이라도 유치 가능해 보이는 국제기구들도 있다. 2010년 G20 정상회담 이후 우리 정부는 G20 사무국 유치를 추진하고 있고, 2011년 11월 부산 세계개발 원조회의의 개최를 계기로 원조 관련 국제기구도 유치할 수 있다. 2012년 정부가 환경 분야의 세계은행이라 일컬어지는 녹색기후 기금(GCF, Green Climate Fund) 사무국 유치에 나섰다. 녹색기후

기금은 개발도상국가의 온실가스 감축과 기후변화 적응을 지원하기 위해 「유엔 기후변화 협약」 당사국 총회에서 신설하는 기후변화 특화기금이다. 100조 원이 넘는 기금 운용액을 다루고 있으며 사무국 직원은 500명이다. 정부는 인천 송도에 국제기구용 'I-Tower'를 2012년 9월까지 건립해, 이 중에 15개 층, 2만 1500㎡를 무상으로 임대하는 조건을 제시했다.

현재 북한의 핵 위협에 대처하고, 통일 후 동북아 지역 평화를 영속하기 위해 상시적인 대화의 장으로서 유엔기구를 우리나라에 유치할 수 있다. 그리고 IT 강국의 장점을 살려 세계의 디지털 격차를 해소할 새로운 유엔기구 설립도 가능하다. 국경 없는 인터넷의 보급과 스마트 시대의 도래로 인하여 새로운 IT 관련 국제기구의 설립 요구가 높아지고 있기 때문이다. 특히 아동 인권에 관해 유니세프(unicef)만이 유엔기구로 만들어져 있지만, 아동 매춘, 아동 인신매매, 아동 포르노와 같은 다양한 아동 인권 이슈들이 국제사회에 부상함으로 인해 아동 학대 관련 유엔기구 설립 요구의 목소리가 커지고 있다. 이러한 아동 학대 예방과 아동의 보호, 치료, 재활에 관한 새로운 유엔기구를 신의진 의원이 설계한 국제 아동 마음건강 센터를 중심으로 우리나라에 새로 설립하는 것도 매우 시의적절하다.

유엔 전체 시스템의 문제에서 유엔기구의 유치를 추진해 볼 수도 있다. 반기문 유엔 사무총장 재임 중에 미국 뉴욕의 유엔본부가 50여 년이 넘은 낡은 건물을 수리하기 시작했다. 8년이 넘게 걸린다고 하지만, 그 기간은 더 길어질 수 있다. 현재 뉴욕 유엔본부에 입주하고 있는 유엔 산하기구들은 그 8년의 기간 동안을 위해 임시 보금

자리를 찾아야 한다. 그 중 하나 이상의 유엔기구를 우리나라에 이전하게 하는 방안도 있다.

혹자는 유엔 개혁(UN Reform)을 이유로 새로운 유엔기구의 신설이 어렵다고 오해할 수 있다. 유엔 개혁이란 중복되고 비효율적인 행정 조직을 정비하자는 것이다. 그런 의미에서 유엔 개혁은 수십 년째 유엔 사무총장들 모두가 입을 모아 외쳐 온 것이다. 그러나 유엔 개혁을 이유로 새로운 유엔기구 설립을 반대하는 것은 급변하는 글로벌 트렌드와 국제사회의 요구에 결코 부합되지 않는다. 냉전 체제의 종식과 더불어 지구촌은 급속한 세계화의 물결 속에 '지구 온난화', '에이즈'와 같이 국제사회가 해결해야 할 문제들이 폭증하고 있다. 특히 인권 문제가 국제사회의 뜨거운 감자로 부상함에 따라서, 앞에서 신의진 의원이 설명한 것처럼, 노인복지, 장애인 인권, 다문화 권리에 관한 유엔기구는 아주 가까운 시일 안에 신설되어야 할 국제사회의 당면 과제가 되었다.

◆ 예산

유엔 사무국과 평화유지 활동, 유엔 전문기구 등을 포함한 유엔 시스템 전체의 1년 예산은 1천 500억 달러에 달하는데, 이는 세계은행(World Bank) 그룹과 국제 통화기금(IMF) 등의 유엔 금융기구의 예산을 제외한 액수이다. 유엔본부 사무국의 2009년 기준 1년 예산은 24억 달러이다. 이는 유엔 예산 회계단위는 2년인데, 2009년 초 유엔 총회가 확정한 정규예산은 약 48억 달러라는 점에서 산정한 것이다. 정규예산에는 유엔본부 사무국의 (1만 5천여 명의) 인건비, 유지비, 국제회의 운영비, 산하기관 운영비 등이 포함되며, 유엔 평화유지 활동비용(800억 달러)은 포함되지 않는다(김정태, 2010).

유엔 산하기구, 위원회, 프로그램 등은 고유의 예산이 있는데, 예산 담당자가 예산안을 준비하여 사무총장에게 보내면, 사무총장은 유엔 전체 예산에서 필요 예산을 반영하여 유엔 총회의 제5위원회에 제출한다. 유엔기구, 위원회 및 계획 등은 유엔의 지원뿐 아니라 순수 기부금, 특별 신탁자금(선진국들의 특별 활동을 위한 공동조달 자금) 등의 독자적 기금 모금활동으로 기금을 조성한다.

유엔 회원 국가들이 부담하는 유엔 분담금은 최대 22%에서 최소 0.001%인데, 미국이 전체 유엔 예산의 22%를 감당하고 있다. 우리나라의 유엔 정규 분담률은 2009년 현재 2.173%이며, 금액으로는 약 5천만 달러(약 5백억 원)에 이른다. 193개의 유엔 회원국 중 미국(22%), 일본(16.6%), 독일(8.5%)의 순으로서 우리나라의 유엔 재정 기여도는 11위이다. 우리나라의 평화유지 활동 기여금과 인도적 지원을 포함하면 더 늘어난다. 우리나라의 유엔 평화유지 활동 지출은 전체의 2.173%인 약 2억 달러(약 2천억 원)로서 유엔 회원국 중 10번째로 많은 예산을 지원하고 있다. 우리나라의 경제적 위상이 높아지면서, 우리나라의 유엔 분담금도 대폭 늘어날 것으로 전망된다. 이러한 우리나라의 재정 기여도에 '걸맞은 처우'를 위해 이제 유엔기구의 유치를 추진할 시점이다.

과연 우리나라가 국제기구를 유치할 만한 경제적 여력이 있는가?

우리나라는 민간 기부금만으로도 유엔기구를 운영할 수 있는 능력이 된다. 우리나라에서 한 해 모아지는 기부금의 규모를 보면 약 10조 원에 이른다. 이것은 10만 명의 유엔 공무원의 연봉을 책임질 수 있는 금액이다. 우리나라 기부금의 추이는 1999년 2조 9천억 원에서 2007년에는 3배 수준인 8조 6천 700억 원으로 늘어났고, 개인 기부금이 차지하는 비중도 1999년 29.3%에서 2007년에는 61.7%로 높아졌다.

신용카드 포인트 기부 제도를 살펴보자. 금융감독원에 따르면 2008년 한 해 동안 카드사의 포인트 적립 잔액은 1조 5천 540억 원인데, 사용 방법을 모르거나 사용하지 않아 자동적으로 소멸되는 포인트가 한 해 1천억 원 이상이 된다고 한다. 이것은 우리나라에 1천 명의 직원을 가진 중간급 규모의 유엔기구 하나를 운영할 수 있는 자금이다. 2010년 말부터 서울지하철 1회용 교통카드 기부제가 실시되었다. 지하철 1회용 교통카드는 보증금 500원에 제작비 743원이다. 2011년 현재 미 회수되는 1회용 교통카드 숫자가 하루 평균 8천 매 정도이다. 이 중 50%만 기부해도 연간 8억 원의 기부금을 모을 수 있다. 웬만한 국제기구의 소규모 지사, 연구센터, 연락 사무소 하나를 운영할 수 있는 자금이다.

정부의 예산 여력은 있을까? 정부가 2012년 배정한 청년 일자리 창출 예산은 10조 1천억 원이다. 이 예산은 새로운 일자리 창출을 위해 청년 창업, 고졸자 취업, 문화·관광·글로벌 일자리, 사회 서비스 일자리 등 '4대 핵심 일자리'에 집중 투자하고, 재정 지원 직접 일자리를 2만 명 늘리는 데 사용한다. 우리 정부가 해마다 새로운 일자리 창출을 위해 10조 원 이상씩 예산을 소요하는 시점에서 볼 때, 그 돈의 1/5인 2조 원만 사용해도 1만여 명의 유엔 직원을 고용할 수 있고, 최소 5개의 중량급 국제기구 본부를 우리나라에서 운영할 수 있다.

현재의 조세제도를 개선한다면 국제기구 운영의 재원을 마련할 수도 있다. 첫째, 지하경제를 양성화하여 재원을 마련하는 방법이 있다. 우리나라의 지하경제 비중은 국내총생산(GDP)의 28% 정도인데, 이것을 금액으로 환산하면 연간 350조 원의 세원이 탈루되고 있는 것이다. 둘째, 불법 도박으로 지출되는 돈을 건전한 소비로 양성화하여 재원을 확보할 수 있다. 우리나라의 사행산업 규모는 OECD 국가 중 4위이며, 공인된 사행산업 매출액은 18조 원이고, 불법 도박으로 지출되는 돈은 59조 원으로 추정된다. 총 77조 원의 돈이 사행산업에 낭비되고 있으며, 이는 GDP의 6.5%에 달한다. 원정도박으로 인해 국외로 유출되는 돈이 한 해 2조 2천억 원에 이른다. 이렇게 사행산업에 지출되는 자금의 일부분이라도 유엔기구 운영에 이용될 수 있다면, 우리나라의 미래는 희망이 있다.

유엔기구를 유치하는 경우 사무소 건축과 관련된 예산이 천문학적이지만, 우리나라의 경우 큰돈 들이지 않고 기존의 건물을 재활용할 수 있다. 정부 기관들이 세종시로 이전하면 기존 정부 부처와 기관들이 밀집해 있던 강북지역과 과천은 유령 지역이 될 전망이다. 그러나 유엔기구를 유치한다면 이것을 다시 유엔본부 건물로 재활용할 수 있다. 세종시 이전이 확정된 정부 9부 2처 2청의 총 36개 중앙 행정기관은 2012년 말부터 2014년까지 3단계로 이주하게 된다. 우리나라의 중앙 행정기관이 15부 2처 18청이니, 약 절반 넘는 기관이 세종시로 이주하는 셈이다. 세종시로 이전해야 하는 공무원 수는 약 1만 400명으로 추정되는데, 그만큼의 유엔기구 국제공무원들을 서울 강북과 과천의 정부 청사가 수용할 수 있다. 즉 정부 청사를 국제기구 사무실로 전용할 수 있다는 말이다. 그렇게 하면 국제기구 유치를 위해 수조 원의 천문학적 재원이 소요되는 빌딩 건축과 사무용 인프라 건설에 한 푼도 들이지 않을 수 있다. 서울의 강북지역 또는 과천 정부청사를 UN 도시로 재창조시킨다면, 한국은 국제적 의제(agenda)를 선도하는 나라로 도약할 수 있을 것이다.

◆ 청년 일자리

새누리당 황우여 대표는 2012년 7월 3일 정당 대표 라디오 연설을 통해 "일자리의 개수 못지않게 청년들이 희망을 가질 수 있는 좋은 일자리를 늘리는 것이 중요하다. 최근 청년실업은 일자리와 청년들의 눈높이가 맞지 않아 발생하는 경우가 많다. 질 좋은 일자리를 늘리는 데 주력하겠다."라고 밝혔다. 이러한 여당의 관점에서 보면, 유엔과 국제기구의 일자리는 한국 청년들을 위한 좋은 일자리의 보고(寶庫)라고 할 수 있다.

그러나 국제기구에서 일하고 있는 한국인 직원의 수는 너무나 초라하기 그지없다. 전 세계에 있는 유엔 시스템 전체 직원의 수는 약

6만 5천여 명에 달하는 것으로 알려져 있다. 뉴욕의 유엔본부 사무국 직원의 숫자는 약 1만 5천여 명이다. 이 중 한국인은 18명, 일본인은 약 160여 명이다. 주요 국제기구의 한국인 근무자 수는 일본인 숫자에 비해 약 10%에 불과하다. 예를 들어, 유엔 개발기구(UNDP)의 직원은 약 4천여 명인데 그 중 단 1명의 한국인이 근무하고 있는 반면, 일본인은 50명이 근무하고 있다. 유니세프(UNICEF)는 뉴욕에 본부가 있고 직원은 4천 500여 명인데, 한국인은 5명, 일본인은 60여 명이다. 이렇듯 유엔기구에 한국인 직원 수가 적은 이유는 정부의 지원이 부실했기 때문이라고 볼 수 있다. 외교통상부의 발표에 따르면, 2012년 6월 국제기구 초급 전문가(JPO) 선발시험에 15명이 합격되었다. 합격자는 국제기구에 파견돼 근무하게 되는데, 대한민국의 국격(國格)으로 볼 때 이는 너무나 초라한 숫자이다. JPO 제도는 한국인의 국제기구 진출을 지원하기 위해 유능한 인재를 선발, 정부가 경비를 부담하여 국제기구에 1-2년간 파견하는 제도로서, 1996년부터 시행하여 2011년까지 총 88명의 JPO를 선발해 21개 국제기구에 파견했다.

그러면 유엔기구들의 직원 규모를 알아보자. 큰 규모의 국제기구들도 한국인 직원의 수를 보면 손가락으로 꼽을 만큼 몇 명 되지 않음을 알 수 있다.

세계은행(WB, World Bank)은 개발도상국에 대부금을 제공하는 유엔의 국제 금융기구로서 국제부흥개발은행(IBRD)과 국제개발협회(IDA)를 통칭하여 이르는 말이다. 워싱턴 D.C.에 본부가 있고, 약 1만여 명의 방대한 규모의 직원을 두고 있지만, 그 중 39명의 한국인 직원이 근무하고 있을 뿐이다. 국제통화기금(IMF, International Monetary Fund)은 환율과 국제 수지를 감시함으로써 국제 금융체계를 감독하는 것을 위임받은 국제기구이다. 본부는 미국 워싱턴 D.C.에 있고, 직원은 약 500여 명, 한국인 직원은 16명이다. 아시아개발은행(ADB, Asian Development Bank)은 아시아판 세계은행으로서 필리핀 마닐라에 본부가 있는데, 2천 200여 명의 직원이 있고, 한국인 직원은 34명이다. 국제원자력기구(IAEA, International Atomic Energy Agency)는 원자력의 평화적 이용에 관한 업무와 원자력의 군사적 이용 방지를 위한 핵사찰 업무를 수행하는 국제기구인데, 본부는 오스트리아 비엔나에 있으며, 약 2천 30여 명의 전문 직원 중에 24명의 한국인 직원이 있다. 유엔환경계획(UNEP)은 환경 관련 유엔 활동을 조정하는 기구이다. 케냐의 나이로비에 본부가 있고, 500여 명의 전문직 직원과 5명의 한국인 직원이 있다.

기아 퇴치 및 식량 증산과 관련한 유엔기구들은 이탈리아 로마에 있는데, 이탈리아 정부는 이탈리아 국민들의 행정직 직원을 더 늘려주지 않으면 유엔 분담금을 줄이겠다고 엄포를 놓고 있다. 유엔식량농업기구(FAO, Food and Agriculture Organization)는 지구상에서 '기아'를 퇴치하기 위한 국제기구로서, 본부는 이탈리아 로마에 있고, 3천 600여 명의 직원이 있다. 세계식량계획(WFP, World Food Programme)은 식량 원조를 통해 개발도상국의 경제, 사회 발전을 도모하는 국제기구로서, 본부는 이탈리아 로마에 있고, 1천 500여 명의 직원이 있는 중간 규모의 국제기구이다. 국제농업개발기금(IFAD)는 개발도상국의 식량증진과 농업개발을 목적으로 저소득층, 소규모 농가, 가난한 농가들의 농업, 어업 프로젝트를 재정적(자금융자)으로 지원하고 있는 기구이다. 본부는 이탈리아 로마에 있고, 360여 명의 직원이 있다.

중량급 국제기구의 직원 수를 살펴보자.

유엔교육과학문화기구(UNESCO)는 프랑스 파리에 있고, 2천 300여 명의 직원이 있다. 경제협력개발기구(OECD)도 프랑스 파리에 있고, 약 2천여 명의 직원이 있다. 세계보건기구(WHO, World Health Organization)는 스위스 제네바에 있고, 약 4천여 명의 직원을 거느린 거대 국제기구이다. 국제노동기구(ILO) 역시 제네바에 있고, 직원은 약 2천 500명이다. 가장 많은 직원을 가진 국제기구는 10만여 명의 직원을 보유하고 있는 투자분쟁해결국제센터(ICSID)로서 세계은행 산하 국제 중재기관이다. 미국 워싱턴 D.C.에 본부가 있다. 회원국 간의 투자분쟁을 중재하는 일을 하고 있다. 다자간 무역협정이 증가하면서 센터에 회부되는 사건 수도 증가하고 있다. 투자에 관한 각국의 법률 제도 등을 연구하고 조언하는 사업도 하고 있다. 약 10만여 명의 직원 중 80%가 워싱턴 D.C.에서 근무하고 있다.

소규모의 국제기구 직원 수를 살펴보면 다음과 같다.

뉴욕에 있는 유엔인구기금(UNFPA)은 약 800여 명의 직원이 있고, 유엔프로젝트서비스(UNOPS)는 약 700여 명의 직원이 있다. 스위스 제네바에 위치한 국제무역센터(ITC)는 약 220명의 직원, 유엔훈련조사연구소(UNITAR)는 20명, 세계무역기구(WTO)는 600여 명, 유엔인권최고대표사무소(OHCHR/UNHCHR)는 500여 명, 국제전기통신연합(ITU)은 약 820여 명의 전문 직원, 세계지적소유권기구(WIPO)는 약

750여 명, 세계기상기구(WMO)는 약 300여 명의 전문 직원이 있다. 오스트리아 비엔나에 있는 국제공업개발기구(UNIDO)는 710여 명이다.

기타 지역에 주둔하고 있는 국제기구들을 살펴보면, 국제민간항공기구(ICAO)는 캐나다 몬트리올에 있고, 800여 명의 직원이 있다. 만국우편연합(UPU)은 스위스 베른에 있으며, 직원은 약 170여 명이다. 국제해사기구(IMO)는 런던에 있고, 약 310여 명의 해사 전문 직원이 있다. 국제사법재판소(ICJ)는 네덜란드 헤이그에 본부가 있고, 유엔총회와 안전보장이사회가 15인의 재판관을 선출하며, 70명의 직원이 있다. 유엔대학(UNU)은 일본 도쿄에 있고, 120여 명의 직원과 28명의 이사진이 있다. 아시아태평양 경제사회위원회(UN ESCAP)는 아시아 태평양 지역의 경제사회 개발을 위한 협력기구로서 1947년 창설되었다. 이는 유엔의 경제사회이사회(ECOSOC) 산하 5개 지역 위원회의 하나이다. 본부는 태국 방콕에 있으며, 직원 수는 약 500여 명이다.

유엔기구 유치가 중요한 것은, 국내에 유치되는 국제기구의 일자리뿐만 아니라, 외국에 있는 다양한 국제기구들로 국내 인재들이 진출할 수 있는 교두보를 마련함으로써, 한국인의 국제기구 진출을 폭발적으로 늘릴 수 있게 된다는 이점 때문이다. 국제기구는 다양한 분야에서 많은 사업을 추진하고 있기 때문에 우리나라의 수많은 학자, 전문가, 실무인력, 시민 사회단체 지도자, 자원 봉사자들에게 국제사회의 고급 일자리를 제공할 수 있게 된다. 또한 국제기구에 진출한 우리 국민들은 세계를 무대로 국익을 도모하는 첨병 역할을 하게 된다.

유엔기구의 일자리는 국제 외교관으로서의 특권을 갖는 명예로운 직업이다. 그런데 국제기구 직원 중 절반이 현지 행정 직원인데, 행정 직원의 경우 현지 채용이 원칙이다(김정태, 2010). 이러한 관점에서 보면, 1만여 명의 직원이 있는 세계은행(World Bank), 6천여 명의 직원이 있는 유엔난민최고대표사무소(UNHCR), 4천 5백여 명의 직원이 있는 유니세프(UNICEF)와 같은 중량급 국제기구 3개를 우리나라에 유치한다면, 약 1만 명의 고급 청년 일자리를 창출할 수 있다.

◆ 국제회의 산업

국제기구 유치의 의미와 혜택은 무엇일까? 정보와 지식의 중요성이 날로 증가하는 국제화 시대에 국제기구는 첨단 정보와 지식의 유입 창구가 되며, 국가의 미래 발전을 위한 정책 방향을 결정하는 데 중요한 가치가 있다. 특히 경제적 가치를 강조하지 않을 수 없는데, 국제기구는 연중 지속적으로 국제회의를 열기 때문에 참여하는 수천 수십만 명의 외국 방문객들이 국내에서 지출하는 여행 경비는 지역경제를 살리는 또 하나의 산업이 된다. 예를 들어 '아시아의 제네바'로 불리는 태국의 방콕에는 유엔에스캅(UNESCAP) 본부가 자리잡고 있다. 국제기구의 세계 총괄 본부는 없지만, 유엔식량농업기구 지역 본부, 유엔교육과학문화기구 지역 사무소, 국제노동기구 지역 사무소, 세계보건기구 지역 사무소 등 30개 이상의 유엔기구 아시아 태평양 지역 사무소가 있다. 유엔기구의 지역 사무소 등이 밀집해 있는 이유로 인해 방콕에는 굴지의 국제 비정부기구(International

NGO)들의 아시아 지역 사무소가 함께 주둔하고 있다. 국제기구와 국제 NGO들이 모여 있는 유엔에스캅에서는 당연히 국제회의가 날마다 개최된다.

국제회의가 열리는 곳에는 전 세계의 이목이 몰리고, 자연히 세계 언론인들이 모여 취재 경쟁을 벌이게 된다. 방콕이 전 세계 언론사들의 아시아 지역 사무소를 유치하게 된 배경이다. 방콕에 거주하게 된 수만 명의 유엔 외교관, 국제 외교관, 국제기구 행정 요원, 국제 비정부기구 요원, 취재 기자들은 방콕의 경제를 살리는 동력이 될 뿐만 아니라 인근 지역 관광지의 VIP 고객이 되어, 방콕의 관광지를 세계 첨단의 레저 휴양지로 성장하게 만드는 관광 내수 자산이 되고 있다. 국제 금융위기, 무역둔화 등 국제적 경기 침체 시기에 국제회의, 국제 컨벤션, 엑스포 산업은 불황을 타개하는 고부가가치의 효자 산업으로 각광받고 있다.

그러나 우리나라의 국제회의 산업은 열악하기 그지없다. 우선 수천 명이 한자리에 앉아 국회 본회의장과 같은 시설로 개인 마이크와 이어폰, 데스크, 인터넷 모니터, 수십 개의 외국어를 동시통역하는 시설이 갖추어진 최첨단 시설의 국제회의장이 우리나라에는 없다. 제대로 된 국제회의장이 없다는 것은 상인들이 모여서 자신들의 물건을 팔 시장(market)이 없는 것과 같다. 시장이 없으니 장사꾼들이 모일 수가 없는 것이다. 예를 들어 보면, 일산에 있는 킨텍스는 국제회의장(Conference Center)으로서 경쟁력이 없다. 수용 인원이 1천 500명인 볼품없는 극장을 국제회의장이라고 지어 놓았다. 비교하자면, 35년 전 오스트리아 비엔나에 설치한 국제회의장은 총 6천

명을 수용할 수 있는 극장식, 연회장식, 의회 회의장 방식의 3가지 형태로서, 소비자 입맛에 맞는 맞춤형 회의장들을 건축했다. 그 중 한 회의장은 우리나라 국회 본회의장과 같은 시설에 동시통역이 가능하며, 회의장 수용 인원은 3천 명이나 된다.

또한 우리나라에는 대규모 국제회의를 주최할 만한 유엔기구의 사무 본부가 하나도 없다. 이는 우리나라에 국제회의를 주최할 세력이 없다는 말이다. 국제기구 하나가 1년에 주최하는 국제회의의 건수는 산하 소위원회의 수와 전담하는 다양한 관련 이슈의 수만큼 많다. 국제회의 산업을 육성하려면 국제기구를 유치해야 한다. 이는 황금알을 낳는 거위를 소유하는 것과 같기 때문이다. 따라서 국제기구의 유치는 우리나라가 아시아의 제네바로 거듭나기 위한 필수 기초공사라고 할 수 있다.

국제회의 통계를 알아보자.

UIA(국제협회연합)의 '2011 국제회의 개최 통계'에 의하면, 2011년 한 해 동안 전 세계에 걸쳐 개최된 국제회의 총 개최 건수는 1만 743건으로 전년(1만 1천 519건) 대비 감소했다. 그런데 이것은 유엔회의를 포함하지 않은 통계자료이다. 유엔본부가 있는 '제네바'의 유엔회의를 포함한 국제회의 건수는 연간 8천회가 넘는다. 2007년 기준 이전 5년간의 개최 횟수를 비교해 보면, 전 세계적으로 국제회의 건수는 연평균 3.3%의 감소율을 보였으나, 세계 금융위기 한파가 닥친 2007년 16.3%, 2008년 7.4%, 2009년 3.8%로 국제회의 건수는 오히려 증가했다. 이는 글로벌 경제가 침체될수록 국제회의는 경기를 활성화시키는 효자 산업으로 애용되고 있음을 여실히 보여주는 것이다.

특히 2007년은 가속화되고 있는 대륙별 블록화를 잘 나타내 주는 한 해였다. 2007년 이전 5년까지 전 세계적으로 국제회의는 감소했지만, 유독 아시아 지역만은 지속적으로 개최 점유율이 폭증했다. 이것은 아시아가 정치·경제·문화에 있어 국제사회에 미치는 영향력이 점점 커지고 있기 때문이다. 2007년 아시아 지역의 개최 건수는 2천 52건으로, 전년 대비 1천 634건보다 25.6% 증가했다. 아시아가 미주 지역(1천 978건, 3위, 점유율 19.2)을 제치고 유럽(5천 550건, 1위, 점유율 53.8%)에 이어 세계에서 두 번째로 많은 국제회의를 개최하는 지역으로 부상한 것이다. 이러한 흐름과 함께 2011년 싱가포르(919, 2위), 일본(598건, 4위), 중국, 인도, 태국, 말레이시아 등과 같은 아시아 국가들이 상대적으로 저렴한 개최 및 방문 비용을 무기로 경쟁적으로 국제회의 유치에 힘을 쏟고 있다.

우리나라는 2011년 461건의 국제회의를 유치하여 2007년 16위에서 세계 11위권으로 도약했으나, 1위의 제네바 8천 건, 2위의 싱가포르 919건, 미국 744건과는 큰 격차가 있다. 미국 1천 85건, 3위 싱가포르 689건과는 상당한 격차를 보인다. 특히 2006년 11위(300건)였던 싱가포르가 당시 연간 1천여 건의 국제회의를 개최하며 2위를 달리던 미국을 제치고 2011년 단숨에 2위(919건)로 급상승하여 세계 국제회의 시장의 판도 변화를 예고하고 있다. 일본 역시 2006년 이전까지는 중위권이었으나, 2011년 598건을 개최하며 세계 4위로, 무려 14계단 수직 상승했다.

이러한 세계 국제회의 시장 환경에 변화가 일어난 것은 국제회의 산업의 고부가가치적 측면을 재인식했기 때문이다. 그래서 컨벤션

센터의 건립 등 국가적 차원의 지원 육성 정책이 쏟아져 나오고 있다. 현재 미국, 캐나다 등에서 75개가 넘는 대형 컨벤션 센터를 신·증축하고 있고, 아시아의 주변 경쟁국인 중국, 홍콩, 마카오, 싱가포르 등도 전시 컨벤션 센터를 건립하여 국제회의 개최지의 위상을 제고하고자 과감한 투자와 지원 정책을 펼치고 있다. 관광산업 중에서도 가장 고부가가치를 창출하는 국제회의 산업은 단순히 국제회의만을 육성하기 위한 업종이 아니다. 관광 분야는 물론 관련 분야의 모든 업종을 종합화하고 상호간의 시너지(synergy) 효과를 창출하는 메커니즘(mechanism)을 가지고 있다. 먼 곳으로 이동해서 회의를 하는 것이 유엔 직원들과 국제기구 관계자들의 일상이다. 그래서 유엔 직원들이 여행 경비로 지출하는 액수는 연간 10억 달러가 넘는다.

2004년 집계한 한국관광공사의 연구에 따르면, 국제회의 참가자의 평균 총 지출 경비는 미화 3천 592달러이며, 이 중 항공료를 포함하지 않은 개별 참가자의 평균 소비액은 2천 366달러인 것으로 분석되었다. 이는 같은 해 방한한 일반 개별 관광객이 소비한 984달러와 비교하면 약 2.4배로서, 국제회의 산업이 관광산업 중에서 보다 고부가가치 산업임을 객관적으로 보여주고 있는 증거이다. 2007년 국내에서 개최된 국제회의(정부, 학회, 협회 회의 포함) 외국인 참가자의 총 지출 규모는 (대미 원화 환율 929.18원 기준) 2천 153억 원으로 추정되었다. 이것은 순이익 기준으로 현대자동차가 자동차 약 20만 대를 수출해야 벌 수 있는 돈이다. 그러므로 국제회의 산업이 국가경제의 우선순위를 차지하고, 미래 성장 동력 산업의 역할을 할 수 있도록 하기 위해 서울에 유엔 회의장(UN conference center)을 건립하고 유엔본부를 유치해야 한다. 또한 기존의 국제기구 아시아·태평양 지역 본부들을 유치하는 것도 함께 추진해야 한다. 유엔기구의 사무국이 유치된다면, 수많은 국제 NGO들과 국제 언론사의 사무소들 역시 따라올 것이다. 국제회의가 아시아 지역에서 폭증하는 추세와 함께 대한민국은 국제회의 산업의 메카로 탄생할 수 있다.

다른 한편으로 국제회의장의 상품성을 높이려면, 회의 이외에 '꺼리'가 많아야 한다. 예를 들어 외국 사람들에게 국제회의를 주최할 나라를 한국, 중국, 일본 중에서 선택하라고 하면, 많은 이들이 중국과 일본을 선택한다고 한다. 그들에게는 회의도 중요하지만, 만리장성도 관광하고 싶고 중국 요리도 먹고 싶은 욕구가 있기 때문이다. 그래서 베이징은 주요한 회의장소(venue)로 선택되고 있다. 조금 비싸긴 하지만 여유가 된다면 일본의 도쿄도 국제회의 주최자들에게는 많이 선호되고 있다.

대한민국이 어디에 있는 나라인지 모르는 외국인들도 많다. 아직도 미국과 유럽 사람들의 대다수가 삼성전자, 현대자동차가 일본 제품이라고 착각한다. 국제사회의 지도자들이 한국을 찾는 경우가 드물기 때문이다. 서울로 국제회의를 위해 외국인이 더 많이 찾아오게 만들어야 한다. 1년 내내 서울이 월드컵을 개최한 것같이 만들어 우리나라 전체적인 경기를 폭발적으로 부양하는 천지개벽의 신화를 만들어야 한다. 국제회의 산업은 수만 여 명의 신규 청년 일자리를 창출할 새로운 성장 동력이다.

◆ 국제기구 유치 현황

우리나라에는 약 20여 개의 소규모 유엔기구 및 국제기구 산하 기관과 관련 기관이 있다. 하지만 국제적으로 존재감이 거의 없고, 그나마 서울·인천·광주 등에 분산되어 있다.

〈국제백신연구소 세계본부〉는 1997년 서울대학교 연구공원 내에 설립되었다. 이는 40개국 정부와 세계보건기구(WHO)가 참여한 정부간 기구로서 유엔과 협력 관계를 유지하고 있으며 150명의 직원이 있다.

〈유엔난민기구 서울사무소〉는 2001년 서울에 사무소를 개소한 이후 2005년에는 실질적인 서울 사무소로 승격했으며, 현재 10여 명의 직원이 있다.

〈아시아태평양 정보통신 훈련센터〉는 2006년 인천 송도에 설립되었다. 당시 김학수 유엔에스캅(UNESCAP) 사무총장의 노력으로 에스캅 산하의 센터를 인천에 유치할 수 있었고, 아시아태평양 지역 회원국의 정보통신 기술 활용 역량 강화와 기술 이전 등의 목적으로 전자정부 관련 워크숍, 회원국을 위한 맞춤형 정보통신 훈련 프로그램 등을 제공하고 있다. 10여 명의 직원이 있다.

〈유엔거버넌스센터〉는 유엔 사무국 경제사회부 산하기구로서 193개 유엔 회원국의 거버넌스(governance) 증진을 목적으로 2006년 9월 설립되었다. 2005년 서울에서 열린 제6차 정부혁신 국제포럼의 「서울선언」을 계기로 거버넌스를 다루는 유엔기관의 필요성이 인식되어, 한국 정부의 유치 노력과 자금 지원으로 센터 유치·설치가 가능했다. 8명의 직원이 있다.

〈유엔산업개발기구〉는 전 세계에 13개 투자진흥 사무소를 운영하고 있는데, 개발도상국가에 대한 정보, 투자촉진, 기술협력 사업을 추진하는 활동을 한다. 서울투자진흥사무소는 우리나라의 중소기업들이 개발도상국으로 진출할 수 있도록 지원해 주는 역할을 하며, 외교통상부의 지원으로 1987년부터 운영되고 있고, 3명의 직원이 있다.

〈유엔기념공원〉은 한국전쟁 당시 전사한 11개 유엔 참전국가의 2천 300명의 유해가 안치된 곳으로 엄연한 유엔 산하기구로 인정받고 있으며, 15명의 직원이 있다.

〈국제통화기금(IMF) 한국 사무소〉는 1998년 IMF 체제로 인하여 한국 정부와 국제 통화기금과의 경제구조 개선 협력 프로그램을 시행하면서 설립되었다. 2001년 IMF 졸업 이후 서울 사무소는 한국 정부와 국제 통화기금의 교량 역할을 하며 정책 조언, 자문 등을 하다가 2008년 9월 철수했다. 3-4명의 직원이 근무했었다.

〈유엔재해경감전략 동북아사무소〉는 2009년 8월 인천 송도에 설치되어 2010년부터 운영되기 시작했다. 동시에 유엔방재연수원도 설립되었다. 이는 유엔 최초의 재해경감 전문 교육연구 기관으로 전 세계 방재 관련 공무원의 교육과 지식 교환의 활성화를 담당하고 있다. 10여 명의 직원이 있다.

〈한-아세안 센터〉는 동남아국가연합(ASEAN) 10개 회원국과 한국 간의 무역과 투자 확대, 문화관광 활성을 목적으로 2009년 개소했으며, 30여 명의 직원이 있다.

〈국제원자력기구 지역협력협정 지역사무소〉는 동아시아 태평양 지역 10개 회원국을 대상으로 핵 관련 기술 연구의 지원과 교류 협력을 위해 한국과학기술원 내에 1972년 설립되었다.

〈국제이주기구 한국대표부〉는 외국인 노동자 문제, 외국인 여성 성매매, 국제 인신매매 문제 등을 다루며, 3명의 직원이 근무하고 있다. 2010년 산하 연구기관인 국제이주연구원이 경기도 고양에 설립되었다.

〈유엔군사령부〉는 1950년 안전보장이사회의 결의에 따라 한국에 설립된 최초의 유엔기구이다. 유엔군 참전 15개국에서 파견한 20여 명의 연락 장교단, 중립국 감독위원회와 군사정전위원회 등의 명목적 조직이 유지되고 있지만, 실질적 유엔군 사령관은 주한미군 사령관이 맡아 오고 있다.

〈유엔환경계획 북서태평양보존실천계획〉은 2000년 대전에 '해양환경 긴급대처 지역활동센터'를 개소하고, 프로그램 코디네이터와 과학 담당관 등 3명의 직원이 근무하고 있다.

지자체가 국제기구 유치에 적극적으로 나선 사례가 있다. 인천광역시는 30여 개의 유엔기구를 인천 송도에 유치하여 뉴욕, 제네바, 비엔나, 나이로비를 잇는 세계 다섯 번째 유엔본부를 만들겠다고 선언했다. 인천시가 이렇듯 국제기구 유치에 적극적으로 나선 배경에는 김학수 (전) 유엔아시아태평양 경제사회위원회(UNESCAP) 사무총장의 조국을 위한 비전이 있었기 때문이다. 김학수 유엔에스캅 사무총장은 2007년 11월, 인천 송도에서 열린 '국제기구 인천 유치를 위한 국제 심포지엄'에서 국제기구를 한국에 유치하기 위해서는 정부의 적극적 지원, 교통, 국제기구 직원과 국제회의 참가자를 위한 거주 및 편의시설 완비 등을 조건으로 설명하면서, 우리나라가 국제사회의 중심 국가가 되기를 희망했다. 이러한 인천광역시의 노력은 2006년 유엔아시아태평양 정보통신훈련원, 2009년 유엔재해경감전략사무소 동북아시아사무소 등의 설립으로 조금씩 현실화되어 가는 듯 보였다.

그러나 인천시는 2012년 4월 5일 유엔 해비타트(UN HABITAT), 유네스코 아태지역 무형유산 센터, 아시아와 유럽을 연결하는 국제 연구 네트워크인 테인(TEIN4) 협력센터 등 3개의 국제기구 유치를 포기했다고 밝혔다. 인천시는 일자리 창출과 지역경제 활성화를 위해 국제기구 유치에 주력했다. 2006년부터 2012년까지 유치한 국제기구는 유엔아시아태평양 경제사회위원회 동북아시아사무소 등 10개에 달한다. 이들 국제기구가 사용할 사무실 마련을 위해 송도 국제도시에 1천 700억 원을 들여 33층 규모의 아이타워를 짓고 있는데, 2012년 9월 완공 예정이다.

인천시가 국제기구 추진을 포기한 이유는 유치된 국제기구 사무소가 직원 10명 이하의 소규모이기 때문이다. 소매점 10개를 유치하고 유엔기구 유치했다고 과장하니 문제가 된 것이다. 신규 일자리 규모가 수천·수만 명은 되어야 일자리 창출 효과를 볼 수 있고, 지역경기 활성화와 더불어 국가 경제를 살리는 데 기여할 수 있다.

소규모 직원의 국제기구 한 곳을 운영하는 데 연간 5-6억 원의 예산이 필요한데, 이것을 인천시가 부담하기로 한 것이 근본 문제였다. 10개 국제기구 분소의 유지 관리비로 국제기구 비용분담과 임대료 등을 포함하여 연간 50-60억 원을 인천시가 지출하고 있음에도 불구하고, 송도 국제도시 발전을 위한 기여도가 거의 없이 인천시의 재정만 축내고 있다는 비판이 제기된 것이다. 인천시의 좌절된 국제기구 유치 노력을 따져 보면, 국제기구 유치는 지자체장이 추진할 수 있는 의제가 아님을 알 수 있다. 국제기구의 유치는 온 국민의 동의가 필요하고, 국가 지도자의 의지가 필요한 국책사업이다. 그러한 관점에서 보면, 한반도의 유엔본부 유치는 대통령 의제(Presidential Agenda)라고 할 수 있다. 오스트리아에 유엔본부를 유치한 발트하임처럼, 대한민국을 세계의 중심으로 우뚝 세울 포부를 가진 국제적 리더십을 가진 대통령이 우리나라에 탄신하기를 소망해 본다.

2 국제기구 설립 요건과 절차

◆ 국제기구의 종류와 설립 요건

「유엔헌장」 제1장 제1조 3, 4항은 유엔의 목적과 원칙을 "경제적, 사회적, 문화적 또는 인도적 성격의 국제문제를 해결하고 인종, 성별, 언어, 종교의 차별 없이 모든 사람의 자유와 인권 존중·증진을 위한 국제적 협력을 달성하는 공동의 목적을 위한 각국의 활동을 조화시키는 구심이 되는 것"이라고 명시하고, 제7조 2항에서 이러한 유엔의 목적 달성을 위해 "필요하다고 인정되는 보조기관을 유엔 헌장에 의거 설치할 수 있다."라고 규정하고 있다.

유엔기구는 정부 간 기구인 국제기구의 한 형태이다. 국제기구는 설립하는 주체 세력과 설립 목적, 재원확보 방식 등에 따라 크게 국제기구, 국제기구 산하 기관, 국제기구 협력 기관으로 구분한다. 첫째, 국제기구는 국가들 간에 체결하는 협약으로 설립한다. 둘째, 국제기구의 산하 기관은 국제기구의 하부조직으로서 총회, 이사회 등의 결의를 근거로 설립한다. 셋째, 국제기구의 협력 기관은 국제기구의 사무국과 협의 후 양해각서(MOU)를 체결하여 설립한다.

국제기구의 일반적인 설립 절차는 첫째, 다수의 국가 정부들의 결의와 국제협약(조약, 헌장)을 기초로 하여, 신설되는 국제기구의 위임권한과 활동 범위를 먼저 정한다. 둘째, 국제기구 설립 및 운영 예산에 대한 장기 전략(회원국 분담금 설정 등)을 마련한다. 셋째, 국제기구의 조직구성 방안, 의사결정 방식, 사무국 역할수행 주체를 설정한다. 넷째, 국제기구의 사무국(본부)이 위치할 국가와 도시를 선정한다. 국제기구가 설립되고 나서 유엔과 관계를 맺음으로써 유엔기구가 될 수도 있고, 독립적인 국제기구로 남아 있을 수도 있다.

국제기구는 유엔 시스템과의 관련 정도에 따라 유엔기구(주요기구, 산하기구), 유엔 전문기구, 유엔 관련기구, 정부 간 기구로 구분할 수 있다. 유엔 시스템(UN System) 또는 유엔 가족(UN Family)에 속하는 기구는 47개이다. 6개의 주요기구(Principal Organs), 17개의 특별기구 및 관련기구, 14개의 프로그램과 기금, 5개의 지역 위원회, 5개의 연구훈련 기관이 있다. 첫째, 유엔기구는 주요기구와 산하기구가 있다. 주요기구(Principal Organs)는 유엔헌장에 언급된 유엔총회, 안전보장이사회, 경제사회이사회, 신탁통치이사회(업무정지), 국제사법재판소, 유엔본부(사무국) 등이다. 산하기구(Subsidiary Bodies)는 주요기구가 다루는 전문적 논의와 제안 및 집행을 위해 주요기구들 산하에 설립되는 기구들이다. 유엔 아동권리 위원회 등과 같은 각종 위원회, 유엔 아동기금, 유엔 개발계획과 같은 기금과 계획 등이 있다.

둘째, 유엔 전문기구(Specialized Organizations)는 유엔헌장 제57조와 제63조에 따라 경제, 사회, 문화, 교육, 보건 등의 분야를 담당하기 위해 이미 존재하거나 새로 설립된 국제기구가 유엔과 특별 협정을 맺음으로써 유엔 전문기구의 지위를 얻은 것이다. 전문기구는 시기별 구성상 세 종류가 있는데, 만국우편연합과 국제전기통신연합과 같이 제1차 세계대전 이전에 만들어진 전문기구, 국제노동기구와 같이 국제연맹 시기에 설립된 전문기구, 세계식량계획 등과 같이 새로운 국제 이슈가 등장함에 따라 신설된 전문기구 등으로 분류하기도 한다. 활동 현황에 관해서 경제사회이사회(ECOSOC)에 보고하지만, 산하기구와는 달리 독자적 예산과 인사고과 시스템을 갖고 있다.

셋째, 유엔 관련기구(Related Organizations)는 유엔과 특별 협정을 맺지 않았음에도 불구하고 유엔과 긴밀한 협력관계를 유지하고 있는 국제원자력기구(IAEA), 세계무역기구(WTO) 등과 같은 국제기구를 일컫는다. 넷째, 정부 간 기구로는 OECD, 아세안 등이 있다.

유엔기구의 특징은, 유엔 회원국 정부가 구성단위이다. 그러므로 유엔기구는 정부 간 기구(IGO, Inter−Government Organization)의 한 형태라고 볼 수 있다. 이러한 관점에서 유엔기구는 민간단체인 비정부기구(NGO, Non−Government Organization)와 다르다. 그러나 최근 유엔 시스템은 비정부기구의 협력·참여를 확대하고 있다. 예를 들어 유니세프(UNICEF)는 유엔기구이지만, 한국유니세프위원회는 민간단체인 비정부기구(NGO)이다.

◆ 국제기구의 신설 근거

우리나라에 새로운 국제기구를 설립하기 위해서 가장 중요한 것은 이슈의 선점이다. 현재 많은 국제적 현안과 이슈들이 있는데, 국제사회는 이러한 문제들을 해결하기 위해 새로운 국제규범(국제법)의 제정과 국제기구의 신설을 추진 중에 있거나 구상 단계에 있다. 우리나라가 국제기구의 신설을 위한 국제 이슈를 선점한다면, 관련 국제기구의 본부를 우리나라에 유치하는 과정에서 주도적인 역할을 할 수 있게 된다. 국제기구의 신설 근거는 세 가지로 분류할 수 있다. 첫째, 국제적 위기 상황, 둘째, 기존의 국제기구로부터 독립, 셋째, 여러 가지 기존의 국제기구들을 통폐합하는 경우이다.

첫째, 국제기구는 에이즈, 환경오염, 기아 사태와 같은 인류가 당면한 국제 위기 사안을 공동으로 처리하기 위해 새로이 신설된다. UNAIDS의 예를 들어 보자. 1981년부터 2007년까지 에이즈는 2천 5백만 명의 목숨을 앗아갔고, 세계 인구 중 3천 3백만 명이 인간 면역결핍 바이러스(HIV) 보균자인, 가장 위험한 전염병으로 알려져 있다. 인간 면역결핍 바이러스(HIV)의 전 세계적 확산 위험을 인식시키기 위해 〈AIDS를 위한 범세계 계획(Global Programme on AIDS)〉은 1988년부터 매년 12월 1일을 세계 에이즈의 날로 정했다. 이후 〈AIDS를 위한 범세계 계획〉은 현재 〈AIDS에 대한 유엔 공동 계획(UNAIDS, Joint United Nations Programme on HIV/AIDS)〉으로 명칭을 바꾸어 활동하고 있다.

유엔 환경계획(UNEP, United Nations Environment Programme)은 전 세계의 산업화로 인한 환경오염 문제가 심각해지자, 지구촌 환경 관련 활동을 유엔이 나서서 조정할 필요에 의해 탄생한 기구이다. 1972년 스톡홀름에서 열린 '유엔인간환경회의'의 결과에 따라 이듬해 설립되었고, 케냐의 나이로비에 본부가 있다. 환경과 관련된 다른 국제기구나 국가에 경비와 기술 인력을 지원해 환경보전 활동에 도움을 주고, 새로운 환경 문제에 대한 국제 협력을 목적으로 하고 있다. 또한 「몬트리올 의정서」, 「워싱턴 조약」, 「본 협약」, 「바젤 협약」,

「생물 다양성 협약」 등의 많은 국제 환경 협약을 만들고 관리하고 있다.

국제농업개발기금(IFAD, International Fund for Agricultural Development)은 개발도상국의 식량증진과 농업개발을 목적으로 저소득층, 소규모 농가, 가난한 농가들의 농업, 어업 프로젝트를 재정적(자금융자)으로 지원하고 있다. 1970년대 세계 오일쇼크의 영향으로 식량부족에 대한 위기감이 고조되었을 때, 1974년 로마에서 개최된 '세계식량회의'에서 식량난에 직면한 개발도상국들의 농업생산 증진에 필요한 추가 자금조달 방안을 마련하기 위해, 산유국의 오일머니와 선진국의 갹출금을 기반으로 1977년 출범한 기구이다.

둘째, 새로운 서비스의 필요에 의해 기존의 국제기구에서 분리 독립하여 탄생하는 경우도 있다. 예를 들어, 〈유엔프로젝트서비스(UNOPS, United Nations Office for Project Services)〉는 원래 〈유엔개발계획(UNDP)〉 산하 '프로젝트서비스'로 존재했는데, 보다 복잡해지고 다양해진 유엔의 프로젝트 서비스의 확대·실행을 위하여 독립한 국제기구로서, 유엔의 개발 프로젝트를 위해 1995년 출범했다. 〈유엔프로젝트서비스(UNOPS)〉는 지뢰, 빈곤, 환경보호, 공공부문의 개혁 등 관련한 다양한 분야의 개발 프로젝트를 기획하는 업무를 수행하며, 전문가 파견과 연수사업도 펼치고 있다. 또한 차관 융자 프로젝트를 관리하고 감독하기도 하는 유엔 최대의 서비스 기관이다. 또 다른 사례로, 〈식량농업기구(FAO)〉에서 독립 탄생한 〈세계식량계획(WFP, World Food Programme)〉이 있다. 이는 식량 원조를 통해 개발도상국의 경제, 사회 발전을 도모하기 위해 1961년 국제연합 총회와 〈

식량농업기구(FAO)〉 총회에서 설립키로 결의하고, 1962년 4월 「세계식량계획 설립협정」을 승인함으로써 1963년 1월 출범했다.

현재 신설 추진 중인 국제기구는 〈유엔생물다양성과학기구(IPBS)〉인데, 우리 정부가 유치 노력을 기울이고 있다. 1970년대부터 국제사회에서는 생물종 보호의 중요성을 인식하고 「멸종위기에 처한 야생 동식물종의 국제거래에 관한 협약(CITES)」 등 여러 국제협약을 체결하여 생물종 보전 노력을 기울여 왔다. 그러나 이러한 노력에도 불구하고 1980년대 중반에 들어, 열대림을 보유하고 있는 개발도상국에서 경제개발을 이유로 다량의 산림을 훼손하기 시작함에 따라 생물종의 멸종 속도가 더욱 가속화되었다. 이러한 상황에서 생물 다양성을 보전하고 지속 가능한 이용을 위해 새로운 국제법이 필요하게 되었다. 〈유엔환경계획(UNEP)〉은 여러 차례의 국제회의를 거쳐 1992년 「생물다양성협약」을 채택하고, 새로운 국제규범의 실행을 위해 〈유엔환경계획(UNEP)〉이 현재까지 사무국 역할을 담당해 오던 〈유엔생물다양성과학기구(IPBS, Inter-governmental Platform on Biodiversty and Ecosystem Services)〉를 보다 전문적이고 독립적인 정책 활동을 위해 신설 추진 중이다.

셋째, 유엔 차원의 개혁조치로서 비슷한 업무의 중복과 예산의 절감, 업무의 효율을 목표로 기존의 국제기구들을 통폐합하는 경우 새로운 국제기구가 탄생한다. 이러한 예로는 〈유엔개발기구〉와 〈유엔여성기구〉가 있다. 〈유엔개발기구(UNDP, United Nations Development Programme)〉는 이전의 '유엔특별기금'과 '확대원조계획'을 통합하여 1965년에 설립되었다. UNDP는 개발도상국의 경제, 사회적 발전을 위한 프로젝트를 만들거나 관리하며, 이전 사회주의 국가들이 시장경제로 발전하는 것을 돕기 위한 유엔 차원의 원조와 기술 지원을 주로 한다. UNDP의 이념은 '지속 가능한 인간개발'이며 빈곤퇴치, 재해 예방·복구, 전쟁 등의 특수 여건 아래서의 복구 개발, 정보통신 기술 분야의 개발, 환경보호 등에 관한 사업을 추진하고 있다. 또 개발도상국에 대한 자금 지원, 전문가 파견, 기술 지원, 기자재 지원 등의 업무를 한다. 또한 소득 향상이나 건강 개선, 또는 민주적인 정치, 환경 문제와 에너지 등, 모든 개발에 관한 프로젝트가 다루어진다. 실제로 UNDP의 프로젝트 진행은 다른 많은 조직이나 단체, 기관 등과 제휴하여 행해진다. 최근 2015년까지 세계의 빈곤인구를 절반으로 줄인다는 목표를 가지고 세계적 규모의 '빈곤퇴치 캠페인'을 벌이고 있다.

또 다른 유엔기구의 통폐합 신설 사례는 〈유엔여성기구〉이다. 유엔총회는 2009년 9월 14일 유엔 산하 여성기구의 통폐합을 통해 젠더 이슈를 독점적으로 다루는 별도의 강력한 기구를 발족시킨다는 내용의 결의안을 만장일치로 채택했다. 현재 유엔 산하에는 여성개발기금(UNIFEM), 사무총장 여성 특별보좌관실(OSAGI), 여성지위향상국(UNDAW), 국제여성연구훈련원(INSTRAW) 등 4개의 주요 국제여성기구가 있다. 하지만 이들 기구는 사무차장이 수장을 맡고 있는 유니세프(UNICEF)나 유엔인구기금(UNFPA), 유엔난민기구(UNHCR) 등 여타 기구에 비해 정치적·경제적 힘이 부족하다는 목소리가 있었다. 유엔여성기구(UN Women)는 유엔여성개발기금(UNIFEM, UN Development Fund for Women, 총회 산하, UNDP 직속), 여성지위 향상을 위한 국제연구훈련소(INSTRAW; International Research and Training Institute for the Advancement of Women, 총회산하), 성문제 특별자문관(OSAGI, Office of the Special Adviser on Gender Issues and Advancement of Women, UN Secretariat 사무총장실 산하, Department of Economic and Social Affairs 직속), 유엔인구기금(UNFPA, UN Fund for Population Activities)을 통합 관리하게 된다.

◆ 유엔기구 설립 주체

유엔기구를 설립하는 주체 세력은 유엔 회원국가 정부(政府)들이다. 유엔(UN)이란 '회원 국가들의 연합체'를 뜻하는 국제연합(United Nations)의 준말이다. 그러므로 통상 새로운 유엔기구의 설립 주체는 유엔 회원국가 정부이다. 예를 들어, 유엔인권최고대표사무소(OHCHR/UNHCHR, United Nations High Commissioner for Human Rights)는 국제 인권 전문기구 설치를 요구하는 미국 정부의 제안에 따라 1993년에 국제연합 총회에서 결의를 통해 설립을 결정했다.

최근에는 비정부기구(NGO)들이 주체가 되어 새로운 유엔기구를 창립하기도 한다. 유엔 분담금을 되도록 줄이려는 유엔 회원국들은 새로운 유엔기구의 설립을 당연히 꺼리게 되지만, 최근 국제사회에서 큰 문제가 되고 있는 지구 온난화와 같은 환경문제의 대응, 국경을 초월하여 인류의 보건에 큰 위협이 되는 에이즈와 같은 전염병에 대한 국제적 공동 대응의 부각, 세계화 진행으로 인한 국제 인신매매와 같은 국제범죄 대응과 인권 문제의 부각으로, 다양한 새로운 유엔기구를 신설해야 한다는 필요성이 관련 비정부기구들에 의해 주장되고 있다. 인터넷의 보급으로 전 세계의 비정부기구들은 특정 이슈를 중심으로 네트워크를 형성하여 정부 로비를 통해 필요한 국제기구를 설립하는 추세이다.

비정부기구의 발의에 의한 국제기구 설립 사례로는 〈유엔아동인권위원회〉가 있다. 1983년 휴먼라이트워치(Human Rights Watch), 월드비전(World Vision International)과 같은 50여 개 국제 NGO들이 〈유엔아동권리협약의 엔지오그룹(NGO group for CRC)〉의 전신을 결성하여, 「유엔아동권리협약(Convention on the Rights of the Child)」 초안 작성에 참여, 1989년 11월 20일 유엔총회에서 국제법으로 탄생시키는 데 기여했다. 곧이어 1990년대 초 〈유엔아동인권위원회(Committee on the Rights of the Child)〉가 설립되었다. 또한 〈유엔아동권리협약의 엔지오그룹(NGO group for CRC)〉은 1996년 필자가 몸담았던 〈아동성착취전담(Focal Point Programme)〉을 신설하여 유엔 협력기구로 운영했다.

비정부기구가 주체가 되어 국제기구를 설립한 다른 사례는 2010년 탄생한 〈유엔여성기구(UN Women)〉이다. 192개국으로 구성된 유엔총회는 2009년 9월 14일 유엔 산하 여성기구의 통폐합을 통해 젠더 이슈를 독점적으로 다루는 별도의 강력한 기구를 발족시킨다는 내용의 결의안을 만장일치로 채택했다. 그 배경에는 비정부기구의 역할이 컸다. 2008년 2월 26일 16개의 비정부기구가 모여 유엔의 여성 통합기구 설립 운동을 지원하는 '양성평등 구조개혁(GEAR)' 캠페인을 발족시켰다. GEAR는 "지난 30년간 여성단체와 여성운동은 유엔의 지원 하에 평화와 안전, 인권, 양성평등, 여성역량 강화 등을 위해 노력을 기울여 왔다. 이에 따라 여성을 위한 상당한 진보가 이뤄졌지만, 각국 정부는 「유엔 여성차별철폐협약(CEDAW)」이나 「베이징대회 행동강령」, 그 외 유엔회의에서 요구하는 여성인권 향상 노력에도 실패했다. 특히 유엔에는 미래를 위한 효과적인 구조가 부족하다며 웹사이트에서 캠페인 취지를 밝히고 있다.

GEAR는 새로운 유엔 여성기구의 필요성을 성공적으로 홍보하여, 2009년 3월 반기문 유엔 사무총장이 유엔의 여성 관련부서 및 산하기구를 통합해 새로운 기구로 재편해야 한다는 제안서를 유엔총회에 제출하게 된다. GEAR는 국제가족보건복지연맹(IPPF), 여성환경발전기구(WEDO), 새로운 시대 여성을 위한 발전대안(DAWN), 여성인권과 성평등문화운동(AWID), 글로벌 리더십센터(CWGL) 등이 주축이 되어 시작했으며, 현재 300여 개의 전 세계 비정부기구가 참여하고 있다.

◆ 국제협약과 국제회의 절차

유엔기구의 신설은 일반적으로 (1) 발의, (2) 국제협약 제정을 위한 국제회의, (3) 유엔총회 상정/유엔총회 결의(보편주의, 실제적 처리 중심, 다수결), (4) 조직체계, 운영계획 작성, (5) 사무소 개소와 함께 정식 유엔기구로 발족 등의 절차를 밟게 된다. 유엔기구를 설립할 때는 유엔총회에서 다수결의 원칙으로 의결한다. 「유엔헌장」 제18

조는 총회 표결에 있어 회원국들은 1개의 투표권을 갖고(1항), 중요 문제는 총회 출석 국가 중 3분의 2의 다수결로 하고(2항), 기타 추가적 부문의 결정은 회의 출석국의 과반수(3항)로 의결하는 것을 규정하고 있다.

이때 (1) 국제기구 설립에 동의하고 운영에 직접 참여하고자 하는 국가들의 정부 간 협의와 국제협약(조약) 작성/제정/서명을 위한 국제회의 개최가 필요하다. 그러나 (2) 필요에 의해 국제기구를 먼저 설립한 후 필요한 여러 국제법을 추후 제정할 수 있다. 국제법(협약)은 국제법의 모니터링과 집행을 위한 국제기구 신설의 필요성을 명시할 수도 있고, 기존 국제기구의 목적을 실현하기 위해 제정되기도 한다. 따라서 국제법의 제정과 국제기구의 신설은 선후가 뒤바뀔 수도 있다. 또한 (3) 국제협약 제정 없이 국제회의만으로 국제기구를 설립하는 경우도 있다. (4) 국제회의 없이 기존에 존재하는 국제기구가 유엔과 협의 또는 협정을 맺어 유엔기구로 전환하는 사례도 있다.

첫째, 국제협약을 먼저 제정한 후 관련 국제기구를 신설한 사례는 〈세계식량계획(WFP)〉이다. WFP는 식량 원조를 통해 개발도상국의 경제, 사회 발전을 도모하기 위해 1961년 국제연합 총회와 식량농업기구(FAO) 총회에서 설립키로 결의하고, 1962년 4월 「세계식량계획 설립협정」을 먼저 승인한 후 1963년 1월 출범했다.

또 다른 사례로 〈국제민간항공기구(ICAO)〉가 있다. ICAO는 "국제민간항공의 안전, 국제 운송업무의 기회균등 제공과 건전 발전을 위해"(국제민간항공 조약) 회원국의 협력 증진을 목적으로 하여, 1944년 시카고 국제민간항공회의가 채택한 「국제민간항공조약」에 따라

1947년 유엔 전문기구로 탄생했다.

둘째, 국제기구를 먼저 설립하고 관련 국제협약을 나중에 제정한 사례도 있다. 〈유엔난민고등판무관사무소(UNHCR)〉는 세계 각지에서 고통 받고 있는 약 2천여만 명의 난민을 보호하는 국제기구이다. UNHCR은 '난민의 항구적 해결'이라는 목표로 1949년 유엔 제4차 총회에 의해 출범했다. 이후 「난민의 지위에 관한 조약(1951년)」과 「난민의 지위에 관한 의정서(1967년)」를 제정했다. '유엔식량농업기구(FAO)'는 지구상에서 '기아'를 퇴치하기 위해 1943년 국제기구로 출범했고, 1945년 「FAO헌장」을 제정했다.

셋째, 국제회의를 통해 국제기구를 신설하는 경우도 있다. 〈유엔인권최고대표사무소(OHCHR/UNHCHR)〉는 1993년 비엔나에서 열린 '유엔인권세계회의'의 결과로 전 인류의 개발권리(the Right to Development), 시민권, 문화권, 경제권, 사회권 증진과 보장, 인권보호와 인권침해 방지활동을 위해 설립되었다. 2006년 출범한 '유엔인권이사회(Human Rights Council)'의 사무국 역할도 수행한다.

〈유엔 환경계획(UNEP)〉은 환경 관련 유엔 활동을 조정하는 기구이다. 1972년 스톡홀름에서 개최된 '유엔인간환경회의'의 결과에 따라 1973년에 설립되었고, 케냐의 나이로비에 본부가 있다. 환경과 관련된 다른 국제기구나 국가에 경비와 기술 인력을 지원해 환경보전 활동에 도움을 주는 것을 목적으로 한다.

〈국제해사기구(IMO)〉는 국제해상의 안전, 해상오염 방지, 국제해운의 차별 철폐, 해사 분야의 국제협력 증진과 정보교환을 목적으로 1948년 스위스 제네바에서 개최된 '유엔해사회의'에 의해 출범한 국제기구이다.

〈국제농업개발기금(IFAD)〉은 개발도상국의 식량증진과 농업개발을 목적으로 저소득층, 소규모 농가, 가난한 농가들의 농업, 어업 프로젝트를 재정적(자금융자)으로 지원하고 있다. 1970년대 세계 오일쇼크의 영향으로 식량부족에 대한 위기감이 고조 되었을 때, 1974년 로마에서 개최된 '세계식량회의'에서 식량난에 직면한 개발도상국들의 농업생산 증진에 필요한 추가 자금조달 방안을 마련하기 위해, 산유국의 오일 머니와 선진국의 갹출금을 기반으로 1977년 출범한 기구이다.

넷째, 기존의 국제기구를 유엔과 협정을 맺어 유엔기구로 전환하는 경우도 있다. 유엔 전문기구(Specialized Organizations)는 유엔헌장 제57조와 제63조에 따라서 경제, 사회, 문화, 교육, 보건 등의 분야를 담당하기 위해 이미 존재하거나 새로이 설립된 국제기구가 유엔과 특별협정을 맺음으로 해서 유엔 전문기구의 지위를 얻은 것이다. 유엔 전문기구는 시기별 구성상 세 종류가 있는데 〈만국우편연합〉과 〈국제전기통신연합〉과 같이 제1차 세계대전 이전에 만들어진 전문기구, 〈국제노동기구〉와 같이 국제연맹 시기에 설립된 전문기구, 〈세계식량계획〉 등과 같이 새로운 국제 이슈가 등장함에 따라 신설된 전문기구 등으로 분류하기도 한다. 이러한 유엔 전문기구들은 활동현황에 관해서 유엔경제사회이사회(ECOSOC)에 보고하지만, 유엔 산하기구와는 달리 독자적 예산과 인사고과 시스템을 갖고 있다.

◆ 유엔기구 조직 운영계획 작성

신설되는 유엔기구의 조직체계와 운영계획 작성 권한은 (1) 유엔 사무총장에게 주어지거나 (2) 관련 상위 유엔기구에 위임할 경우가 있다. 이때 가장 중요한 것은 신설 유엔기구의 본부(사무소)를 유치하는 국가의 재정 기여도를 결정하는 작업이다. 유엔기구의 본부(사무소)를 유치하려는 국가는 장기적 재정 부담 전략을 수립할 필요가 있다.

유엔기구의 본부(사무소)를 우리나라가 유치할 경우, 초기 빌딩 건립비용과 향후 운영 예산의 상당 부분을 부담하게 된다. 따라서 그 비용은 헌법 규정에 따른 '중대한 재정적 부담'이 되므로 국회 동의가 필요하다. 헌법 60조 1항에는 "국회는 상호원조 또는 안전보장에 관한 조약, 중요한 국제조직에 관한 조약, 우호통상 항해조약, 주권의 제약에 관한 조약, 강화조약, 국가나 국민에게 중대한 재정적 부담을 지우는 조약 또는 입법사항에 관한 조약의 체결·비준에 대한 동의권을 가진다."라고 명시하고 있다. 따라서 유엔기구의 예산 분담 관련 전략을 충분히 수립할 필요가 있다.

신설 유엔기구의 조직 운영계획 작성이 유엔 사무총장에게 위임된 사례는 〈유엔여성기구(UN Women)〉이다. 〈유엔여성기구(UN Women)〉의 사무총장은 여성 기구의 수장으로서는 사무차장 급의 지위가 신설된다. 사무차장은 사무총장, 부 사무총장에 이어 유엔 조직 내 서열 3위의 직급이다. 유엔총회는 반기문 유엔 사무총장에게 새 기구의 조직도와 기금 조성, 운용 감독을 위한 이사회 구성

등 세부사항에 대한 포괄적인 제안을 마련하도록 요청했다.

신설 유엔기구의 운영계획 작성이 관련 상위 유엔기구에 위임된 경우는 최근 설립 진행 중에 있는 〈유엔생물다양성과학기구(Inter-governmental Platform on Biodiversty and Ecosystem Services)〉이다. 이 기관은 생물 다양성(biodiversity)을 다루는 정부와 과학자 그룹 간의 정책협의 기구인데, 사무국을 서울에 유치하려는 정부 차원의 노력이 진행되고 있다. 〈유엔생물다양성과학기구(Inter-governmental Platform on Biodiversty and Ecosystem Services)〉는 유엔환경계획(UNEP)이 현재까지 사무국 역할을 담당하면서 신설 조직체계와 운영에 관한 국제회의를 주최해 왔다. 이 기구는 기후변화와 관련하여 활동하는 UNIPCC(Inter-governmenta Panel on Climate Change)와 같이 생물다양성과 자원/경제 효과를 연구하고 정책을 권고하는 기구로 탄생할 전망이다.

유엔기구 유치 - 김영수 편

VII. 동아시아 지역 평화·인권 기구

1 유엔동아시아평화위원회

◆ 동아시아의 안보 위기

현재 동아시아 지역의 영구적 평화 보장에 관한 사안을 논의할 국제기구가 없다. 중국은 핵미사일로 중무장하고 있고, 일본 역시 핵무기 생산이 가능하며, 양국은 이미 서로 군비경쟁 중에 있다. 북한 역시 핵탄두와 대륙간탄도 미사일 개발을 완료하여 사실상 핵보유국이 되었다. 그리고 북한은 남한을 향해 '불바다' 협박과 함께 천안함 폭침과 연평도 포격 같은 무력 도발을 서슴지 않고 있다. 그 틈바구니에서 비핵보유국을 선언한 우리나라의 안보는 위기 상황에 있다.

지정학적으로 동북아시아 지역은 중국, 일본, 러시아, 미국 등 강대국들의 전략적 이해관계가 얽혀 있고 남·북한 간에는 군사적으로 대치하고 있는데도 불구하고, 동북아시아 지역 차원의 평화 구현이라는 공동의 목표를 달성할 실질적인 대화 채널이 전무한 지역이다. 동북아시아는 민족주의, 국경 간 중첩성, 역사적 불신, 강대국 간의 각축전, 안보 딜레마, 미국의 단일주의와 이중성에 의해 '위축'되어 왔다(Gilbert Rozman, 2004).

일본은 제2차 세계대전에서 한국과 중국, 동남아를 침략한 전범국가이면서도, 일본군 위안부 문제 등을 포함한 침략의 역사에 대한 진정 어린 사과와 반성은커녕, 오히려 전쟁 범죄의 역사를 미화하는 교과서 왜곡을 고수하고 있다. 또한 일본은 중국과는 조어도, 한국과는 독도를 자국의 영토라고 억지 주장하며 영토 확장에 대한 야욕을 버리지 못하고 있다.

북한은 주체사상을 구심으로 국제적 고립을 선택하고 지역 차원의 협력을 기피하고 있다. 특히 1990년대 중반부터 지속되고 있는 북 핵 위기는 동북아시아의 협력적 공동체 형성의 중대한 골칫거리로 인식되고 있다. 북한의 핵 보유는 동북아시아를 화약고로 만드는 안보 위협을 가중시키고 있다.

중국은 남중국해상의 영유권 분쟁 지역 난사군도(南沙群島, 영문 명칭은 스플래틀리 군도)를 둘러싸고 필리핀, 베트남과 군사적 긴장관계에 있다. 2000년 이후 비교적 조용하던 난사군도 분쟁이 2009년 이후 재 점화된 것이다. 문제의 발단은 난사군도 해역에서 석유 매장이 확인된 데 있다. 즉 인접 국가들이 시추를 위한 석유탐사에 적극 나서면서부터 갈등은 더욱 고조되기 시작했다. 중국이 인근 서태평양 공해상에서 군사훈련을 실시하자, 힐러리 클린턴 미 국무장관은 남중국해에 미국의 '국익'이 걸려 있어, 일본에 주둔하고 있는 미 핵 항공모함 조지워싱턴 호를 투입하여 필리핀과 공동으로 군사훈련을 실시하게 된다. 베트남은 2011년 6월 실탄 사격훈련을 강행하면서 "중국과의 군사충돌을 불사하겠다."라는 항전 의지를 밝혔다. 이에 2012년 7월 중국 중앙군사위원회는 남중국해에 군사 구역인 경비구(警備區) 설치를 승인했다. 이 같은 군사적 긴장이 고조되면서 대만 국방부도 덩달아 난사군도를 순찰하는 해안 경비대에 미사일을 탑재한 함정을 배치했다.

남중국해 문제는 중국의 패권추구 행위가 아니라 국익의 충돌로 보아야 한다는 관점도 있지만, 전체적으로 보면 아시아·태평양 지역의 패권을 놓고 G-2인 미국과 중국의 대결 양상으로 번지고 있다. 2012년 싱가포르에서 열린 제11회 샹그릴라대화회의에 참가한 파네타 미국 국방장관은 2020년까지 대서양과 태평양 지역에서의 미국 해군 군함의 배치 분배비례를 50%대 50%에서 40%대 60%로 조정하여, 미국의 태평양에 대한 군사력 배치에 6척의 항공모함이 망라되며, 순양함, 구축함, 근해작전 함정과 잠수정의 수량도 미 해군 총수의 절반 이상을 차지할 것이라고 밝혔다. 또한 미 해군의 극비 전력인 '스텔스' 구축함을 2014년 한반도 서해에 배치할 방침이라는 발표도 있었다(폭스 뉴스. 2012. 6. 4). 스텔스 구축함은 적의 레이더에 거의 탐지되지 않아, 특히 해안선이 길고 섬이 많은 중국 연안에서의 중국의 '항공모함 킬러' 작전에 실효성이 뛰어난 것으로 평가되고 있다.

파네타 미 국방장관은 아태 지역 미 해군력을 대폭 증강하는 동시에 베트남과의 '군사 동맹'까지 추진하고 있다. 미국의 아태 지역 중시 군사전략에 따라 아프가니스탄 탈레반의 산악 목표물을 공격하던 미국 B-1 폭격기는 '중국 해상 목표물 폭격'이라는 새로운 임무를 부여받았다. 아프간 전쟁과 이라크 전쟁 등 '2개의 전쟁'에서 물러난 오바마 대통령이 군사전략의 초점을 아시아태평양 쪽으로 옮기면서 미국 공군의 임무가 바뀐 것이다. 『USA 투데이』는 2012년 7월 11일 "텍사스 주 다이스 공군 기지에 주둔한 제7폭격 비행단의 B-1 장거리 폭격기들은 앞으로 중국과 영유권을 놓고 마찰을 빚어

온 일본과 베트남, 필리핀, 말레이시아 등 주변국들 사이에 남중국해 분쟁이 일어날 경우, 중국의 해상 목표물을 타깃으로 정밀 폭격에 나서게 될 것"이라고 보도했다.

이 같은 미국의 군사전략 변화에 중국은 노골적으로 반발하고 있다. 중국은 미국에 대하여 "새로운 풍랑을 만들지 말라."고 경고하면서, 2012년 8월 중국 최초의 항공모함 바랴크 호를 서해에 투입하여 미국과의 본격적인 해군력 경쟁에 나서고 있다. 중국의 해군력 강화가 우리나라 서해에서 시작되면, 이어도 관할권 등을 놓고 우리나라와도 군사적 긴장이 발생할 우려가 있다. 여기에 일본까지 가세하여 북한 장거리 로켓 동향 탐지를 명분으로 일본 이지스 함을 서해에 배치하는 것을 검토하고 있지만, 이것 역시 중국의 패권주의를 견제하기 위한 포석이라는 해석도 있다. 아시아태평양으로의 해군력 적극 진출을 선언한 미국도 서해를 한미 합동 군사지역으로 간주하고, 언제든지 항공모함을 내보낼 수 있다는 입장을 취하고 있다.

이러한 동아시아 지역의 안보위기 상황에서도 지역의 평화 보장을 논의할 유엔 차원의 노력이 전무하다. 북한 핵문제 역시 그런 이유로 '6자 회담'이라는 임시방편으로 처리되고 있다. 「유엔헌장」 제1장 제1조 1항에서 유엔의 목적은 "국제평화와 안전을 유지하고, 이를 위하여 평화에 대한 위협의 방지, 제거 그리고 침략행위 또는 기타 평화의 파괴를 진압하기 위한 유효한 집단적 조치를 취하고, 평화의 파괴로 이를 우려가 있는 국제적 분쟁이나 사태의 조정·해결을 평화적 수단에 의하여 실현"하는 것이며, 2항에서 "세계평화를 강화하기 위한 적절한 조치를 취할" 것과 제7조 2항에서 "필요한 보조기관을 설치"할 것을 명시하고 있다. 그러므로 현재와 같은 안보 위기 상황에서 동아시아 지역의 평화 보장을 위해 지역 안보 공동체의 설립은 선택이 아니라 필수라고 말할 수 있다(사카다 야수요, 2005).

냉전 시대가 종식된 이후, 세력 균형(Balance of Power)이나 한미 동맹과 같은 냉전 시대의 안보 개념 이외에, '안보협력'(cooperative security)', '인간안보(human security)'와 같은 새로운 개념들이 등장하면서 아시아태평양 지역에도 이러한 개념들이 적절하게 응용되고 있다(Capie and Evans, 2002). 이러한 탈냉전 시대에 등장한 것이 안보 공동체라는 개념이다. '안보 공동체'란 군사적 무력 사용을 배제하고, 외교적 수단만을 이용하여 평화적인 공동체 관계 유지를 당연하게 받아들이는 독립 주권국가들의 결성체라고 정의할 수 있다(Deutsch, Karl et al., 1957). 안보 공동체는 냉전 상태에서 동·서로 나뉘어 미국과 유럽 국가들이 집단적 방위 공동체를 형성했던 북대서양조약기구(NATO, North Atlantic Treaty Organization)와 같은 군사동맹과는 다른 말이다. 그러나 안보 공동체는 이러한 기존의 군사동맹으로부터 발전된 형태라고 할 수 있다(Capie and Evans, 2002).

현재 지구상에서 유일하게 대만해협과 한반도만이 냉전 체제로 남아 있다. 미국과 일본의 동맹, 한국과 미국의 동맹은 안보 공동체가 아닌, (실제로는) 군사동맹이다. 북한을 포함한 중국, 러시아의 관계 역시 군사동맹이다. 동북아시아 지역은 미국, 일본, 한국의 군사동맹이 북한, 중국, 러시아의 군사동맹과 대치하고 있는 냉전 체제라고 보는 것이 옳다. 북한이 남한에 도발할 경우, 한국과 미국은 즉각 응전할 준비가 되어 있다. 중국과 대만과의 관계도 마찬가지다.

이러한 전쟁 위기 상황에서 관련국들은 군비 증강과 무력 사용을 억제하고, 전쟁의 위기를 대화와 외교로 해결하려는 노력이 필요하다. 이제 동북아시아 지역의 평화 유지를 위한 유엔의 상설 대화 채널을 시급히 마련해야 한다.

◆ 동아시아 안보 공동체

동아시아 지역의 냉전 갈등 상황에서 지역평화 보장을 위해 안보 공동체 형성을 위한 노력이 시도되고 있다. 1990년대 말 아시아 국가들을 강타한 IMF 금융위기와 2001년 9·11 테러는 동아시아 정부들에게 경제안보 공동체 형성과 '안보 공동체'를 포함한 '지역 공동체'인 〈아세안(ASEAN, Association of Southeast Asian Nations)〉의 형성을 촉진시켰다. 〈아세안〉은 「2003 아세안발리협약 II」를 통해 2020년까지 안보, 경제, 사회, 문화적 공동체를 포괄하는 아세안 공동체의 설립을 목표로 하고 있다. 또한 한국, 일본, 중국은 〈아세안+3〉이라는 틀을 통하여 지역 협력을 강화하면서, 동북아시아 안보 공동체 형성의 새로운 추진력이 되고 있다.

그러나 동북아시아 지역은 여전히 안보 공동체 형성에 있어서 아직 "태아 단계(embroynic)"이다(사카다 야수요, 2006). 이것은 북핵 위기에 대한 대응 방식에서도 확연하게 증명되는데, 북핵 위기와 관련된 아시아태평양 국가들이 2003년 '6자회담'이라는 임시처방에 매달리고 있기 때문이다. 6자회담은 미국, 중국, 러시아, 일본, 남북한 6개

국가 대표들이 북핵 문제를 다루기 위한 정부 간 소통 방식이다.

긍정적으로 평가하자면, 6자회담은 북핵 위기에 대처하는 좋은 처방이며 지역 안보 공동체의 신호탄이 될 수 있다. 6자회담이 지역 안보와 관련한 〈유엔동아시아평화위원회〉라는 유엔 협의체로 발전한다면, 효과적이고 건설적인 역할을 담당할 수 있을 것이다. 유엔 협의체라는 상설 외교적 소통 채널은 지역의 이해 당사국들 간의 의견 수렴과 포괄적 문제해결을 위한 전략적이고 효과적인 의견 일치와 해결 방안을 제시할 것이다. 이제 동북아시아는 평화를 선택할 것인가, 냉전체제의 군사대치를 유지할 것인가 하는 선택의 기로에 서 있다. 유엔 동북아시아 지역 평화 협의기구의 탄생은 교착된 남북관계는 물론, 중국, 일본, 대만의 군비 경쟁을 억제하고 지역의 항구적 평화를 정착시키는 데 크게 기여할 수 있을 것이다.

◆ 중국과 북한의 입장

중국은 북한의 핵 위기 조장에 대해 우려하고 있으며, 공식적으로 핵보유국이 되는 것을 원하지 않고 있다. 북한의 핵보유국 인정은 한반도 주변 동아시아 전체의 핵무기 개발 경쟁 도미노를 부채질할 수도 있기 때문이다. 중국 외교부의 류웨이민(劉爲民) 대변인은 2012년 6월 1일 정례 브리핑에서 "한반도 비핵화를 실현하고 평화와 안정을 지키는 게 각 측의 공동 이익에 들어맞으며, 이를 위해 공동 노력이 필요하다."고 밝혔다. 그런데 중국은 한반도 비핵화 실현과 지역평화

유지를 위해 유엔(UN)이 중심 역할을 할 것을 강조하고 있다.

2012년 북한 김정은 정권은 헌법 개정을 통해 핵무기 보유국으로 명시했다. 이렇게 북한이 핵무기 보유를 명시화하는 것에 대해 중국 정부는 반대해야 한다고 중국 공산당 기관지 『환구시보(環球時報)』는 2012년 6월 2일자 사설에서 강조했다. 북한의 핵무기 보유 합법화는 일본을 자극하는 것은 물론, 한국과 대만의 핵무장을 초래하여 동아시아 지역 전체가 핵전쟁의 위험에 빠지게 될 수 있다. 이러한 최악의 시나리오는 결국 중국의 대만 통일을 불가능하게 만들 수 있기 때문에, 중국은 북한의 핵보유 헌법 개정에 분명하고 명확하게 공개적으로 반대해야 한다는 주장이다.

2010년 2월 23일 동북아 포럼에 참석한 왕지쓰 베이징대 국제관계학원장은 북한에 급변 사태가 발생할 경우 남한과 미국이 '북한 영토를 점령'하여 통치하는 시나리오에 대하여, "다른 국가들이 중국 정부에게 단지 (간접적인) 대북 인도적 지원과 경제재건만 참여하라고 요구하면서, 이들 국가들은 (급변 사태로 공황 상태에 있는) 북한에 대해 정치·군사적 통제를 통해 (직접적인) 개입을 시도한다면, 중국도 가만히 있지는 않을 것이다."라고 경고했다. 북한의 향후 (김정일 사망 또는 그 이후 발생할 수 있는 북한 정권의 붕괴와 같은) '재앙적 상황이나 리더십 교체'와 관련해 "구체적인 시나리오를 언급하지는 않을 것이지만, 이것은 중국 정부의 입장을 대변한 것"이라고 말했다.

왕지쓰 원장은 "북한은 유엔 회원국이고 주권국가"라고 강조하면서, "북한의 영토에 대한 어떤 국제적인 개입도 북한의 동의를 받아야 하며, 유엔의 보호 아래 국제규범에 따라 진행되어야 한다."며 남북문제, 더 나아가 동아시아 평화와 안보의 문제 해법으로 유엔(UN)의 역할을 강조했다. 이러한 중국의 태도는 북한의 입장을 반영한 것이라 하겠다. 많은 학자들이 동의하는 것처럼, 북한 당국이 원하는 것은 체재의 안전보장이다. 핵무기를 보유한다는 것은 주변국에 위협이 되기도 하지만, 역으로 해석하면 자신들도 위협을 느끼기 때문에 강력한 무기를 개발·보유한다는 것이다. 부시 행정부와 오바마 행정부 기간 동안, 북한의 대미 정책은 북한의 자체적 핵개발 능력 향상과 핵 위기 조장을 통한 북한 체제의 안보 달성에 그 특징이 있다고 하겠다. 미국과 국제사회의 핵 확산 반대 정책과 북한의 인권 문제, 개혁·개방 요구와 동반하는 북한 체제변화에 대한 압박에 대해 북한 당국은 높은 수위의 위협을 느끼고 있다. 이러한 북한 체제의 위협에 맞서는 최고의 대응은 핵무장이라고 북한은 인식하는 듯하다(서보혁, 2011). 그래서 북한 핵문제 해결을 위해서는 북한의 체제 안전보장이 우선과제라고 보아도 좋다.

이러한 이유로 북한은 자신들의 '안전보장(체제보장)에 관한 미국과의 양자 협의'를 가장 중요시하고 있다. 그러나 중국 정부는 북한의 체제 안전보장과 동북아 평화유지를 위해서는 미국과의 양자협의가 아닌, 유엔(UN)의 역할을 강조한다. 북한의 안전보장(체제보장)을 위해서는 그 무엇도 아닌 유엔(UN)의 역할이 중요하다는 것이다. 북한은 유엔 시스템을 통하여 국제사회에서 하나의 당당한 주권국가로서 인정받고, 자신들의 체제가 어느 누구에게도 위협받지 않아야 한다는 것이다. 그러한 관점에서는 중국과 북한이 내재적으로 동의하고 있다고 볼 수 있다. 그러므로 악화되어 가고 있는 남북관계의 해

빙과 동아시아 전체의 평화를 위하여 가칭 <유엔동아시아평화위원회> 설립이 시의적절하다. 지역의 안보와 평화를 책임질 새로운 유엔기구를 통해 북한은 체재보장을 약속받고, 우리나라는 동북아의 항구적 평화유지를 배경으로 국운 상승의 모멘텀(momentum)을 얻을 수 있다.

2 남북 평화

◆ '통일': 남북 공통의 말잔치

돌이켜 보면, 통일은 역대 한국 정부들의 정치적 수사였을 뿐, 실질적 정책 과제는 아니었다. 통일을 위한 실천에 있어서는 오히려 반(反) 통일 정책이었다고 해도 과언이 아니다. 왜냐하면 흡수통일(吸收統一)의 흔적이 역력했기 때문이다. 무력으로 상대의 영토를 복속하려고 하거나, 상대의 처지를 고려하지 않은 이기적이고 이상주의적인 통일 정책을 표방하는 것은 남북이 매일반이었다. 분단을 시작으로 남북은 한국전쟁을 치렀고, 휴전이 되어도 북한은 남한의 공산혁명(共産革命)을 추구했으며, 남한은 반공(反共)을 기치로 북진통일을 지향했다. 이후 남한의 역대 정권들은 북한의 개혁·개방을 기대해 왔다.

1980년대 들어 남한의 눈부신 경제발전과 민주화의 물결 속에 남북한 체제의 실적에 큰 괴리가 발생했다. 이제 남한의 시장 민주주의 체제가 우월한 체제라는 인식이 확산되었고, 얼마 가지 않아 남한 주도의 흡수통일이 이루어질 것이라는 전망이 부상되었다. 북한도 새로운 상황에 대응하려고 미국이나 일본과의 관계를 회복하려 했으나 잘 이루어지지 않았다. 그러한 열등한 북한체제의 모습을 감추기라도 하듯 북한이 전략적으로 이용한 것이 북핵 위기였다.

최근 정부는 북한의 변화를 조건부로 설정해 놓고 있다. 예를 들어, 이명박 정부의 '비핵·개방·3000' 구상은 북한이 핵 폐기를 결단하면 국제사회와 함께 경제·교육·재정·인프라·생활 향상 등 5대 중점 프로젝트를 추진하여, 10년 내 북한의 1인당 국민소득이 3천 달러가 되도록 지원한다는 '선 핵 폐기, 후 지원'이라는 조건을 제시하고 있다. 이렇듯 통일을 이야기하면서 북한이 먼저 변화되어야 한다는 조건을 내세우고 있는 것이다.

우리나라의 많은 이들은 자유민주주의와 시장경제 체제가 우월하다고 여긴다. 그래서 대북정책은 한국과 우방(미국)의 힘으로 북한의 변화를 유도할 수 있다는 태도를 보이고 있다. 정리하자면, 대북정책은 '외부 힘에 의한 변화'와 북한 내부에서 민중들이 스스로 일어나 북한 체제를 변혁하는 '안에서의 혁명'(아래로부터의 변화)을 촉진하기 위한 전략으로 구성되어 있는 듯하다. 북한에 대한 국제사회의 경제 봉쇄는 경제적 타격을 주어 북한의 고립이 심화될 것이며, 이것은 다시 북한 주민들의 불만을 증폭시켜 결국 쿠데타 혹은 시민혁명이 발생할 것이라는 논리다(김연철, 2009). 이러한 북한의 변화를 기대하는 남한의 심리는 바로 흡수통일을 염두에 두고 있기 때문이다. 그러나 현재 북한은 민중 혁명이 일어날 가능성이 매우 낮다(윤홍석, 2011). 북한 주민들에게 민주화의 경험과 역사가 전무하기 때문이다. 강력한 통제와 감시로 인해 시민의식이 부재하여 시민사회가 형성되지 못하고 있는 것이다.

또한 북한체제는 '위로부터 혁명'의 무풍지대이다. 북한 지배계층에는 정치적 파벌이 존재하지 않는다. 그래서 쿠데타의 가능성도 없다. 북한의 기득권 세력이 변화를 원하지 않고 있기 때문이다. 또한 북한에 대한 경제봉쇄도 큰 영향을 미치지 못한다. 북한과 중국과의 경제관계가 남북 경제협력을 대체하면서 북한의 대중 경제 의존도가 더욱 심화되고, 북한 경제가 악화되기보다는 오히려 조금씩 호전되고 있다는 점도 국제사회의 경제 제재로 인한 북한 붕괴론의 비현실성을 드러내 준다.

많은 남한 학자들은 "서독처럼 대북 화해정책을 꾸준히 진행해 나가면 결국 통일이 될 것"이라는 환상을 갖고 있다. 김대중·노무현 정부 10년간의 대북 포용정책은 북한이 결국에는 개혁·개방으로 나설 것이라는 전제를 갖고 있었다. 그러나 현재 북한 정권의 현실을 볼 때 북한의 개혁·개방은 불가능하며, 그만큼 대북 포용정책도 경제협력에만 그치는 한계성을 내포하고 있다. 이러한 대북 포용정책의 한계는 김대중 정부의 햇볕정책의 노력에도 불구하고, 북한의 핵 포기와 체제개혁을 유도하는 데 실패한 주원인이라고 볼 수 있다. 햇볕정책은 서해교전과 같은 무력 대치뿐만 아니라, 북한의 핵실험과 핵무장이라는 파멸적 결과를 초래했다.

◆ 국제기구 유치 추진위원회

분단의 고통을 극복하지 못하고 남북이 대립과 갈등의 역사를 되풀이하고 있는 이유는 서로가 통일의 결과만 보고 통일로 가는 소통(疏通) 과정을 간과해 왔기 때문이다. 북한은 북한 입장에서 적화통일(赤化統一)을 정치적 수사로 사용해 왔고, 남한은 남한 입장에서 북한 체제의 붕괴와 흡수통일(吸收統一)의 가능성을 기대하고 있다. 북한은 김일성 주체사상과 사회주의 체제의 우월함을 주장했고, 남한은 자유시장경제와 민주주의 체제가 우월하다는 입장을 고수해 왔다. 적화통일만이 역사적 과제라고 믿는 북한이나 흡수통일만이 정의로울 것이라고 여기는 남한의 관계는 한 마디로 소통의 부재로 정의할 수 있다.

과정 없는 결과가 없듯이, 소통의 과정 없는 남북통일 결과도 기대하기 어렵다. 통일의 결과만 외치고 소통의 과정은 소홀히 했기 때문에, 남북 당국의 정책에는 때로는 관계 개선, 때로는 관계 악화의 혼돈이 존재했다. 이른바 남한의 '대북정책'과 북한의 '대남정책'은 교류와 협력의 밝은 면도 있었지만, 견제와 군사적 충돌과 대결이라는 어두운 측면도 포함하고 있었다. 그래서 역대 남한 정부들 역시 '통일 정책만 있고, 진정한 관계 회복은 회피했었다'는 점에서 참회 어린 반성이 요구된다.

이제 통일 전략은 북한의 적화통일 방식이나 남한의 흡수통일 방식이 아니라, 성별, 민족, 계층, 사상, 취향, 세대에 따른 분할·분립의 상황에서도, 이 모든 다름과 차이를 차별하지 않고 다양성이라는 이름으로 포용하며, 모두가 함께 평화로이 공존·공생하는 소통에 있다. 이질적인 남북의 체제가 서로 다름을 존중하며, 소통하기 위해 조화로운 소통 공동체인 〈유엔동아시아평화위원회〉를 신설해야 한다.

동아시아 안보 공동체를 통한 소통은 남북의 이질성을 인정함과 동시에 서로의 주권을 인정하는 것이다. 또한 서로 다른 체제를 있는 그대로 인정하는 것이다. 서로의 체제를 인정한다는 것은 상대방의 체제 변화나 전복을 유도하지 않는 것을 포함한다. 체제의 우월함을 주장하지도 않고, 체제간의 경쟁도 더 이상 무의미하게 본다. 국제기구를 통한 소통은 서로를 인정하면서, 서로가 일방적인 흡수통일을 위한 전략을 포기하는 것을 의미한다. 남과 북이 서로 다름을 존중하고 공존·공생의 번영의 길로 접어들기 위한 소통의 국제기구인 것이다.

〈유엔동아시아평화위원회〉의 설립은 이해 당사국들의 만장일치가 요구되는 어려운 외교적 과제이다. 우선 남북 당국 간의 협의가 이루어져야 하고, '6자회담' 당사국인 중국, 일본, 러시아, 미국 등의 적극적 참여가 필수이다. 군사, 외교뿐만 아니라 경제협력까지를 포괄하는 지역 안보 공동체의 신설 추진은 대통령 의제(Presidential Agenda)이다. 따라서 이 사업의 추진을 위해 대통령 직속 〈국제기구 유치 추진위원회〉의 설립이 필요하다.

대통령 직속 〈국제기구 유치 추진위원회〉는 동아시아·태평양 지역 모든 국가들이 한 자리에 모여 평화를 논의하게 만들기 위한 전초 기지로서 평화의 전령이 될 것이다. 이는 분단 이후 현재까지 북·중·러의 군사동맹과 한·미·일의 군사동맹이 주도한 한반도의 군사적 대립 상황을 유엔기구가 관리하는 영구적 평화체제로 패러다임을 전환시키는 것이라는 데 그 역사적 의의가 있다. 또한 중국, 미국, 베트남, 필리핀, 대만의 군사적 대립으로 악화되고 있는 남중국해 영유권 갈등을 평화적으로 해결할 수 있는 지혜로운 대안이 됨은 물론, 우리나라의 독도와 이어도를 지키기 위한 첨단 외교 병기가 될 것이다.

3 동아시아 인권보장 기구

서구 중심의 보편적 (절대) 인권의 가치 중심에서 탈피하여, 이제는 지역의 정서와 전통을 존중하고 문화적 차이와 다양성을 인정하는, 지역 특색에 맞는 상대적 인권 개념으로 발전하고 있다. 이러한 인권의 패러다임 전환은 많은 특정 인권 이슈와 지역적 인권 기준에 맞는 국제기구의 설립을 필요로 하고 있다.

◆ 인권의 보편성과 문화적 다양성

인권(human rights)은 비교적 최근에 애용되고 있는 용어이다. 처음으로 '인권'이라는 말이 사용된 배경을 살펴보면, 1941년 미국 프랭클린 루즈벨트 대통령이 하원에서 4가지 자유(언론, 신앙의 자유, 결핍, 공포로부터의 자유)를 언급했는데, 그것이 1941년의 대서양헌장, 1942년의 연합국 공동선언을 거쳐 유엔헌장(UN 憲章)의 인권 조항이 되었다. 이후 인권 문제는 유엔경제사회이사회에서 다루어지다가, 인권 문제의 중요성이 부각되면서, 2006년 유엔인권이사회의 독립 이사회 구성으로 승격되었다.

최근에 논란이 되고 있는 것은 시대와 사회적 특성을 초월한 보편적 인권이 있는가 하는 문제다. 이러한 인류 보편의 인권에 대한 시비는 '보편적 인권'이라는 것이 서구의 개인주의 세계관에 뿌리를 두고 있다는 점에서 비롯된다. 또한 문화적 상대주의자들은 인류 보편의 인권에 관련된 도덕과 윤리의 보편성(universality)에 대한 인권 운동가들의 주장에 반기를 든다.

이러한 논쟁의 시작은 1993년 6월 비엔나에서 열린 유엔 인권 컨퍼런스에서 찾아볼 수 있다. 국민의 자유와 인권을 탄압하기로 악명 높은 많은 국가들이 도덕과 문화의 상대주의를 주장하면서, 비엔나 컨퍼런스의 새 회원으로서 소리를 높이기 시작했다. 인권의 보편성(universality)을 거부하는 이론적 근거를 위한 세계관과 가치관을 지지하기 위하여, 문화적 다양성을 주장하며 지역사회 전통의 특이성을 강조했다. 중국 정부 대표는 "인권의 개념은 역사적 발전의 부산물이다. 우리는 (미국이나 서구 유럽) 특정 국가들의 인권 기준과 모델을 유일하게 적절한 것으로 보아서는 안 되며, 다른 국가들에게 자신들의 인권 기준을 강요해서도 안 된다."라고 주장했다(Kaufman, 1993).

예를 들어 미국은 지난 10여 년 동안 연례 인권보고서를 통해 중국의 인권 상황을 강도 높게 비판하면서 중국과의 외교적 마찰 원인을 제공하고 있다. 미 국무부는 2012년 5월 24일 「국가별 인권보고서」를 발표하고 중국을 북한, 이란, 벨라루스 등의 국가와 함께 '매우 열악한(extremely poor)' 인권 국가로 지목했다. 특히 탈북자 문제에 대해서 미 국무부 보고서는 "유엔난민기구(UNHCR)도 중국 내 탈북자들에게 접근하지 못하고 있다."면서, "탈북자들이 강제결혼, 노동, 매춘에 노출돼 있지만, 중국 정부는 북한 주민을 돕는 개인을 체포·감금하고 북한 주민을 강제로 송환하는 경우도 있다."고 지적했다.

이러한 미국의 태도에 대해 중국은 거세게 반발하고 있다. 홍레이 중국 외교부 대변인은 미 국무부의 발표 다음 날 정례 브리핑에서 "중국 인권은 주목할 만한 성장을 해왔고, 인권 문제를 외국의 내정에 간섭하는 도구로 삼아서는 안 된다."고 강조했다. 또한 중국 공산당 기관지 『인민일보(人民日報)』도 '서방 민주인권 수출의 본질을 직시하라'란 제목의 기사에서 "2차 세계대전 후 서방 자산계급의 상품, 자산 수출이 점차 민주인권 수출로 대체되고 있다."며 "일부 서방국가들의 민주인권 수출은 식민주의"라고 주장했다(2012. 5. 25).

랭글로이스(Langlois, 2001)는 이러한 인권의 가치관에 대해 논하면서, 인권의 전 세계 보편적 적용을 옹호하는 인권 운동가들을 비판하는 동시에, 아시아의 문화적 특수성으로 인한 보편적 인권 적용의 예외를 주장하는 중국의 입장을 수용한다. 인권은 보편성도 있지만, 인권의 본질과 의미에 대한 문화적 차이를 인정해야 한다는 것이다. 우선 랭글로이스는 말레이시아, 인도네시아, 싱가포르 정치가들과 지식인들에 의해 주장되는 국가적 특수성과 예외적 상황을 인식했으나, 이러한 주장들은 단순히 정치적 제스처에 불과하다고 설명한다. 설문 연구에 참여한 동남아시아 주민들의 대부분은 유엔 인권선언에 명시된 서구적 개념의 정의와 인간존엄에 대한 분명한 믿음을 드러냈으며, 지역을 초월하는 전 세계 보편적 인권에 대한 지역민의 믿음을 확인했다.

반면 랭글로이스는 인권주의가 서구 계몽사상을 배경으로 하여 형성되었기 때문에, 비록 보편주의적 용어를 사용할지라도 무엇이 정의이고 인권인가에 대하여, 미국과 서양인들의 시각에서 보는 인권의 획일적 적용은 문제가 있다고 주장한다. 동양의 어느 국가에서 서구의 인권주의를 수용하기 위해서는, 그 철학적 전제가 되는 서구 합리론과 자유주의를 받아들여야 하는데, 이러한 것은 문화적으로 서구적인 것과 비서구적 것이 어울리지 못하고 충돌할 수 있다는 것이다. 동양에서 무작정 서구의 인권 만용주의를 받아들이는 것은 바람직하지 않다는 것이다.

이러한 서구적 시각의 인권 해석에 대해 명백히 비판하면서 랭글로이스는 대체 개념을 제공한다. 그는 인권의 문제를 도덕 분야에서 정치적 문제로 확대 해석하기를 제안한다. 인권에 대한 논의를 정치적 민주주의 기구들에 대한 것의 기준으로 삼으면서, "설득, 토론, 논쟁이 꾸준한 형태로 유지되면서," 어떠한 형태로든지 단일한 도덕적·철학적 인권의 개념이 다른 권리들 위에 '으뜸패(trump)'로 받아들여져서는 안 된다고 그는 주장한다. 이러한 민주주의적 절차와 합의 과정을 통한 인권의 재해석이야말로 인권 이슈가 진보하게 만드는 버팀목이라는 것이다. 그래서 "어떠한 인권 조항들이 지켜져야 할지를 확실하게 하는 바로 이러한 토론(debate)"에 의해 인권 문제가 다루어져야 한다는 것이다.

모든 문화들에는 조금씩 상이한 특유의 정의 개념이 상존하므로, 어떠한 인권 문제를 다루어야 하는가에 대한 민주적 토론은 인권에 대한 개념을 우리가 사는 지역문화와 전통, 정서에 맞게끔 지속적으로 진화 발전시키는 데 기여한다는 것이다. 서양인의 관점에서 발전된 인권의 보편적 개념이 동양에서도 획일적으로 적용되어서는 안 되기 때문이다. 이러한 인권의 문화적 진화에 대한 노력은 우리나라를 포함한 동아시아 국가들이 당면한 시대적 의무이다. 특히 인권 문제로 미국과 갈등을 겪고 있는 중국의 경우에는 동아시아 고유의 인권 기준을 갖고 싶은 욕구가 절실할 것이다. 그러므로 동아시아 지역의 문화적 전통과 정서에 어울리면서 인권을 증진시킬 수 있는 「동아시아 인권헌장」의 제정과 〈동아시아 인권보장 기구〉의 신설은 시대적 당면 과제라고 할 수 있다.

◆ 동아시아 인권보장 국제기구

현재 한국, 중국, 일본 등이 속해 있는 동아시아 지역에는 인권에 관한 전반적인 감시를 하는 지역 인권보장 메커니즘이 없다. 기독교 문화권의 인권 기준과 이슬람 문화의 인권 기준은 다르다. 그런 관점에서 유교 문화가 근간이 된 동아시아 지역의 인권보장 기구가 탄생되어야 한다.

동아시아 지역 인권보장에 대해 논의할 정부 간 기구인 아세안(ASEAN)이 2015년 아세안 공동체로 출범할 예정이지만, 아세안의 방식이 내정간섭 등으로 비춰지면서 큰 걸림돌이 되고 있다. 또한 많은 NGO들이 아세안이 배려와 나눔의 기구로 제 역할을 하지 못하고 있다고 비난하고 있다. 동아시아 지역 인권보장 메커니즘을 보다 객관적인 입장에서 감시 혹은 평가하려면, 시민 기구들이 적극 참여하는 아래로부터의 노력도 보장되어야 한다. 그렇기 때문에 기존의 지역 인권 협의체를 기반으로 하는 국제기구의 형태로 탄생되어야 한다. 그렇지 않으면 특정 국가의 이익에 좌우되는 조직으로 변질되기 쉽다.

유럽의 경우 유럽 주평의회에 의해 1953년 「유럽 인권협약(the European Convention on Human Rights)」 채택과 함께, 1955년 유럽 인권위원회(ECHR, the European Commission on Human Rights)와 유럽 인권재판소(ECJ, the European Court of Justice)가 각각 설치되었다. 미주에서도 1959년에 미주 기구(OAS)에 의해 미주 인권위원회(American Human Rights Commission)가 설치되어, 1969년에는 미주 인권조약 제정과 함께 이를 적용하고 해석할 독립 사법기관으로서 미주 인권재판소(Inter-American Court of Human Rights)가 설치되었다.

아프리카는 「아프리카 단결기구(OAU, Organization of African Unity) 헌장」이 채택된(1963년) 이후, 「아프리카 인권헌장(The African Charter on Human and Peoples' Rights / Banjul Charter on Human and Peoples' Rights)」(1981년 채택, 1986년 발효)에 기초하여 1986년 40개국의 비준을 받아 아프리카 인권위원회(Commission on Human and Peoples' Rights)를 출범시켰다. 그러나 아프리카 인권헌장은 유럽이나 미주 지역 인권 협약과는 달리, 시민적·정치적 권리뿐만 아니라 경제·사회·문화적 권리를 망라하고 있다. 2006년에는 아프리카 인권재판소가 설치되었다.

아시아에서 중동지역은 1945년 3월 결성된 아랍국가 연맹(The League of Arab States)을 중심으로 아랍 인권위원회를 1968년 출범시켰으며, 「아랍 인권헌장(Arab Charter of Human Rights)」을 1994년 채택했으나 비준에 이르지는 못하고 2004년에 크게 개정되었다. 요르

단, 바레인, 알제리, 시리아, 팔레스타인, 리비아가 비준한 이후 2008년 아랍 에미레이트 연합이 7번째로 비준하여 발효되었다. 아랍 인권헌장은 생명의 권리, 신체의 자유, 공정한 재판을 받을 권리, 교육, 노동, 사회보장 등의 조문이 있지만, 이동의 자유, 표현 및 신념의 자유, 결혼 등에 대해서는 국내법이나 사회의 전통적 가치관 등에 따르게 하는 제한이 있다. 또한 중동 지역 전체로 보았을 때, 정부 간 인권 체제나 NGO의 활동은 모두 미약한 실정이다.

유엔기구 유치 - 김영수 편

VIII. IT관련 국제기구

1 사이버 안보 국제기구

◆ 사이버 안보 위기

최근 국가기관에 대한 인터넷 공격과 금융기관 전산망 해킹, 대규모 개인정보 유출사고가 빈번히 발생하면서, 전쟁의 양상도 예전의 군사적 무력시위에서 사이버 전쟁의 형태로 확산되고 있다. 이제 사이버 공간은 초기의 정보 교류에서 범죄의 현장이자 전쟁의 수단으로 변질되고 있다. 이에 따라 전 세계는 사이버 전쟁을 대비하기 위해 총력을 기울이고 있다.

사이버 전쟁(Cyber War)의 개념은 인터넷을 도구로 하는 첩보전, 테러전, 심리전 등을 포함하여 다양하게 정의되고 있다. 미국과 같은 강대국들은 정부, 은행, 전력망 등 국가 주요시설의 모든 컴퓨터 네트워크를 공격하기 위한 사이버 무기 개발에 노력하고 있다. 예를 들어 '논리폭탄'은 네트워크를 붕괴시킬 수 있고, '보트넷'(botnet)은 악성코드를 무기로 하여 웹사이트를 마비시키거나 감시할 수 있다. 또한 수 킬로미터의 원거리에서 적군의 컴퓨터 회로를 파괴할 수 있는 마이크로웨이브 방출 무기도 개발되었다.

조셉 나이(Joseph Nye)는 『뉴욕타임즈』 기고문 'Cyberspace Wars'(2011. 2.)에서 사이버 전쟁에 대비할 필요성을 강조했다. 현재 사이버 보안의 상황은 핵무기 개발 초기의 상황과 비슷하다는 것이다. 또한 『월스트리트 저널』은 'Cyber Combat : Acts of War'(2011.

5.)라는 논평을 통해 미 국방부는 국가 기간망을 흔들 수 있는 중대한 사이버 공격을 전쟁 행위로 간주하고, 무력으로 대응할 방침을 세웠다고 보도했다. 스턱스넷(Stuxnet)이라는 국가 기간시설을 파괴할 목적으로 제작된 신종 악성코드가 실전에 배치되면서, 이에 대한 군사적 대응 필요성이 인식된 것이다. 송전망 차단과 같은 사이버 네트워크 공격은 적대 국가의 의도적 선전포고나 마찬가지이며, 전쟁의 구성 요건에 해당한다는 것이다.

북한은 사이버 무기를 하나씩 개발하고 있다. 현재 많은 미사일과 군함, 전투기가 위성항법 시스템을 이용하고 있는데, 북한군은 이러한 위성항법 시스템을 교란하는 GPS 교란전파 무기를 사용하고 있다. 중국 역시 2011년 광저우에 사이버전 부대를 창설하고, 미군의 첨단 컴퓨터 통합 전쟁 시뮬레이터 시스템을 무력화할 수 있는 사이버 폭탄 개발에 합류했다. 일본 역시 사이버 공격을 받으면 공격 경로를 역 추적해 공격의 근원을 파악하고 프로그램을 무력화하는 바이러스를 개발 중이다. 현대 군사무기 시스템의 많은 부분이 컴퓨터와 인터넷에 의존하고 있는 시점에, 이러한 사이버 무기의 개발 경쟁은 우리나라에 또 다른 안보 위기를 제공하고 있다.

◆ 사이버 안보 위기 대응 국제법

사이버 안보 위기가 현실화되자, 미국 정부는 해커들의 사이버 테러를 전쟁과 동일한 안보 위협으로 간주하게 되었다. 오바마 대통령은 해킹 사건을 국가 안보의 첫 번째 위협 요인으로 규정했다. 미국 정부는 2010년 한 해 1억 5천만 달러(약 1천 600억 원)의 예산을 투입하여 사이버 전사 4만 명으로 이루어진 사이버 전쟁 사령부를 출범시켰다.

영국 역시 사이버 무기 개발에 박차를 가하면서, 2011년 11월 1일 런던에서 사이버 공간의 범죄와 안보에 관한 새로운 국제규범인 「사이버 공간에서 허용 가능한 행동에 관한 규범」 설정을 논의하기 위한 제1회 '사이버 공간 국제회의(London Conference on Cyberspace)'를 주최했다. 참여한 60개국 700여 명의 정부, 비정부 기구(NGO), 전문가, 네티즌들은 인터넷의 역기능을 최소화하고 혜택을 높이는 방안을 논의했다. 런던회의를 통하여 국제사회는 보다 안전하고 신뢰할 수 있는 인터넷 공간의 필요성과 사이버 전쟁 예방을 위한 국제법 제정이 시급하다는 것을 인식하게 되었다. 또한 국제사회는 사이버 범죄, 사이버 테러, 사이버 전쟁을 예방하기 위해 정부, 시민사회, 전문가들뿐만 아니라, 국제적인 차원의 긴밀한 공조·협력이 필요함을 확인했다.

2012년에 헝가리 부다페스트에서 열리는 제2차 사이버 공간 회의와 2013년 제3차 서울 회의의 일정으로 보면, 우리나라의 IT 강국으로서의 위상을 확인할 수 있다.

미국은 사이버 전쟁을 규제할 국제법 제정에 반대해 왔지만, 최근 많은 국가들이 사이버 무기를 개발함에 따라 사이버 전쟁 발발 가능성이 높아지자 국제법 제정에 적극적인 태도로 바뀌었다. 2009년 미국 정부는 러시아와 유엔 군축위원회와 함께 인터넷 보안 강화,

사이버 공간의 군사적 이용 제한을 위한 국제법 제정에 동참했다(New York Times, 2009. 12. 13). 러시아 역시 사이버 군사 활동을 대량 살상 무기 확산 금지 노력과 같은 높은 안보 위험성으로 인식하고 국제법을 제정하자고 주장해 왔다. 이에 따라 국제사회는 사이버 안보를 위한 국제법 제정과 국제기구 신설 논의로 한층 활기를 띠고 있다.

◆ 국제 사이버 안보 기구

현재 사이버 안보를 담당하는 국제기구는 없다. 유엔에서는 만국우편연합과 국제전기통신연합이 있는데, 그나마 국제전기통신연합은 최근 인터넷 도메인 관리 업무를 시작한 수준이다.

만국우편연합(UPU, Universal Postal Union)은 우편업무의 효율적 운용으로 국가 간의 통신연락을 증진시킴으로써 경제·문화·사회 등 여러 분야에 대한 국제협력을 증진하기 위한 목적으로 1874년 10월 9일 「국제우편조약」에 의해 발족되었고, 1948년 7월 1일 유엔과의 협정에 의해 유엔의 전문기구가 되었다. 본부는 스위스 베른에 있으며 직원은 약 170여 명이다.

국제전기통신연합(ITU, International Telecommunication Union)은 유무선 전기통신의 이용에 관한 국제질서 유지와 세계적 전화망 건설을 위해 방송, 위성통신 등 무선 통신에 사용되고 있는 전파의 국제 배분, 혼선 방지를 위한 국제 조정과 전화·팩스·이동통신·하이비

전 등 전기통신의 세계 표준화 작업을 수행하고 있으며, 개발도상국가에 전기통신 관련 기술을 지원하는 국제기구이다. 최근 인터넷 도메인 관리 업무를 시작하여, 미래 정보화 사회에 있어서 ITU의 역할은 더욱 커지고 있다. ITU는 1865년 파리에서 창설된 만국전신연합과 1906년 베를린에서 창설된 국제무선전신연합이 1947년에 통합되어 유엔 전문기구가 되었다. 스위스 제네바에 본부가 있고, 약 820여 명의 전문 직원들이 있다.

국제사회가 인류 공동의 문제로 떠오른 사이버 전쟁을 다루는 국제조약 제정에 힘을 쏟고 있지만, 국제법 제정 이후 관련 국제기구 역시 신설될 전망이다. 이러한 노력의 배아 단계로 국제간 공동연구 노력이 있다. 예를 들어, EWI 연구소(East West Institute)는 국제 평화와 안보를 위협하는 과제를 해결하기 위해 국제협력을 논의하는 기관이다(http://www.ewi.info). EWI는 최근 사이버 안보가 주요 이슈가 됨에 따라 그에 대응하기 위하여, 국제 안보 컨퍼런스인 '2011 Munich Security Conference'에서 제네바 협약과 헤이그 협약 같은 기존의 국제 전쟁규약을 사이버 공간으로 확장 적용할 것에 대해 논의를 진행하고 있고, 미국과 러시아 전문가들은 기존의 전쟁 관련 국제법을 사이버 공간으로 확장시키기 위해 공동연구를 수행하고 있다. 그러나 EMW는 단순한 연구기관의 한계를 넘어서지 못하고 있다.

안보와는 거리가 멀지만, 인터넷 표준화 등의 사업을 시행하는 국제적 단체도 걸음마 수준의 활동을 하고 있다. IETF 또는 국제인터넷표준화기구(Internet Engineering Task Force)는 인터넷의 운영, 관리, 개발에 대해 협의하고, 프로토콜과 구조적인 사안들을 분석하는 인터넷 표준화 작업기구이다. IETF는 공식적으로 인터넷 협회(the Internet Society) 소속이며 인터넷아키텍처위원회(IAB, the Internet Architecture Board)의 감독을 받는 산하기구로서, 인터넷의 운영, 관리 및 기술적인 쟁점 등을 해결하는 것을 목적으로 하여 망 설계자, 관리자, 연구자, 망 사업자 등으로 구성된 개방 공동체이다. 주로 자발적인 참여와 논의 과정을 통하여 인터넷 관련 기술 표준을 마련하고 있다.

IETF의 운영은 기본적으로 사이버 선상에 있는 네티즌들의 자원봉사에 의해 이루어진다. 그런데 문제해결 방식이나 합의를 도출해 내는 운영 규범이 미숙하여(rough), 때로는 필요한 자원 봉사자들의 수가 너무 적어서 일을 추진할 수 없거나, 또는 합의와 결론을 내기에는 자원봉사 네티즌들의 수가 너무 많아서 사업을 추진할 수 없게 되는 경우도 발생하고 있다. 때로는 자원 봉사자들의 전문성이 너무 떨어지는 것도 문제가 된다. 이러한 관계로 IETF의 사업 수행 속도가 비효율적이라는 비판을 받기도 한다. IETF가 자원 봉사자들로 구성된 느슨한 조직인 탓에 인터넷 협회(the Internet Society)는 IETF와 IAB의 활동을 위한 재정적, 법률적 지원을 하고 있다

사이버 전쟁을 규제할 국제기구의 탄생이 절실한 현 시점에서, IT 강국으로서 대한민국은 〈사이버안보국제기구〉를 유치할 전문성과 능력을 갖추고 있다. 예를 들어 2005년 제61차 UN ESCAP 연례총회에서 아태지역 내 ICT 전문 교육훈련 개발기관 설치가 의결된 이후, 인천 송도에 〈아태정보통신교육훈련센터(UN ESCAP APCICT)〉가 설

립되었는데, 이는 UN ESCAP 회원국 간 정보격차 해소 및 지속 가능한 발전 토대 마련을 위한 ICT 인력 양성을 목적으로 한다.

2009년 8월에는 제36차 국제인터넷주소기구(ICANN) 회의가 서울에서 열렸다. 서울회의에서는 100여 개 국가에서 1천여 명의 인터넷 관련 전문가들이 모여, 다국어 국가 최상위 도메인(예 : .서울)과 신규 일반 최상위 도메인(예 : .town) 도입 등, 주요 인터넷 주소 정책이 논의되었다. 서울회의는 우리나라 IT 기술의 우수성을 확인하는 계기가 되었다. 국제인터넷주소기구(ICANN, The Internet Corporation for Assigned Names and Numbers)는 1998년에 설립된 비영리 조직으로서, 인터넷 도메인 네임(.com, .net 등)의 관리, IP 주소 할당, 루트 서버 시스템(root DNS) 관리 등의 업무를 관장하는 전 세계 인터넷 주소 자원을 관리하는 민간 기구이다.

◆ 국가 사이버 안보 위원회

21세기는 '정보화 시대'라고 한다. '정보화 시대'란 쉽게 말하면 '인터넷 시대'라는 말과 같은 뜻이다. 그래서 모든 정보가 인터넷을 통해서 공개, 활용된다. 중요 국정에 대한 여론조사도 인터넷을 통해서 이루어지고, 최근 대선과 총선에서 보는 바와 같이 선거운동도 SNS와 인터넷을 통해서 이루어지고 있다. 여기에 최근에는 클라우드 서비스가 인기리에 확대 도입되고 있다. 그러나 네티즌들은 자신들의 파일과 정보가 어떻게 관리되는지 전혀 알 수 없다. 만일 네티즌들의 개인정보, 인터넷 메시지가 사이버 테러 집단의 영향에 취약하게 관리된다면, 네티즌들은 위험한 상황에 노출될 수 있다. 많은 네티즌들은 자신들의 개인정보 보호에 대해 다소 무관심하고 무기력하게 대응하고 있기 때문이다.

만약 인터넷 포털 업체 한 곳에서 해킹 사고가 발생했다면, 이는 해당 포털 업체만의 문제가 아니라, 해킹된 네티즌의 모든 인터넷 서비스에서 해킹 도미노가 발생했다고 볼 수 있다. 인터넷 포털 사이트의 패스워드는 여전히 완벽한 보안을 장담할 수 없는 상태이고, ID의 유출에 따른 네티즌들의 피해는 실제적으로 크다. 그러나 일부 인터넷 서버는 여전히 패스워드를 암호화하지 않고 있다. 더욱 경악할 만한 사실은 일부 해외 클라우드 서비스 업체에서는 패스워드가 안전하게 관리되고 있는지 확인조차 어려운 경우도 있다고 한다. ID 유출은 한 명의 네티즌의 피해로 끝나는 것이 아니라, 국가적 침해 사고의 시발점이 될 우려가 높다. 설명하자면, 디도스(DDoS) 공격은 트래픽의 일시 폭증으로 인터넷 서비스를 마비시키지만, 악성 트래픽을 제거하면 서비스 복원이 가능하다. 하지만 이보다 더 발전된 신종 ID 공격은 일일이 서버가 ID와 패스워드를 비교해서 패스워드가 다를 경우, 일정 기간 동안 서비스를 지원하지 않는다는 점에서 서비스를 완전히 마비시키는 치명적 사이버 테러 수단이 될 수 있다.

사이버 전쟁이 현실화된 시점에서, 이제는 인터넷 ID와 암호 같은 개인정보 보안의 문제를 사생활 침해 사안으로 단순하게 치부하지 않고, 국가안보 관점에서 다루어야 한다. 대한민국 국민들의 개인정보 보호를 위하여 범정부 차원의 예방 조치가 필요하다. 개인정보보호위원회, 행정안전부, 방송통신위원회, 국가정보원 등은 정보 주체의 프라이버시 보호는 물론이고, 국가 안보를 위해서도 개인 정보를 안전하게 관리하기 위해 기관 상호간의 공조 체제를 더욱 공고히 구축해야 한다.

폭스 뉴스(Fox News, 2011. 5.)는 북한이 3만여 명의 사이버 전사를 보유하고 있으며, 이들은 해킹과 사이버전 관련 전문가로서, 매년 100여 명 정도의 최정예 사이버 전쟁 특수 엘리트 전사들이 양성되고 있다고 보도했다. 현재 북한의 사이버 전쟁 수행 능력은 미국 CIA 수준으로 평가되고 있다. 북한이 사이버 전쟁을 벌인다면, 미군의 태평양 사령부를 일순간에 마비시키고, 미국 본토의 국방 네트워크까지 파괴력을 발휘할 수 있을 것이라고 보도했다.

유정복 새누리당 의원은 2012년 6월 8일 한국정보보호학회와 공동으로 '국가 사이버 보안정책 포럼' 창립총회를 개최했다. 유정복 의원은 보도 자료를 통해 "디지털 시대에 국가의 영토를 구분하는 아날로그적 국가의 경계는 더 이상 의미가 없어졌다."며 "아날로그적인 국토방위의 대상인 영토·영해·영공의 개념을 뛰어넘어 사이버 공간을 국방의 영역에 포함시켜 첨단 정보화 시대에 대처하는 범국민적인 인식 전환이 시급하다."라고 주장했다.

경찰, 국정원, 국방부, 방송통신위원회 등의 국가기관에 산재되어 있는 사이버 테러 대응 센터들을 총괄 지휘할 〈국가 사이버 안보 위원회〉의 설립이 시급하다. 사이버 공간에 존재하는 국가안보 위협 세력에 효과적으로 대응해야 한다. 국가는 사이버 공간을 사이버 범죄자들의 도발로부터 안전한 장소로 만들어, 국민이 안심하고 인터넷 서비스를 이용할 수 있도록 해야 한다. 우리 국민들의 개인정보, 금융기관, 국가 기관들의 서버는 더 이상 가상공간이 아니라 대한민국의 영토이기 때문이다.

2 사이버 인권 국제기구

◆ 스마트 혁명의 빛과 그림자

스마트 혁명은 긍정적 측면과 부정적 역기능을 함께 가지고 있다. 스마트 혁명이 가져다 준 빛과 그림자 탓으로 시민의식은 혼동 속에 방황하고 있다. 시민적 참여 의식과 참여 능력(skills)은 확대되었으나, 그에 상응하는 시민적 지식과 가치, 성숙한 시민의식은 정립되지 못한 상태에 있기 때문이다. 정보통신 기술의 급격한 발달은 시민들에게 정보 획득을 용이하게 하고, 상호 소통의 비용을 저렴하고 보편적으로 만들었다. 자연히 정치적으로 자신의 의사를 마음껏 표현할 수 있는 세상이 된 것이다. 시민의 참여 방식도 선거나 투표와 같은 전통적 방식의 제도적 참여보다는, 촛불시위나 온라인 커뮤니티 혹은 자발적 결사체, 댓글 달기와 같은 네트워크를 통한 참여로 확대되었다.

앨빈 토플러가 언급한 '제2의 물결'시대에는 인간의 목적·사상·행동이 군대식 중앙집권 형으로서 권위주의적인 명령과 복종의 획일적 사고가 지배하게 된다. 그러나 '제3의 물결' 시대에는 고도의 과학기술에 의한 반산업주의적 성격을 띠고 역사상 처음으로 인간성이 넘치는 문명이 도래하여, 인간의 사고는 자율적이고 분권적이 되고, 마이크로 일렉트로닉스 혁명은 생산과 소비 등 모든 환경을 개혁하게 된다. 새로운 환경의 핵심은 인간이 '생산자=소비자'가 된다는 것이다. 이러한 변화는 스마트 혁명으로 대변되는 소셜 네트워크(SNS)라는 개념을 탄생시켰다. 과거의 네트워크는 기업이 만든 서비스를 소비자가 수동적으로 이용하는 한계가 있었지만, 이제는 소비자가 주도적으로 네트워크를 생성하고 운영하게 된 것이다. 여기에 기업은 네트워크 환경을 제공해 주는 매체에 지나지 않는다. 소비자와 생산자가 일치 된 것이다. 정보화 사회에서 생산자는 제품을 만드는 사람이 아니라, 정보를 생산하고 제공하는 주체를 말한다. SNS의 예를 들어 보면 위키백과, 유투브, 페이스북, 트위터가 있다. 페이스북 이용자는 소비자인 동시에 생산자이다. 또한 유투브 이용자는 남의 동영상을 감상하는 소비자이기도 하지만, 자신의 동영상을 올리는 생산자이기도 하다. 정보화 사회에서는 이렇게 개인이 소비자인 동시에 생산자이다.

스마트 혁명의 긍정적인 측면은 독재정권 통치 아래 낱낱이 분산되어 무기력하게 머물러 있던 국민들이 서로 정보를 교류하며 시민의식으로 똘똘 뭉치게 만든 것이다. 2011년 초 튀니지의 재스민 혁명과 이집트의 시민혁명 선봉에는 인터넷과 소셜 네트워크(SNS)로 뭉친 젊은이들이 있었다. 이집트가 시위 18일 만에 민주화 혁명을 달성할 수 있었던 것은 이집트 국민들의 간절한 민주화 열망과 미국을 비롯한 국제적인 지원이 크게 도움 되었지만, 페이스북과 트위터 같은 SNS의 역할이 없었다면 가능하지 않았을 것이다. 젊은이들은 인터넷과 SNS로 세계의 변화를 확인하면서, 변하지 않는 자신들의 권위주의적 정권에 분노하기 시작했다. 경찰을 피해 유인물을 거리에서 배포하던 시절은 지났고, 페이스북이나 트위터로 시위를 간단히 조직할 수 있게 되었다. 이처럼 소셜 네트워크는 직접 민주정치의 국제적 토론광장이 되었다.

인터넷과 소셜 네트워크(SNS)는 부정적 측면도 있다. SNS는 사람들이 모이는 하나의 가상공간이 되었다. 많은 네티즌들은 예의가 없고, 관용과 배려도 없다. 모든 이가 이방인(stranger)인 데다, 얼굴을 마주 대하지 않으니 가상 사이버 공간은 인격존중, 칭찬과 격려보다는 험담과 비난의 댓글로 넘쳐난다. 이렇게 인터넷은 부정적인 시민의식의 온상이 되었다. 인터넷 가상공간에서는 도덕적으로 행동하도록 강요할 만한 규범이나 규칙이 없기 때문이다. 예를 들어, 전문가가 생산하는 콘텐츠의 경우에는 인터넷 포털업체가 사전 검증 과정을 거치지만, UCC(User Created Contents)와 같이 일반인들이 손수 제작한 콘텐츠는 여과 과정 없이 곧바로 인터넷에 올라가게 돼 있어 많은 문제를 야기한다. 최근 한 고등학생 만화가 지망생이 초등학생을 성폭행하는 내용의 만화를 포털 사이트에 올려 인터넷 상에 급속히 퍼지면서 사회적으로 큰 파장을 불러일으켰다(YTN. 2012.6.30). 문제의 만화에는 적나라한 초등학생 성폭행 장면 묘사뿐 아니라 "아동 성폭행의 꿈을 이뤘다."라는 변태적인 대화 내용으로 누리꾼들을 경악하게 만들었다. 그러나 포털업체는 한동안 이를 발견하지 못하고 그대로 방치했다. 텍스트와 달리 그림으로 만든 UCC는 필터링이 어려운 탓이다. 이처럼 인터넷에는 음란·폭력 영상물이나 불법 광고 글과 같은 불특정 다수가 올린 유해정보가 범람한다. 또한 스마트폰이 널리 보급되면서 사이버 유해정보의 전파 속도는 급속히 빨라지고 있다.

이렇듯 사이버 공간은 자기정화기능이 없다는 게 가장 큰 문제다. 인터넷과 SNS는 독설, 비도덕적인 댓글, 거짓말, 유언비어, 성희롱, 명예훼손 등의 비도덕적인 댓글성 폭력과 불법 도박, 유인, 갈취, 아동 포르노, 성매매 등의 범죄 창구로 이용되기도 한다. 나아가 마약 밀매, 인신매매, 테러, 불법 살상무기 밀매 등의 국경 없는 범죄 조직의 활동 무대로 이용되기도 한다. 그러므로 사이버 공간도 범죄 예방을 위한 사법 당국의 적극적인 모니터링과 정화 작업이 필요하다.

◆ 사이버 인권 국제기구

2000년 제정된 「아동 포르노, 아동 매춘, 아동 매매에 관한 유엔 아동권리협약 선택의정서」는 아동 포르노를 "아동이 실제 이용된 경우와 가상으로 성행위에 표현된 모든 방법, 모든 표현양식"이라고 정의하고 있다. 이 국제법을 지키기로 한 국가들은 아동 포르노 근절 법안을 제정하고 준수하도록 되어 있다. 미국 정부와 한국 정부 역시 이 국제규범을 따르기로 서명한 바 있다.

우리나라 형법에 의하면 음란물을 제작하거나 유포시키는 행위는 처벌 대상이 된다. 다시 말해 형법은 음란한 문서, 도화, 필름, 기타 물건에 대해서 반포, 판매, 기타 임대하거나 공공연히 전시 또는 상영하는 경우(제243조)뿐 아니라, 같은 목적으로 제조, 소지, 수입, 수출하는 경우(제244조)까지를 범법 행위로 규정하고 있다. 그러나 아동 포르노 근절 명분으로 '표현의 자유'를 침해해서는 안 된다는 반론도 만만치 않다. 2002년 4월 19일 '아동 포르노, 아동 매춘, 아동 매매에 관한 유엔 특별 보고관' 장 미구엘 쁘띠, 그리고 '언론과 표현의 자유에 관한 유엔 특별 보고관' 아비드 후세인은 아동 포르노와 표현의 자유에 대한 공식입장을 발표했다. 이들은 "표현의 자유 이전에 아동 포르노와 같은 아동에 대한 성범죄로부터 보호받을 아동의 인권이 우선한다."라고 주장했다. 또한 후세인 보고관은 "언론과 표현의 자유 보장을 위하여 선한 실천을 위한 도덕규범까지 희생해서는 안 된다."라고 강조했다.

가장 큰 문제는 인터넷을 통한 음란물의 범람이다. 통계청이 발표한 '2011년 청소년 통계'에 따르면, 중고생의 다수가 'On-line 음란물'을 경험한 것으로 조사됐다. 주부와 직장인 등의 성인들 사이에서도 음란 채팅이 유행하는 등, 인터넷 음란물은 우리 사회에 큰 문제가 되고 있다. 우리나라의 첨단 IT 기술과 세계 최고의 인터넷 보급률의 이면에는, 세계적으로 한국의 네티즌들이 음란 사이트를 가장 많이 찾는다는 외국 기관들의 우려스러운 통계도 있다.

국제미아착취아동보호센터(ICMEC)는 "아동 포르노 문제는 인터넷의 발달과 함께 폭발적으로 증가하고 있다."고 주장하고 있다. 아동 포르노 사이트는 2001년 10만 개였으나, 해를 거듭할수록 그 수가 기하급수적으로 늘어나고 있다. 영국에서는 인터넷 감시재단(IWF)이 2005년 한 해 동안 아동 학대에 대한 불법 인터넷 정보 등 2만 3천 658건을 분석하던 중 의외의 사실을 발견했다. 즉 영국에서 발생한 불법 정보는 1%도 되지 않는데, 미국(40%) 러시아(28%)에서 만든 것이 대부분이라고 한다. 음란 인터넷 사이트 중 아동 포르노가 가장 많은 국가는 바로 이웃 일본이다. 사이버 선상의 전체 아동 포르노의 80%가 일본에서 만든 것이라고 한다. 한국은 '미국에 이은 음란 공화국'이라는 오명을 들을 만큼 유해 사이트가 많다. KT가 지난 2004년 내놓은 '언어별 유해 사이트'에 따르면 한글 유해 사이트는 17만여 개라고 한다.

인터넷 음란물이 위험한 이유는 상당수가 어린 여자아이들을 성폭행하는 아동 포르노이기 때문이다. 인터넷 음란물 중독은 남자들에게 초중등학교에 다니는 어린 여자아이들을 성폭행하고 싶은 욕구를 충동시킨다. 어느 통계에 따르면 한 해 동안 우리나라에서 발생하는 아동 성폭력 사건은 35만 건이라고 한다. 중학생만 되어도 인터넷 포르노에 빠지는 아이들이 많다. 중고등학교 남학생들이 인터넷 포르노를 따라하려고 이웃집 어린 여자아이들을 집단 성폭행하는 사태가 속출하고 있다(김영수, 2010).

국제사회에서 아동 포르노 문제가 더욱 심각해지는 것은 (1) 국가 간 상이한 국내법과 느슨한 사법 당국의 대응도 문제이지만, (2) 인터넷의 급속도의 전파 속도, (3) 국경 없는 인터넷의 특성으로 아동 포르노의 문제는 국제적 공동대응을 요구하기 때문이다. 특히 음란물을 허용하는 국가라면 서버 회수 등의 강제수단을 취할 수 없다. 서버 회수가 어려우면 회선이라도 차단해야 하는데 쉽지 않다. 필터링을 통해 막는 방법도 있으나, 불법 성인 사이트 운영자들은 IP 등을 바꿔 필터링을 피해 나간다. 같은 집이라도 주소를 바꾸면 집배원이 집을 찾을 수 없는 것처럼, 필터링은 즉각 무용지물이 되는 것이다. 국경이 없는 사이버 공간의 특성상 사이버 범죄자들은 법망을 피하기 위해 세계 여러 국가의 서버를 활용해 유통한다. 그러므로 이들에 대한 대응은 일부 국가들만의 노력만으로 되는 것이 아니다. 따라서 유엔 시스템 차원의 총괄 협력대응의 필요성이 대두되고 있다.

2006년 국제미아착취아동보호센터(ICMEC)의 통계에 따르면, 국제형사경찰기구(인터폴) 가입 184개국 가운데 한국, 일본, 중국 등 63개국이 아동 포르노 방지 입법이 미흡한 국가로 분류됐다. 이들 국가들은 아동 포르노물 소지자에 대한 처벌 규정과 인터넷 서비스 사업자의 신고 규정을 두지 않았다고 밝혔다. 조사 대상 국가들 중에 미국, 호주, 벨기에, 프랑스, 남아프리카공화국 5개국만 아동 포르노 금지법, 아동 포르노 관련 처벌, 아동 포르노 배포행위 처벌, 인터넷 사업자의 아동 포르노 신고 규정 여부 등의 기준을 모두 충족했다. 184개국 중 절반 이상인 95개국은 아동 포르노를 금지하는 법 자체가 없는 나라로 조사되었다.

'아동 포르노'에 대한 형법상의 개념 정의도 국가마다 천차만별이라 문제가 된다(김영수, 2006). 영상물을 아동 포르노라고 결정할 경우, 표현된 아동의 나이와 신체 노출 정도에 대해 국가마다 차이가 있고, 처벌 형량에도 차이가 있다.

EU, 미국, 캐나다 영국, 네덜란드에서는 아동의 연령을 만 18세 미만으로 본다. 호주는 16세, 독일과 아이슬란드는 14세라고 보고 있다. 또한 나라마다 아동 포르노 관련법이 다소 다르다. 캐나다의 형법은 만 18세 이하를 아동 연령으로 본다. 만 18세 이하 아동의 성기 및 항문 부위와 관련된 성행위를 묘사하는 것을 아동 포르노라고 보고 있으며, 이것의 제작과 보급에 연루된 경우 10년 이하의 징역을 구형하고 있다. 또 아동 포르노를 갖고 있거나 열람해 보는 경우 5년 이하의 징역을 처분하고 있다. 독일의 형법 제184b조는 아동의 연령을 만 14세로 정하고 있으며, 아동 포르노의 단순 소지자는 2년 이하의 징역이나 벌금형에 처할 수 있고, 아동 포르노의 제작, 보급, 구매자는 5년 이하의 징역을 구형할 수 있다. 또 상업적 목적으로 재범하거나 조직적으로 아동 포르노 제작에 연루된 자는 10년 이하의 징역 처분을 할 수 있다. 영국의 경우 1978년 아동보호법에서 아동 포르노의 이미지를 아동의 불건전한 영상으로 정의하고 있으며, 이러한 아동 음란물의 제작, 상영, 배포, 광고 행위를 금하고 있다. 아동의 '비키니' 입은 사진까지도 불건전한 것으로 본다. 아동 포르노 금지에 관한 사항을 1988년 어른이 아동을 흉내 내어 포르노 장면을 연출한 것까지 금지하는 「불건전한 유사 아동사진에 관한 형법」으로 발전시켰다. 일본의 경우, 만 18세 미만 아동과의 매춘을 처벌함과 동시에 아동 포르노를 1999년부터 규제하기 시작했다. 아동 포르노의 범위를 의복을 전부 또는 일부 입지 않은 아동의 자태로 성욕을 흥분시키거나 자극하는 것까지 포함하고 있다.

국가마다 아동 음란물에 대한 형사법 내용이 상이한 데다, 아동 음란물을 규제하는 법조항 자체가 없는 국가도 많이 존재하기 때문에, 아동 포르노 근절을 위한 통일된 국제 규범의 제정이 절실하다. 또한 음란 사이트를 단속하면 할수록 더 성장하는 것은 바로 인터넷의 국경이 없는 탓이다. 해외 서버 사이트는 국내 사법 당국의 능력으로 사실상 단속이 어렵다. 서버가 있는 해당 국가의 법률이 음란물을 불법으로 규정하지 않으면 처벌은 물론 국가 간의 공조도 어렵다. 따라서 인터넷을 통한 아동 포르노의 근절을 위해서는 전 세계 국가들의 강력한 공동 대응 없이는 불가능하다. 이러한 관점에서 〈사이버 인권 국제기구〉의 신설은 무엇보다 시급한 국제적 사안이다.

◆ 사이버 사회통합 위원회

다문화적으로 다원화되고 갈등이 증폭되는 사이버 세상에서는 타인의 견해를 용인하려는 관용의 자세도 사회통합을 위해 필요한 덕목의 하나이다. 관용은 자신과는 견해를 달리하거나 혹은 자신이 좋아하지 않는 대상에 대한 부정적인 행위를 자발적으로 멈추는 적극적인 행위이다. 이것은 나와 남의 견해가 다를 수 있다는 인식적 상대주의를 기반으로 할 때 성립 가능하다. 그러나 규제 없는 인터넷의 속성으로 인한 무분별하고 무한정한 표현의 자유는 단순한 방종을 넘어 타인의 권리를 침해하고 범죄로 결론나기 십상이다. 그러므로 사이버 공간의 사회통합은 시급한 사안이라고 볼 수 있다.

선진 각국에서는 인터넷 관리정책을 개발하고 있다. 불법 유해정보를 차단하고 건전한 인터넷 문화가 정착될 수 있도록 자율규제를 지원하고 있는 것이다. EU는 인터넷 관리에 있어서 가장 앞서가고 있으며, EU의 'Safer Internet Action Plan'은 국제사회에서 인터넷 관리 정책의 모범이 되고 있다. EU 등 해외에서의 사이버 공간 관리

체계는 시민과 정부기관이 서로 협력하는 자율적인 민관 합동관리 형태라고 할 수 있다. 유해정보는 자율적으로 관리하고, 불법정보는 정부의 강력한 규제로 대응하는 것이다. 현재 EU 의회는 2009-2013년의 기간 동안 강화된 인터넷 관리정책인 'New Safer Internet Programme'을 실행하고 있다.

인터넷 소통에 대하여 법적으로 강력하게 규제하는 국가도 있다. 2012년 중국 정부는 중국판 트위터 격인 웨이보(微博), 인터넷 블로그 등 각종 소셜 네트워크 서비스(SNS) 이용자 모두가 실명 등록을 하도록 인터넷 관련법을 개정했다. 특히 법안은 공안 당국을 인터넷 감독과 처벌 주무부처로 명시하여 국가명예 훼손, 민족감정 선동, 유언비어 유포, 사회질서 교란, 사회안정 파괴를 유도하는 불법정보를 사이버 공간에서 전파하는 행위에 대해 형사 처벌하도록 규정했다. 그러나 바람직한 사이버 사회통합을 위해서는 규범 강화를 통한 인터넷 시민의식 함양이 최우선이며, 통제 수준의 규제는 차선책으로 고려되어야 한다. 가장 시급한 것은 사이버 선상의 프라이버시 침해, 명예 훼손 등을 막기 위한 인터넷 규범 강화이다. 예를 들어, 우리나라에서는 정보통신망 이용촉진 및 정보보호 등에 관한 법률, 정보통신 기반 보호법, 저작권법, 특허법, 청소년 보호법 등과 같은 여러 법률들이 네티즌들의 일탈 행위를 규제하고 있다. 표현의 자유 침해는 최소화해야 하지만, 사이버 공간이 무법지대가 된다면 결국 네티즌 모두의 자유를 침해하게 될 것이다.

인터넷 관리를 위한 정부의 능력에 한계가 있기 때문에 시민들의 자율적인 참여와 노력이 필요하다. 무엇보다도 사이버 공간에서 네티즌들의 행동을 규제하기 위해 사이버 윤리 함양을 통한 자율적 규범을 강조할 수 있다. 이러한 시민들의 자율적인 사이버 정화 노력을 촉진하기 위하여 정부는 민간 감시망 구축, 지역 공동체 활성화 등을 지원하는 정책을 마련할 필요가 있다. 정부 예산의 지원도 적극 고려할 필요가 있다. 1996년 영국 정부는 비영리 민간기구인 인터넷 감시재단(IWF) 설립을 지원해 주었다. 이 재단은 민간 인터넷 감시망으로 건강한 디지털 공간을 유지하기 위한 시민사회의 자율적인 정화 노력이다.

네티즌들의 사이버 윤리 함양을 위하여 영국에서는 시민단체가 나서서 Childnet International(http://www.childnet-int.org) 을 설립하여 네티즌들의 사이버 윤리 교육과 시민들의 자율적인 인터넷 감시를 촉진하고 있다. 특히 어린이와 청소년들에게 인터넷의 건전한 사용을 교육하는 데 중점을 두고 있다. Childnet International은 또한 국제적인 인터넷 감시망 구축을 목표로 유럽인터넷 핫라인제공자협회(INHOPE, Internet Hotline Providers in Europe Association)를 창립하여, 아동 포르노 근절과 불법 유해정보로부터 어린이와 청소년을 보호하기 위한 다양한 국제적 활동을 하고 있다. 또 다른 영국의 시민단체는 ChatDanger(http://www.chatdanger.com) 사이트를 운영하면서, 채팅, 메신저, 온라인 게임과 같은 쌍방향 커뮤니케이션을 이용할 경우에 일어날 수 있는 오프라인 만남을 통한 성폭력, 온라인 괴롭힘 등의 잠재적인 위험에 대해 교육하고 있다. 온라인 만남이 범죄로 연결되는 여러 가지 실화를 소개하고, 이와 관련된 안전수칙 등을 알려주고 있다.

단순한 교육적인 정보는 청소년들에게 전파력이 낮기 때문에, 재미있는 컴퓨터 게임으로 교육 프로그램을 만들어 학생들을 교육하는 아이디어도 참신하다. 영국의 'The UK Local e-Democracy National Project'는 학생들이 건강한 민주시민으로 성장할 수 있도록 보급된 모바일 게임이다. 이 게임은 영국의 청소년들이 가장 많이 다운받은 모바일 게임 중 하나일 정도로 청소년들의 긍정적인 반응을 얻고 있는 프로그램이다(www.demgames.org).

캐나다에서는 시민들의 자발적인 MNet, Parenting the Net Generation Workshop, Be Web Aware 사이트, Web Awareness 사이트 등에서 부모들에게 자녀들을 인터넷 범죄로부터 보호하기 위한 안전수칙과 조언을 제공하고 있다. 부모들은 자녀들이 의도하지 않게 사이버 공간에서 겪을 수 있는 사이버 괴롭힘, 음란물 접속, 유해불법 정보, 사생활 침해, 개인정보 유출 등에 대한 대응 정보를 제공하고 있다. 미국의 Net Literacy는 인터넷 윤리의식을 강화하기 위한 교육 프로그램으로 'Safe Connects Campaign'을 방송 중이다. Net Literacy는 인디애나폴리스에 기반을 둔 비영리 시민단체로서, 사이버 괴롭힘(Cyber Bullies)과 나쁜 네티켓(Bad Netiquette) 등에 대한 사이버 윤리교육을 실시하고 있다.

우리나라에서도 시민들이 형성하는 사이버 공간의 건설적인 토론문화 정착이 절실히 요구된다. 이는 사이버 공간에 참여하는 네티즌들이 공공의식을 가지고 상호 예절을 지킬 때 가능하다. 이를 위해서는 사이버 윤리기준 설정과 이에 대한 실천을 위한 국가적 차원의 노력이 활성화되어야 한다. 또한 사이버 민주시민 의식 함양을 위한 교육이 필수적이라고 할 수 있다. 이를 위해 초등학교부터 인터넷 예절에 관한 교육을 강화해야 한다.

사이버 사회통합을 실현하기 위해서는 현재 다수의 정부 부처에서 중복 집행하고 있는 인터넷 관리를 통합할 필요가 있다. 비효율적이고 일관성 없는 인터넷 관리를 위하여 국무총리실 사회통합정책실을 비롯하여 행정안전부, 교육과학기술부, 문화관광체육부, 법무부, 방송통신위원회 등 관련 부처와 공공기관 및 연구기관, 민간과 학계 모두가 참여하는 총괄 정부기구인 〈사이버 사회통합 위원회〉를 신설할 필요가 있다.

평화 그리고 복지

이제 대한민국은 21세기의 새로운 도전을 맞이하고 있다. 평화와 복지를 논하는 위정자는 새로운 시대적 상황 속에서 미래의 희망을 제시해야 한다.

복지는 행복을 추구한다. 복지는 고통 받는 사람들에게 도움의 손길을 내미는 사랑의 실천이다. 복지는 어려운 현실에서 희망의 미래를 위한 도전이다. 지상낙원을 향한 끊임없는 인류의 탐험이다.

정신과학 교수, 전문의라는 작은 돛배를 타고 복지의 신대륙을 찾아 나선 국회의원 신의진의 용기에 갈채를 보낸다. 신의진의 복지 탐험이 경이로운 것은 '복지 민주화'라는 복지의 새로운 이정표를 세웠기 때문이다. 이제까지 세상 그 어떤 복지전문가도 복지 정책이 민주적으로 실천되어야 한다는 점을 논한 적이 없다. 그래서 신의진은 '복지 민주화'라는 신대륙을 발견한 복지계의 콜럼버스이다.

신의진은 복지 민주화의 과정을 인권의 패러다임 변천으로 설명하고 있다. 인권의 패러다임은 제1기 참정권에서 제2기 선택적 복지로 전환을 마쳤다. 선택적 복지는 정부가 복지 혜택을 받을 대상을 선택하는 비민주적인 복지 체계이다. 이러한 비민주적 복지 관행에 국민의 참정권을 부여한 것을 제3기 인권으로의 패러다임 전환이라 본다. 신의진은 이것을 복지권에 참정권이 융합된 이상적 미래 복지의 형태로 해석하고 있다.

신의진은 국민들의 복지체감도가 낮은 원인을 정부의 비민주적 복지관행 때문이라고 진단하고 있다. 이제까지 복지정책의 주인은 정부였다. 복지 서비스 대상자, 복지혜택의 종류, 복지 서비스의 질과 양에 대한 모든 결정권은 정부의 손에 있었다. 이제 국민의 요구와 목소리가 반영되지 못하는 이러한 비민주적 복지 관행에 제동을 걸고 나섰다. 그러나 정부의 복지 정책이 '민주화'되어야 한다는 주장이 너무나 보편타당한 논리임에도 불구하고, 신의진의 논리는 너무나 새로운 발상이다.

신의진의 복지 민주화는 '자기 주도적(self motivated) 복지'로 탄생했다. 자기 주도적 복지란 국민이 복지 정책과 복지 서비스의 개발·시행 과정에 주도적으로 참여하게 하는 제도이다. 정부가 일방적이고 획일적으로 만들어 놓은 복지 서비스의 문제를 해결하고, 개인의 복지 욕구를 충족하기 위한 주문자 방식의 맞춤형 복지 체계가 자기 주도적 복지 시스템이다. 국민을 위한, 국민에 의한, 국민의 복지가 바로 자기 주도적 복지인 것이다.

많은 사람들이 시대착오적인 공짜복지 논쟁을 벌이고 있다. 한국

전쟁 직후 미국으로부터 지원받던 공짜급식 형태의 가난한 시절의 복지정책이 정치권에서 화제가 되고 있을 때, 신의진은 '마음의 복지'라는 자신만의 새로운 복지 영역을 개척했다. 신의진은 복지를 '행복'의 가치로 해석하고 있다. 의식주, 기초보건 보장을 위한 국민소득 1만 달러 시대의 복지, 자아실현을 위한 국민소득 2만 달러 시대의 일자리 복지, 행복 추구를 위한 국민소득 3만 달러 시대의 마음의 복지로 분류한 것은 21세기가 요구하는 미래 복지(未來 福祉)의 밑그림을 그린 것으로 높이 평가하고 싶다.

미래복지는 다양성을 존중하고 개인의 주관적 행복을 추구할 수 있게 만드는 '마음의 복지'이다. 이제는 먹고 마시고, 돈으로 하는 복지에서 마음이 행복해지는 복지로 차원을 높여야 한다는 신의진의 주장에 동의한다. '마음의 복지'를 통하여, 형이상학적이고 불분명하게 보였던 '행복'의 개념을 복지적 관점에서 명확하게 정의한 것은 사회복지계의 새로운 방향타가 되기 충분하리라 본다.

'마음의 복지'가 왜 중요한가? 정치를 하는 위정자들은 큰 것만 보고 앞으로 나아가면서, 정작 현장에서 신음하는 국민들의 신음소리를 듣지 못하는 우를 종종 범하곤 한다. 2008년 혜진·예슬양 사건, 2009년 조두순 사건, 2010년 영등포 초등학생 성폭행 김수철 사건, 부산 김길태 사건, 2012년 수원 20대 여성을 토막살해 한 오원춘 사건, 제주 올레길 여성 살해 사건, 통영 한아름 양 살해 사건 등 우리사회를 충격에 빠뜨린 범죄가 발생할 때마다 정부는 여성과 아동에 대한 성범죄 예방대책을 쏟아냈지만 줄어들고 있지 않다. 특히 어린아이들은 세상의 위험한 것들로부터 가장 상처를 크게 받을 수 있지만, 성폭력 피해 어린이들은 자신의 고통과 마음이 아픈 것을 잘 표현 못한다.

나영이와 같이 만 13세 이하 성폭력 피해 어린이를 원스톱으로 도와주는 '해바라기 센터'가 있다. 신의진 의원은 2004년 당시 바쁜 세브란스 병원 업무 중에도 '해바라기 센터'의 기획안 작성부터 시작하여 운영위원장으로서 무료 봉사했다. 2012년 신의진 교수는 새누리당 국회의원이 되었다. 그 누구보다 기뻤다. 이제 국회의원이 된 신의진 교수가 학교폭력, 성폭력, 아동학대로 고통 받는 수많은 어린이와 청소년들을 위한 국제아동마음건강센터인 유엔희망기구(UN HOPE Programme)의 한국 설립·유치를 꿈꾸고 있다.

왜 아동인권을 위한 유엔기구가 필요한가? 1990년 탈냉전과 함께 진행된 급속한 세계화는 부유한 서유럽 국가 여행객들의 가난한 동유럽, 아시아 국가로의 아동섹스관광 문제를 초래했다. 동시에 국경 없는 인터넷 시대를 맞이하면서 전 세계 중류 이상 국가의 사회문제로 청소년 자살, 따돌림, 약물·컴퓨터 게임 중독, 성폭력, 가출, 학교폭력 등의 비정상적인 심리적 문제(abnormal psychology)가 인터넷의 보급과 함께 지구촌 곳곳으로 널리 퍼져나가게 되었다. 이제 어린이와 청소년의 문제는 더 이상 한 국가의 문제가 아니라 세계적 문제가 되어 자라는 세대를 구원하기 위해 유엔(UN)이 나서야 할 필요성이 절실하게 되었다. 이러한 이유로 「유엔아동권리협약」(1989)과 「유엔아동권리협약 선택의정서」(2000)가 제정되었다. 현재 어린이와 산모의 기초보건을 중심으로 세계활동을 하는 〈유니세프〉 이외에, 급증하는 아동학대, 아동성폭력, 학교폭력의 피해 아동들(가해 아동 포함)에 대한 정신건강을 위한 새로운 유엔기구의 탄생이 시급한 국제적 현안이 되었다.

유엔희망기구는 학교폭력, 아동성폭력, 아동학대의 문제를 마음건강 차원에서 포괄적으로 대응하는 국제기구의 청사진이다. 아동인권을 위한 이러한 새로운 국제기구는 우리나라뿐만이 아니라 전 세계적으로 증가하는 어린이 성폭력에 대한 30·40대 어머니들의 불안감을 해소하고, 학교 폭력으로 고통 받는 청소년들을 위한 실질적 대안을 마련하기 위하여 진행하는 아동학대, 학교폭력 관련 국제적 전문가들의 공동 연구와 전문 인력 양성 및 훈련을 위한 구심이 될 것이다. 또한 세계화의 진행과 더불어 확산하고 있는 아동인신매매, 아동매춘, 아동포르노 근절을 위한 전문적 지침을 제공할 수 있을 것이다.

유엔기구의 한국 유치가 가능한 일인가? 필자는 유엔본부 유치라는 거시적 관점에서 다루어 보았다. 삼십여 년 전 오스트리아 출신 발트하임 유엔사무총장은 이웃 나라 스위스에 유엔본부가 있음에도 불구하고, 자국 오스트리아 비엔나에 또 하나의 유엔본부를 유치하는 데 성공했다. 지정학적으로 따지면, 뉴욕, 제네바, 비엔나, 나이로비에 이어서 이제 서울에 또 하나의 유엔본부가 유치되는 것은 당연한 것처럼 보이지만, 유엔본부의 유치는 결코 쉬운 일이 아니다. 국민의 일치된 여론뿐만이 아니라 유엔본부를 운영할 수 있는 경제력이 뒷받침되어야 한다. 그러나 그 무엇보다도 발트하임과 같은 국제적 리더십을 가진 대통령이 탄생해야 한다. 유엔본부의 유치는 대통령 의제이기 때문이다.

부족하지만 유엔기구의 신설과정에 관한 설명을 할 수 있게 된 배경에는, 필자의 포컬포인트(Focal Point Programme)라는 국제기구 한국대표의 경험이 있었다. 포컬포인트는 유엔아동권리협약(CRC)의 NGO group을 모체로 운영되었다. NGO group for the CRC는 1983년부터 활동하기 시작하여 「유엔아동권리협약(CRC)」이라는 국제법과 '유엔아동인권위원회'를 탄생하게 한 주역이다(김성이, 2011). 현재 NGO group for the CRC 산하에는 월드비전, Save the Children과 같은 80여개의 국제 NGO 기구들이 멤버로 참여하고 있다.

포컬포인트 기구의 제네바 본부는 1996년부터 아동매춘, 아동성폭력, 인신매매, 아동학대 근절을 위한 세계적 활동을 총괄 조정해 왔다. 포컬포인트 기구는 유엔아동인권위원회의 활동을 감독(Monitoring), 회기 분석, 평가하며, 이에 관한 자료를 배포하고, 유엔아동인권위원회에 참여하고자 하는 NGO들을 심사, 허가(accreditation)하는 권한을 가지며, 유엔고등인권판무관실 등의 유엔기구들(OHCHR, UNHCR, IOM, ILO, WHO, UNAIDS)과 협력

(Collaboration), 협조(Cooperation) 관계를 유지하면서 유엔시스템과 비정부기구들 사이에서 연락관(Liaison)의 임무를 수행했다. 이러한 권한과 임무를 부여받은 포컬포인트 제네바 본부는 유엔기구로의 승격을 목표로 2000년 5월 관련 국제법 「아동인신매매, 아동매춘, 아동음란물에 관한 유엔아동권리협약 선택의정서」를 제정하였으나, 운영자금 확보를 위한 마스터플랜을 완성하지 못하고 2006년부터 휴무 중이다. 이러한 포컬포인트 기구의 유엔기구 전환의 노력과 과정을 함께하면서 필자는 유엔기구의 신설 방법을 어렴풋하게 짐작할 수 있게 되었다.

새로운 유엔기구의 설립은 현재 진행형이다. 지금도 여러 가지 유엔기구가 신설되고 있다. 예를 들어, 아직까지 유엔시스템에 장애인과 노인들의 인권을 위한 국제기구가 없다는 충격적인 사실을 이 책에서 신의진 의원은 강조하고 있다. 노인인권과 장애인인권을 위한 관련 국제법은 최근에서야 제정되었으며, 유엔노인인권기구와 유엔장애인인권기구는 가까운 장래에 신설될 전망이다. 특히 다문화의 화합과 소통을 위한 국제기구의 신설도 확실시 되고 있다. 또한 인터넷 시대에 IT 관련 유엔기구가 없다는 사실은 우리에게 시사하는 바가 크다고 하겠다.

유엔기구 유치는 2040 청년세대를 위한 양질의 일자리 창출 정책으로 추진되어야 한다. 우리나라 청년 일자리 정책의 문제점을 알아보자. 2040 세대의 다수가 대졸, 석·박사 출신으로 우리나라 청년

세대 학력은 세계 최고인데, 고학력 청년세대를 위한 정부의 일자리 창출 정책은 대기업 중심에서 탈피하지 못하여 고학력 청년세대의 미래 희망이 좌절되고 있다. 2040 청년세대는 수만 개의 인터넷 창업으로 스스로 일자리 창출하면서 양질의 좋은 일자리를 찾고 있지만, MB 정부는 고졸 취업만을 강조하고 있다. 또한 정치권에서는 고용 없는 공짜복지 논쟁에만 매진하고 있으니, 젊은이들에게는 큰 불만이다. 이러한 시기에 유엔기구의 유치를 통한 청년 일자리 창출은 가뭄의 단비와 같은 역할을 할 것이다.

유니세프와 같이 수천 명의 직원을 가진 중량급 유엔 기구의 유치는 청년 일자리의 희망을 제공한다. 노력한다면, 우리나라 청년 5천여 명의 유엔기구 사무직과 3만~4만여 명의 관련 국제기구 신규일자리를 창출할 수 있다. 유엔기구 유치 프로젝트는 새마을운동 이래 최대의 일자리 콘텐츠 개발 사업이 될 것이다. 유엔기구 유치와 함께 국제회의 산업의 발전을 통한 청년 일자리 창출도 기대할 수 있다. 국민소득 1만 달러 시대의 일자리는 저임금 노동집약 산업에 있고, 국민소득 2만 달러 시대 일자리는 고부가 가치 기술기반 산업에 있고, 국민소득 3만 달러 시대 일자리는 지식기반 첨단 IT산업과 국제회의 산업의 발전에 달려있다.

국제회의산업은 국제금융위기와 같은 세계적 경제침체시기에 한 국가의 경기를 활성화시키는 효자산업이다. 국제회의 산업은 고부가 가치 산업이기 때문이다. 한해 우리나라에서 개최되는 국제회의로 벌어들이는 외화는 순이익 기준으로 현대자동차가 약 수십만 대를 수출해야 벌 수 있는 돈이다. 당연히 국제회의 산업이 활성화되면 수 만여 명의 신규 청년 일자리 창출하고 관련 문화관광레저 산업이 발전하게 된다.

2000년대에 들어서 세계적으로 전체 국제회의 건수는 감소하고 있지만, 유독 아시아 지역만은 지속적으로 국제회의 개최 점유율이 폭등하고 있다. 이러한 상황에 발 빠르게 싱가포르, 일본, 중국, 인도, 태국, 말레이시아 등과 같은 국가들이 경쟁적으로 국제회의 유치에 총력을 기울이고 있다. 국제회의 개최 순위가 2006년 11위(300건)였던 싱가포르가 2011년 단숨에 2위(919건)로 급상승 했고, 일본 역시 중위권에서 4위(598건)로 수직 상승했다.

우리나라도 국가적 차원의 국제회의 산업 지원 육성이 시급하다. 미국, 캐나다 등에서는 현재 75개가 넘는 대형 컨벤션센터 신·증축하고 있고, 아시아의 주변 경쟁국인 중국, 홍콩, 마카오, 싱가포르는 컨벤션 센터를 건립하여 국제회의 개최지의 위상을 제고하고자 과감한 투자와 지원 정책을 마련하고 있다. 특히 세종시 정부청사 이전으로 유령 타운으로 전락할 위기에 있는 서울 강북지역의 경기를 살릴 최적의 대안이 바로 유엔기구 유치와 국제회의 산업지원 정책이다.

유엔기구 유치는 평화(平和)를 위한 국가미래전략이다. 유엔동아시아평화위원회의 신설·유치는 남북관계의 안보 불안을 해소하는 것뿐만이 아니라, 남중국해의 영유권을 둘러싼 인접 국가들의 군사적 대치상황을 완화하고, 대량살상무기 개발 억제를 위한 최선의 해법이 될 것이다. 동북아 지역이 새로운 군사적 화약고로 떠오르는 배경에는 아직까지 지역차원의 안보 공동체가 없기 때문이다. 안보 공동체란 무력사용을 배제하고 외교적 대화로 평화적인 관계를 유지하는 독립주권 국가들의 단체이다. 북한 핵문제 역시 '6자 회담'이라는 임시방편으로 대응하고 있다. 북한 핵개발 포기를 유도하기 위한 유엔차원의 해법으로 상설 유엔(UN) 기구가 우리나라에 설립되어야 한다. 유엔동아시아평화위원회는 동아시아지역을 군사적 대립과 갈등에서 평화와 대화의 시대로 전환하는 평화의 전령이 될 것이다.

마지막으로, 유엔기구 유치 논의를 함께한 신의진 의원께 감사한다. 신의진 의원이 꿈꾸는 아이들이 안전하게 맑고 밝게 성장할 수 있는 아름다운 세상이 펼쳐지길 기도한다. 우리나라가 모든 국민이 행복한 복지국가로 발전되기를 소망한다. 우리나라에도 발트하임과 같은 대통령이 탄생하여 유엔본부를 유치할 수 있게 되는 날을 학수고대한다. 그래서 우리나라의 많은 젊은 인재들이 국제무대에서 마음껏 역량을 발휘할 수 있게 되기를 바라고, 한반도에 영구적으로 평화(平和)의 시대가 도래 하게 되기를 희망한다. 이제 대한민국의 국운이 융성하게 되기를 기도한다.

참고문헌

신의진 편

- *Barnett, W. Steven; Hustedt, Jason T. (January/February/March 2005). "Head Start's Lasting Benefits." Infants & Young Children 18 (1): 16-24.*
- *Berry, J. W. (1997) "Immigration, Acculturation and Adaptation." Applied Psychology: An International Review. 46: 5-8.*
- *Bosniak, Linda S. (1991) "Human Rights, State Sovereignty and the Protection of Undocumented Migrants Under the International Migrant Workers Convention." International Migration Review. Volume 25, No. 4 at 738.*
- *Bourhuis, Richard Y., Moise, Lena Celine, Perreault, Stephanie, Senecal, Sacha. (1997) Towards an Interactive Acculturation Model: A Social Psychological Approach. International Journal of Psychology. 32 (6), 369-386.*
- *Bowlby, J. (1951) Maternal Care and Child Health. World Health Organization, Geneva.*
- *Esping-Andersen, G. (ed.) (1993) Changing Classes: Social Stratification in Postindustrial Europe and North America, London: Sage.*
- *Goldfarb, W. (1945) Effect of psychological deprivation in infancy and subsequent stimulation. American Journal of Psychiatry. 102: 18-33.*
- *Gordon, Milton. (1978) Human nature, class, and ethnicity. New York : Oxford University Press.*
- *Hondagneu-Sotelo, Pierrette. (2008) God's Heart Has no Borders: How Religious Activists are Working for Immigrant Tights. Berkeley, LA, London, University of*

Calif. Press.

- Jaspers, Karl. (1923, 1965) General Psychopathology, 766.
- Judit, K. A., & Ali, M. (1998). "Malnutrition of children in the democratic people's Republic of North Korea." J Nutr 128, 1315-1319.
- Keyes, E. F., & Kane, C. F. (2004). "Belonging and adapting: mental health of Bosnian refugees living in the United States." Issues Mental Health Nursing, 25, 809-831.
- Kim, H. R. (2007). "Overview of nutritional status of policy directions of supporting childrens's nutrition in North Korea." Health and Welfare Policy Forum, 132, 24-34.
- Kulbok, P. A., & Cox, C. L. (2002). "Dimensions of adolescent health behavior." Journal of Adolescent Health, 31, 394-400.
- Lee, H. K. (2007). "North Korean Students in the South Korean School." Journal of Anthropological Studies, 12, 1-17.
- Lee, In-Sook, Ho-Ran Park, Yun-Soo Kim, Hyun-Jeong Park. (2011) "Physical and Psychological Health Status of North Korean Defector Children." J Korean Acad Child Health Nurs Vol.17 No.4, 256-263.
- Marshell, G. N., Schell, T. L., Berthold, S. M., & Chun, C. A. (2005). "Mental health of Cambodian refugees 2 decades after resettlement in the United States." Journal of American Medical Association, 294, 571-579.
- Mayer, Gabriele. (ed.) (2008) Our Voices: Women Living in a Strange Land. Stuttgart, Germany: EMS.
- Office of the United Nations High Commissioner for Human Rights(OHCHR). (2005) Fact Sheet No. 24 The Rights of Migrant Workers(Rev.1), at 2.

----- (2005), The Rights of Migrant Workers(Rev.1), at 2; Linda S. Bosniak, Human Rights, State Sovereignty and the Protection of Undocumented Migrants Under the International Migrant Workers Convention, at 738.

- *Pecoud, Antoine and Paul de Guchteneire. (2004) Migration, human rights and the United Nations: an investigation into the low ratification record of the UN Migrant Workers Convention. Global Commission on International Migration(GCIM), at 2.*
- *Shah, Sheetal B. (March 1999) "Illuminating the Possible in the Developing World: Guaranteeing the Human Right to Health in India." Vanderbilt Journal of Transnational Law. Part II.*
- *Shin, Y. J. (2000). "The impacts of long-term starvation on the children's development in North Korea." Korean unification studies, 4, 93-121.*
- *Spitz, R. (1945) "Hospitalism; an inquiry into the genesis of psychiatric condition in early childhood." Psychoanal Study Child 1: 53-74.*

----- (1946) "Anaclitic depression: an inquiry into the genesis of psychiatric condition in early childhood." Psychoanal Study Child 1 : 53-74.

- *Stark, Barbara. (November 1992)"Economic rights in the United States and International Human Rights Law: Toward and 'Entirely New Strategy'." Hastings Law Journal.*
- *United Nations. (1991) General Comment No.3, U.N. ESCOR, 5th Session, Supp. No.3, at 83, U.N. Doc. E/1991/23).*
- *Yoshikawa, Hirokazu. (2003). Research on the benefits to children of the multiple program components of Head Start. Washington, DC: U.S. Senate, Russell Building.*
- 김성이. (2011) 『자연복지』 양서원.
- 김세곤. (2011. 6. 10) "다문화 사회와 불교의 종교 교육." 『다문화 사회와 종교 교육』 2011년도 춘계학술대회: 한국종교교육학회.
- 김용하, 임성은, 윤강재, 우선희. (2011) 『OECD 국가의 복지지표 비교연구』 한국보건사회연구원.

- 다문화교육연구방법회. (2011) 『교실 속 다문화 교육』 학이시습.
- 마영삼. (2002) "유엔인권협약의 제 권리에 대한 비교분석: 시민적·정치적 권리와 비교한 경제적·사회적·문화적 권리의 효력." 『21세기 유엔과 한국: 새로운 도전과 과제』 박수길 편. 오름.
- 박래군. (2000) "경제·사회·문화적 권리에 관한 국제조약과 한국의 현실." 『국제인권법』 제3호. 국제인권법학회: 70-71.
- 신의진, 이경숙, 정석진, 박진아. (2009) "저 출산에 대한 여대생의 인식 및 심리적 이해." 한국심리학회지 여성. 한국심리학회.
- 오현선. (2009) "다문화 사회의 소통과 공존을 위한 기독교 평화교육" 참된 평화를 만드는 사람들 편저. 『다름의 평화 차이의 공존: 분쟁지역에서의 평화 만들기와 선교』 동연, 253-256.

  ----- (2011. 6. 10) "다문화 사회와 기독교의 종교 교육." 『다문화 사회와 종교 교육, 2011년도 춘계학술대회』 한국종교교육학회, .
- 칙센트 미하이(Mihaly Csikszentmihalyi). 『몰입(Finding Flow)』(1997) 이희재 옮김, (1999) 『몰입의 즐거움』 서울: 해냄.
- 황옥자. (2011. 6. 10) "다문화 사회와 불교의 종교 교육에 대한 논평." 『다문화 사회와 종교 교육』 2011년도 춘계학술대회: 한국종교교육학회.
- http://www2.ohchr.org
- http://www.nkhealth.net

김영수 편

- Capie, David and Paul Evans. (2002) The Aisa-Pacific Security Lexicon. Singapore: Institute of Southeast Asian Studies.
- Deutsch, Karl et al. (1957) Political Security Community and the North Atlantic Area: International Organization in the Light of Historical Experience. Princeton, NJ: Princeton University Press.
- Eckstein, Harry. (1980) The Natural History of Congruence Theory. University of Denver, 1980.
- Elliott, Larry. (September 23, 2005) "World Bank tackles African corruption." Guardian Unlimited.
- Irwin, Neil. (October 21, 2007) "Economies of Sub-Saharan Africa to Grow Steadily, IMF Says." Washington Post.
- Kaufman, Jonathan. (June 20, 1993) "UN Conference Highlights Human Rights Rift," The Boston Globe.
- Langlois, Anthony J. (2011) The Politics of Justice and Human Rights: Southeast Asia and Universalist Theory. Cambridge : Cambridge University Press.
- Rozman, Gilbert. (2004) Northest Asia's Stunted Regionalism: Bilateral Distrust in the Shadow of Globalization. Cambridge: Cambridge University Press.
- UNODC. (December 15, 2005) "Combating Crime and Corruption: U.S. Partnership With the UN Office on Drugs and Crime at Work. Ambassador John R. Bolton, U.S. Permanent Representative to the United Nations." Remarks in the United Nations Trusteeship Council Chamber. New York City.
- 김연철. (2009) "북한 변화의 원인과 전망." 『북한 어디로 가는가?』 김연철 외. 전국대학 통일문제연구소. 플래닛미디어.
- 김영수. (2006) 『바빌론의 음모』 에세이.

----- (2010) 『딸 가진 엄마 딸 가질 엄마』 북파일.

- 김정태. (2011) 『UN, It' s My World. 유엔과 국제기구를 꿈꾸는 인재들을 위한 최신 유엔 가이드북』 럭스미디어.
- 박흥순. (2002) "유엔 체제의 발전과 평가." 『21세기 유엔과 한국: 새로운 도전과 과제』 오름.
- 사카다 야수요. (2005) "동북아시아 안보 공동체 구축: 6자회담과 그 후." 『유엔과 국제위기관리』 강성학 편. 리북: 135-171.
- 서보혁. (2011) "제3 이미지로 보는 북한의 대미정책." 『2011 봄 정기학술회의: 북한의 위기 담론과 탈분단의 공동체적 상상력』 북한연구학회, 이화여자대학교 통일학연구원.
- 윤홍석. (2011) "화폐개혁 이후 북한주민의 인식 변화와 체제 변화 전망." 『2011 추계 정기학술회의 '북한문제' 인식의 새로운 지평』 북한연구학회.
- http://www.ewi.info
- http://www.childnet-int.org
- http://www.chatdanger.com
- http://www.demgames.org
- http://www.taxjustice.net